Report on Zhejiang High-quality
Development and Construction
of Common Prosperity
Demonstration Zone

浙江高质量发展
建设共同富裕示范区报告

周谷平　刘培林　陈　健◎主　编

ZHEJIANG UNIVERSITY PRESS
浙江大学出版社

图书在版编目（CIP）数据

浙江高质量发展建设共同富裕示范区报告 / 周谷平，刘培林，陈健主编. — 杭州：浙江大学出版社，2023.12
ISBN 978-7-308-24791-7

Ⅰ．①浙… Ⅱ．①周… ②刘… ③陈… Ⅲ．①区域经济发展—研究报告—浙江 Ⅳ．①F127.55

中国国家版本馆 CIP 数据核字（2024）第 068840 号

浙江高质量发展建设共同富裕示范区报告

ZHEJIANG GAOZHILIANG FAZHAN JIANSHE GONGTONG FUYU SHIFANQU BAOGAO

周谷平　刘培林　陈　健　主编

策划编辑	陈佩钰
责任编辑	葛　超
责任校对	许艺涛
封面设计	续设计
出版发行	浙江大学出版社
	（杭州市天目山路 148 号　邮政编码 310007）
	（网址：http://www.zjupress.com）
排　版	杭州晨特广告有限公司
印　刷	浙江新华数码印务有限公司
开　本	787mm×1092mm　1/16
印　张	14.5
字　数	220 千
版印次	2023 年 12 月第 1 版　2023 年 12 月第 1 次印刷
书　号	ISBN 978-7-308-24791-7
定　价	78.00 元

序

    共同富裕是社会主义的本质要求,是中国式现代化的重要特征。党的十九届五中全会以来,全体人民共同富裕被摆在更加重要位置。2021 年 5 月 20 日,《中共中央　国务院关于支持浙江高质量发展建设共同富裕示范区的意见》发布,支持鼓励浙江先行探索高质量发展建设共同富裕示范区,提出"两步走"的发展目标:"到 2025 年,浙江省推动高质量发展建设共同富裕示范区取得明显实质性进展","到 2035 年,浙江省高质量发展取得更大成就,基本实现共同富裕"。浙江作为共同富裕的先行探路者,始终践行"八八战略",奋力打造"重要窗口",在强化科技创新、加快缩小地区及城乡发展差距、缩小收入差距、推动人的全生命周期公共服务优质共享、打造精神文明高地、建设共同富裕现代化基本单元等方面做出系列探索,力推共同富裕先行示范新突破。

    该书围绕浙江共同富裕示范区建设的政策解读、理论解析和实践分析开展综合性研究,旨在系统研究、努力夯实社会主义制度下共同富裕的基本理论框架,同时聚焦社会保障、特色产业、科技创新、乡村振兴、山海协作等特色做法,总结提炼浙江推进共同富裕示范区建设的经验成效。

    该书是浙江大学区域协调发展研究中心作为省"共同富裕研究智库联盟"牵头单位,组织浙江省社科院发展战略和公共政策研究院、浙江大学公共政策研究院、浙江大学社会治理研究院、浙江农林大学浙江省乡村振兴研究院、浙江财经大学共同富裕政策评价中心、嘉兴大学中国共同富裕研究院等联盟成员单位共同编撰的成果。联盟各成员单位对本项研究均给予了高度重视,提交了高质量的研究成果。相信该书的出版,将有助于共同富裕的学术研究和政策研究不断深化。也期待联盟今后继续围绕共同富裕拿出更多更好的成果。

李实

目　录

第一章　共同富裕的理论渊源与发展演变 ………………………… 1

一、共同富裕的理论渊源与时代使命 ……………………………… 1

二、以更平衡更充分的高质量发展践行共同富裕 ………………… 4

三、践行共同富裕的战略与政策保障 ……………………………… 9

第二章　"八八战略"深化与浙江共同富裕示范区建设 ………… 14

一、"八八战略"是浙江全面建成小康社会的总体方略 ………… 14

二、"八八战略"是进一步推进浙江发展的战略总纲 …………… 21

三、"八八战略"引领浙江"两个先行" ………………………… 25

四、忠实践行"八八战略"　奋力推进浙江"两个先行" ……… 29

第三章　《浙江高质量发展建设共同富裕示范区实施方案(2021—2025年)》
　　　　解读 …………………………………………………………… 35

一、把握扎实推动共同富裕的内涵要义 ………………………… 36

二、积极探索高质量发展建设共同富裕示范区的实践路径 …… 38

三、浙江高质量发展建设共同富裕示范区的重点领域 ………… 42

第四章　共同富裕示范区建设的目标定位与路径选择 ………… 48

一、问题的提出 …………………………………………………… 48

二、作为一项顶层设计的共同富裕方略 ………………………… 50

三、浙江各地推进共同富裕的目标定位 ………………………… 52

四、浙江各地推进共同富裕的路径选择 ……………………………… 56

五、结论与启示 ……………………………………………………… 68

第五章　《浙江省"扩中""提低"行动方案(2021—2025 年)》解读 ……… 71

一、《行动方案》编制背景 …………………………………………… 71

二、《行动方案》编制意义 …………………………………………… 80

三、《行动方案》工作目标 …………………………………………… 82

四、"扩中""提低"的实施路径 …………………………………… 87

五、《行动方案》亮点 ………………………………………………… 92

第六章　社会保障——抬高低收入人群的安全屏障 ……………… 96

一、浙江低收入人群社会保障现状 ………………………………… 97

二、低收入人群社会保障在推进共同富裕中的角色 ……………… 105

三、低收入人群社会保障面临的挑战和对策 ……………………… 112

第七章　特色产业——形成差异化发展内在动力 ………………… 125

一、浙江省特色产业发展现状 ……………………………………… 126

二、浙江省发展特色产业的主要优势及做法 ……………………… 133

三、特色产业发展与共同富裕 ……………………………………… 138

四、进一步发展特色产业的政策建议 ……………………………… 143

第八章　科技创新——持续为高质量发展释放红利 ……………… 147

一、科技创新促进高质量发展的机制探索 ………………………… 148

二、浙江省科技创新的主要做法与重要成就 ……………………… 155

三、浙江省科技创新的经验总结 …………………………………… 162

四、浙江省科技创新的未来展望与建议 …………………………… 164

第九章　品牌战略——为山区致富插上腾飞翅膀 …………………… 173

　　一、理论逻辑 ……………………………………………………… 173

　　二、创新做法与成效 ……………………………………………… 182

　　三、经验总结 ……………………………………………………… 193

　　四、未来展望与建议 ……………………………………………… 197

第十章　山海协作——协同发展的体制机制 ……………………… 200

　　一、逻辑理论 ……………………………………………………… 200

　　二、创新做法与成效 ……………………………………………… 203

　　三、经验总结 ……………………………………………………… 215

　　四、未来展望与建议 ……………………………………………… 217

第一章　共同富裕的理论渊源与发展演变

共同富裕是社会主义的本质要求,是中国式现代化的重要特征,实现共同富裕是全体人民的共同期盼。中国共产党人在社会主义现代化建设过程中,将马克思主义理论和中国特色社会主义实践充分结合,不断探索和深化了对共同富裕的认识,推动了共同富裕理论的形成和发展。党的十八大以来,以习近平同志为核心的党中央把逐步实现全体人民共同富裕摆在更加重要的位置上,强调共同富裕是社会主义的本质,提出共同富裕也是中国特色社会主义的根本原则。党的二十大报告强调,中国式现代化是全体人民共同富裕的现代化。这些重要的科学论述和实践赓续和拓新了共同富裕理论,把共同富裕理论升华到了更高更远境界。本章回顾共同富裕的理论渊源,梳理明确现代化新征程下共同富裕的理论内涵,总结和探索共同富裕的践行路径和政策保障,为实现共同富裕目标提供政策参考。

一、共同富裕的理论渊源与时代使命

(一)共同富裕的理论渊源

从成立之日起,中国共产党就以共产主义为崇高理想,把为中国人民谋幸福、为中华民族谋复兴作为初心使命,团结带领中国人民为创造自己的美好生活、实现全体人民的共同富裕进行了长期艰辛奋斗,并在长期革命建设改革发展实践中不断深化对共同富裕的认识。早在新民主主义革命时期,中国共产党带领广大农民进行土地革命,实行"耕者有其田",帮助穷苦民众翻身得解放,建立新中国,目的是让人民过上美好生活,实现共同富裕。新中国成立,社会主义制度的建立,为实现共同富裕奠定了根本政治前提和制度基础。1953 年 12 月中国共产党中央委员会通过《中共中央关于发展农业生产合作社的决议》，明确提出"共同富裕"这一概念，指出："为着进一步地提高农业生产力，党在农村中工作的最根本的任务，就是要善于用明白易懂而为农民所能够接受的道理和办法去教育和促进农民群众逐步联合组织起来，逐步实行农业的社会主义改造，使农业能够由落后的小规模生产的个体经济变为先进的大规模生产的合作经济，以便逐步克服工业和农业这两个经济部门发展不相适应的矛盾，并使农民能够逐步完全摆脱贫困的状况而取得共同富裕和普遍繁荣的生活。"

改革开放以来，邓小平在总结我国社会主义建设的经验教训的基础上，对共同富裕进行了更加深入的探索，共同富裕理论得到了进一步发展。1985 年 9 月邓小平同志在中国共产党全国代表会议上指出："在改革中我们始终坚持两条根本原则，一是以社会主义公有制经济为主体，一是共同富裕。"[1] 1990 年 12 月邓小平同志指出："社会主义最大的优越性就是共同富裕，这是体现社会主义本质的一个东西。"[2] 1992 年邓小平在南方谈话中指出："社会主义的本质，是解放生产力，发展生产力，消灭剥削，消除两极分化，最终达到共同富裕。"[3] 此后，党的十四大提出："运用包括市场在内的各种调节手段，既鼓励先进，促进效率，合理拉开收入差距，又防止两极分化，逐步实现共同富裕。"党的十四届五中全会报告《中共中央关于制定国民经济和社会发展"九五"计划和 2010 年远景目标的建议》指出："要以邓小平同志关于让一部分地区、一部分人先富起来，逐步实现共同富裕的战略思想来统一全党的认识。实现共同富裕是社会主义的根本原则和本质特征，绝不能动摇。"党的十六大报告进一步指出："制定和贯彻党的方针政策，基本着眼点是要代表最广大人民的根本利益，正确反映和兼顾不同方面群众的利益，使全体人民朝着共同富裕的方向稳步前进。"党的十七大提出发展为了人民，共同富裕是发展目的的回归，强调我们的发展必须坚持以人为本的科学发展观，包括保障人民的各项权益，走共同富裕道路，促进人的全面发展，做到发展为了人民，发展依靠人民，成果由人民共享，将长期以来所追求的共同富裕目标进一步具

---

① 邓小平：《邓小平文选（第三卷）》，人民出版社 1993 年版，第 142 页。
② 邓小平：《邓小平文选（第三卷）》，人民出版社 1993 年版，第 364 页。
③ 邓小平：《邓小平文选（第三卷）》，人民出版社 1993 年版，第 373 页。

体化,明确提出了"努力使全体人民学有所教、劳有所得、病有所医、老有所养、住有所居",共同富裕理论得到进一步的具象化和发展。

(二)共同富裕是现代化新征程内在且紧迫的要求

党的十八大以后,中国开启了中国特色社会主义新时代的大幕。党的十八大报告强调,"共同富裕是中国特色社会主义的根本原则","必须坚持人民主体地位"。"共同富裕"被凝练为社会主义的改革发展问题,是改革开放、发展生产力的根本目的。在分配领域强调初次分配和再次分配都要注重"公平",解决好贫困问题是实现共同富裕的关键抓手。党的二十大报告明确指出,中国式现代化是全体人民共同富裕的现代化。共同富裕是中国特色社会主义的本质要求,也是一个长期的历史过程。我们坚持把实现人民对美好生活的向往作为现代化建设的出发点和落脚点,着力维护和促进社会公平正义,着力促进全体人民共同富裕,坚决防止两极分化。可以说,共同富裕既是顺利推进现代化进程的内在要求,也将成为中国特色社会主义现代化的鲜明特征。

1.共同富裕是新时代解决我国社会主要矛盾的重要抓手

中国特色社会主义进入新时代,我国社会主要矛盾已经转化为人民日益增长的美好生活需要和不平衡不充分的发展之间的矛盾。共同富裕是人民对美好生活需要的重要内容。我国仍处于社会主义初级阶段,发展不平衡不充分问题尚未从根本上解决,中等收入群体比重不高,城乡区域发展差距、人群间收入分配差距较大,民生保障存在短板。在全面建成小康社会的目标实现之后,鲜明地提出共同富裕的接续奋斗目标,既能更加充分地解放和发展生产力,也将更有效、更直接地回应人民群众关切、满足人民对美好生活的需要。在新时代现代化建设征程中,围绕共同富裕目标推进各项工作,实现更加平衡、更加充分的发展,从而更好地解决新时代社会的主要矛盾。

2.共同富裕是中国特色社会主义现代化的鲜明特征

为人民谋幸福是党的初心,共同富裕是党对全体人民的庄严承诺,是中国特色社会主义现代化区别于资本主义现代化的鲜明特征。确立共同富裕的目标,把促进全体人民共同富裕摆在更加突出的位置,将明确地昭示我们所要建设的现代化是全体人民共同富裕的现代化,将更有力地凝聚全体中国人民团结奋斗。我国人口规模巨大,14亿人口实现以共同富裕为鲜明特征的现代化,既会彻底改写现代化的世界版图,也将彰显中国特色社会主义制度的优越性,在人类历史上产生深远影响。

3.共同富裕是党巩固执政地位、提高执政能力,带领人民顺利推进现代化进程的内在要求

习近平总书记深刻指出,中华民族伟大复兴绝不是轻轻松松、敲锣打鼓就能实现的。[①]党领导人民取得了全面建成小康社会的伟大成就,但要在百年未有之大变局中实现民族复兴大局,仍须迎接新的挑战。国际经验表明,贫富差距过大时不仅经济循环不畅,而且会导致社会动荡不安。环顾当今世界,不少发达资本主义国家面临着因为贫富差距拉大、社会阶层进一步固化而带来的尖锐社会矛盾,社会内部严重分化、分裂,甚至走向对立、动荡,民粹主义、民族主义抬头。二战之后极少数相对顺利地从低收入或中等收入进入到高收入行列的经济体,其重要的共同点是都在追赶进程中把贫富差距控制在一定范围内;而长期陷于低收入陷阱的和中等收入陷阱的经济体,大多数贫富差距很大。我国发展实践也证明,发展起来后的问题一点也不比不发展的时候少。能否实现共同富裕,既是对党的执政能力的新考验,也是判断世界各国治理能力和制度优势的重要标准。今后必须借鉴正反两方面的经验教训,有效地提升党的执政能力,有力地推动共同富裕,才能巩固党的执政地位,顺利推进现代化进程。

二、以更平衡更充分的高质量发展践行共同富裕

党的二十大报告指出,着力解决好人民群众急难愁盼问题,健全基本公共服务体系,提高公共服务水平,增强均衡性和可及性,扎实推进共同富裕。实现共同富裕,必须围绕解决好发展的不平衡不充分问题,以让全体人民公平积累人力资本、公平获得共创共建的参与机会、公平地共享发展成果为主要思路,以壮大中等收入群体、提高中等收入群体富裕程度为主要入手点,在

[①] 习近平:《决胜全面建成小康社会 夺取新时代中国特色社会主义伟大胜利》,人民出版社2017年版,第15页。

高质量发展进程中,持续提高人均收入水平、缩小收入差距,推动各地区共同发展、缩小区域差距,推动城乡共同发展、缩小城乡差距,进而实现全民共富、全面富裕、共建共富、逐渐共富。

(一)以壮大中等收入群体为主要突破口推动人民共富、缩小生活水平差距

国内外的经验教训表明,在发展步伐较慢甚至不发展的条件下,单纯通过再分配缩小人群间收入差距,只会挫伤创造社会财富的积极性,最终导致共同贫穷。所以,要在生产力和平均收入水平普遍而持续提升的同时形成合理的分配关系,兼顾好"保障最底层、提低扩中层、激励较高层"的需要,从而可持续地缩小人群间生活水平差距和发展差距。

1.从让人民公平积累人力资本、公平参与共创共建入手,壮大中等收入群体规模、提升中等收入群体富裕程度

中等收入群体是共同富裕的"基本盘"。壮大中等收入群体,既需要继续提高现有中等收入阶层的富裕程度,更需要推动大量目前的低收入阶层跻身中等收入阶层并继续提高富裕程度。这可以概括为"提低扩中层"。

"提低扩中层"涉及面极广,不可能依靠大力度的再分配手段实现,而应该按照下面的总体思路加以实现:以体制改革的深化激励创新创业,构建兼顾效率与公平的初次分配格局;以法治建设的强化稳定投资和财富保有预期,切断非法收入来源;以政策体系的优化高效而精准地保障低收入群体生活水平。

具体来讲有三条基本路径。第一,通过政府的补贴和帮扶,切实提高低收入阶层的人力资本水平,尤其是其子女的人力资本水平。要面向未来,以足够的战略耐心,全面贯彻预分配(predistribution)理念,以强有力的公共服务保证低收入和贫困阶层的子女从生命周期开始阶段就获得良好的营养和认知能力,为积累全生命周期参与现代化建设的人力资本打下坚实基础,从而阻断低人力资本状况的代际传递和恶性循环。这是投入少、扭曲小、效果久的转移支付手段。

第二,提高社会流动性,打破垄断、消除壁垒,加快推进要素市场化配置,实现人的充分流动,进而形成人人参与、人人尽力、人尽其才、各得其所的局

面,最大限度激活人这一生产力中最活跃要素,让大部分人通过自身努力进入中等收入行列,并不断提升生活水平和富裕程度。

第三,加快完善初次分配调节机制,健全工资决定和正常增长机制,完善企业工资集体协商制度,强化工资收入支付保障制度,遏制以牺牲劳动者利益为代价的恶性竞争,增加劳动者特别是一线劳动者劳动报酬,提高劳动报酬在初次分配中的比重。

2.从强化法治建设和产权保护入手,激励高收入阶层进一步发展并带动"提低扩中层"

无论是"提低扩中层",还是提升国民总体富裕水平和我国的产业与技术水平,都离不开更多的高质量就业机会、更多的投资、更多的研发投入。这些在很大程度上离不开高收入阶层的进一步发展和其自身富裕程度的进一步提升。

激励高收入阶层进一步发展、提升其富裕程度要做到以下三方面:

第一,需要强化法治建设,核心是加强加快完善产权制度,稳定投入、生产、创新和经营活动的预期和安全感。要以公平为核心原则,依法保护各种所有制经济产权和合法利益,依法保护各种所有制经济组织和自然人财产权。公有制经济财产权不可侵犯,非公有制经济财产权同样不可侵犯。同时,要充分发挥知识产权对科技创新和成果转化的长期激励作用,建立健全数据权属与流转交易的规则和制度。

第二,健全各类生产要素参与分配机制。强化要素由市场评价贡献、按贡献决定报酬,特别是创新创业活动报酬的机制,全面激励创业创新,充分激发高端要素活力并引导这些要素投入于前沿性技术和新兴产业的发展当中,以创新创业带动就业、促进就业。

第三,健全公职人员财产申报制度,坚决切断通过各种违法违规方式获得的高收入;开展全球税收协调,根据国际比较确定合理的高收入阶层边际税率,以凝聚和吸引高收入阶层的财富留在国内投资创富。

3.从增加公共服务投入、提高公共服务效率入手,更好保障最底层的生活水平

第一,保障最底层,让创业创新失败者、最低收入阶层、遭遇各种重大不幸冲击以至于难以维持正常生活者、丧失劳动能力的人口过上殷实而体面的

生活,是共同富裕的底线要求,也是共同富裕最显著的标志。需要转变政府职能,减少政府收入用于资本性项目的比例,增加公共服务和民生方面的投入。健全分层分类的社会救助体系,完善帮扶残疾人、孤儿等的社会福利制度。大幅减轻困难家庭在医疗、住房、教育、育幼、养老等方面的支出负担。

第二,要创新供给方式,增加公共服务供给主体,通过多主体竞争有效降低公共服务和民生项目成本,全面提高服务供给方便可及水平,让发展成果更多更公平惠及全体人民。

第三,充分发挥社会财富和社会力量在三次分配方面的作用,落实慈善捐赠的相关优惠政策,培育发展慈善组织,加快发展慈善等社会公益事业。

第四,在名义税负中性前提下,优化税制结构,降低对收入、财产、投资、经营活动的税收,增加对影响普惠公共产品如环境的活动税收,在促进其外部性内部化的同时,将所筹集的收入用于转移支付。这既可以促进这类普惠公共产品的供给,也可以强化税收体系对资源优化配置的引导,还可以提高低收入群体的受益程度。

(二)在高质量城镇化和乡村振兴中推动城乡共同发展、缩小城乡差距

我国城镇化率将在未来现代化进程中继续提升,这是现代化的基本规律使然。在这个过程中实现共同富裕,必须提高城镇化质量,特别是要在转移人口融入常住地方面有大的突破。这不仅是缩小城乡差距的根本举措,也是缩小区域发展差距的重要方面。因为以省份为单位衡量的发展差距,要小于以城市为单位衡量的发展差距。因此,未来城乡差距的缩小过程和区域差距的缩小过程,在很大程度上将统一于以转移人口融入常住地为核心的高质量城镇化进程中,推动高质量城镇化也将同步缩小区域差距。在此基础上,实现共同富裕还须推动乡村振兴,使得留在农村的人口享受到和城镇人口大体相当的生活水平。

1.构建符合现代化基本规律的国土开发和人口分布相协调的格局

发挥市场对人力资源区域配置的决定性作用,尊重产业集聚发展规律,尊重流动就业人口的自主选择,壮大京津冀、长三角、珠三角、西南沿海地区等大江大河三角洲的城市群,和中西部地区的长江中游、成渝、关中平原等城市群。在其他条件相对适合的中西部地区适当发展点状的中心城市并带动

周边城镇发展,形成点状分布的、有相当单体规模的都市圈。

2.从促进流动就业人口融入常住地入手,提高城镇化质量

全面放宽城市落户条件,完善配套政策,打破阻碍劳动力在城乡间流动的不合理壁垒。将包括公共住房在内的基本公共服务覆盖面扩大到全部城镇常住人口。形成鼓励城镇接纳外来人口的财政收入来源结构。建设用地指标、上级政府转移支付等向大中城市集中,并且和常住人口规模挂钩,果断扭转一些人口流出城市和城镇因盲目决策造成的住房空置和土地浪费。

3.从深化农村经济体制改革特别是土地制度改革入手,推动乡村振兴,提高农村居民财富保有量和财产性收入

加快建立城乡统一的建设用地市场,进一步改革和完善承包地所有权、承包权、经营权三权分置制度。通过农村土地制度改革推动农民财富变现和增值。在农村人口适度向中心集镇集聚的条件下改善农村基础设施和公共服务,同时提高农村一、三产业的劳动生产率。

(三)在人口充分流动中推动各地区协调发展、缩小区域差距

我国各地自然禀赋和区位条件差距之大,是全球唯一的。这也决定了我国的区域协调发展,是一个世界级难题。解决好这一问题,不仅是共同富裕的要求,也是国家治理体系和治理能力现代化的重要标志。倘若主要依靠人口小幅度跨地区流动、让各地人口在本地发展,那么要实现区域协调发展,并让区域间人口享有大体相当的生活水平,就必须实施大力度的跨地区转移支付。另一种更加可行的路径是在继续鼓励促进东部沿海地区和其他具备条件的地区快速发展的同时,让这些地区集聚更多人口,在人口充分流动中实现区域协调发展、缩小区域间生活水平差距,促进区域间的文化交流和包容。

1.从便利人口跨地区流动和融入入手,形成国土开发强度和人口承载量相匹配的空间格局,缩小区域间生活水平差距

第一,继续鼓励和促进沿海地区快速发展,并接纳更多流入人口,为他们提供同等的基本公共服务。

第二,推动广大中西部地区具备产业集聚条件的地方,以发展大中城市为主集聚本地人口,实现工业化,提升本地发展水平。同时也降低公共服务提供成本,减轻广大国土空间上的人口承载压力。

第三，促进区域间要素自由流动。实施全国统一的市场准入负面清单制度,以加快构建以国内大循环为主体,国内国际双循环相互促进的新发展格局为重要契机,消除歧视性、隐蔽性的区域市场准入限制。深入实施公平竞争审查制度,消除区域市场壁垒,打破行政性垄断,清理和废除妨碍统一市场和公平竞争的各种规定和做法,进一步优化营商环境,激发市场活力。

2.从实现生态环境要素等价交换入手,保障相对落后地区人口的生活水平

贯彻绿水青山就是金山银山的重要理念和山水林田湖草是生命共同体的系统思想,改变"对生态环境保护地进行补偿"的理念,确立以生态环境要素为标的的等价交换机制。按照区域人口公平分配发展所需的生态环境权益,并建立横向交易机制,促进广大中西部地区通过发展绿色产业和碳汇产业实现自我发展。

3.从改善转移支付和对口帮扶入手,保障相对落后地区人口的生活水平

第一,建立区域均衡的财政转移支付制度。根据地区间财力差异状况,调整完善中央对地方一般性转移支付办法,加大均衡性转移支付力度,在充分考虑地区间支出成本因素、切实增强中西部地区自我发展能力的基础上,将常住人口人均财政支出差异控制在合理区间。

第二,提高基本公共服务均等化水平,加快补齐基本公共服务短板,推动城乡区域基本公共服务制度统一、质量水平有效衔接,建立健全基本公共服务标准体系,推动标准水平城乡区域间衔接平衡。推动基本公共服务提供主体多元化、提供方式多样化。

第三,完善东西部结对帮扶关系,拓展帮扶领域,健全帮扶机制,优化帮扶方式,加强产业合作、资源互补、劳务对接、人才交流。

三、践行共同富裕的战略与政策保障

实现共同富裕,既需要坚实的制度保障,也需要实施一系列战略与政策,还需要加强舆论宣传引导。

(一)夯实共同富裕的制度保障

实现共同富裕,必须健全一系列重要的制度。第一,落实基本经济制度。

基本经济制度是共同富裕的最根本的制度保障。要坚持和完善公有制为主体、多种所有制经济共同发展,平等保护产权,提高人们投资创业创新回报的可预期性和财产安全感,增强对财富的吸引力,激发各类市场主体活力。要坚持按劳分配为主体、多种分配方式并存,着眼于壮大中等收入群体,大幅度改善初次收入分配格局,形成企业和劳动者共生共荣的新型劳动关系和分配关系,明确限制公司高管和员工收入的中位数差距,促进效率和公平的有机统一。

第二,保障人民的自由迁徙权,彻底打破城乡二元分割体制。立足于促进"人的发展"而不是"特定地方的发展",让人民群众享有基于自身人力资本和各地生活成本在不同区域和城乡之间灵活择业、灵活选择常住地的平等机会。将户口与公共服务享受资格相剥离,户口只承担居住信息登记功能,让人民群众在常住地平等享受基本公共服务。尽快实现社会保障体系全国统筹,为人口自由流动创造条件。立足现代化目标,明确农村土地征收、集体经营性建设用地入市、宅基地改革的长远目标,真正做到同地同权同价,为提高农民的财富保有水平提供切实的制度保障。

第三,精心设计社会保障制度和基本公共服务体系。消除因身份差别而导致的具有逆向转移支付效应的体制性安排。针对目前一些社会保障和公共服务项目存在的逆向转移支付效应,采取老人老办法、新人新办法的方式,在照顾现有利益格局基础上,降低直至完全消除逆向转移支付效应。制定明确的时间表和路线图,尽快实现社会保障体系各个项目全国统筹、城乡统筹,缩小区域、城乡、人群间社会保障待遇差距。加快国有资本填补养老金基金缺口。同时,要借鉴先进的国际经验,设计科学合理的社会保障制度和基本公共服务体系,避免养"懒汉"。

(二)围绕共同富裕目标实施若干重大战略

实现共同富裕,必须实施一系列重大战略。第一,创业就业促进战略。以充分激发人民群众的能动性、创造性为出发点,消除各种显性隐性壁垒,加快商事制度革新,降低企业注册门槛,加快无形资产抵押融资制度改革,降低创新型企业融资成本,普遍提供公平准入机会。深化企业破产清算制度改革,为创新创业者提供足够安全的社会保障网。让人民群众中富有企业家精神和企业家才能的、富有创新精神的、热爱劳动的群体,都获得平等参与机会,实现体面的自我发展,在人生出彩的同时,对国家的富强和现代化作出贡献。

第二,全民全生命周期人力资本提升战略。全面贯彻预分配的理念,增加中高收入家庭在怀孕和婴幼儿养育方面开支的税收抵扣;并由国家针对低收入和贫困家庭在这些开支方面给予专项补贴,保证全体国民在生命周期起点获得基本的健康水平和认知能力。义务教育延伸到幼儿园阶段。增加医疗和教育供给,改善监管,提升人民群众的健康、基础教育和通用技能水平。建设终身学习社会,提高人民群众人力资本的韧性和对不断迭代的技术的适应性。

第三,产业高质量发展战略。通过政府规划引导和市场主体充分参与,加快形成现代化经济体系,实现产业高质量发展,为人民群众提供充足的创业就业机会,为再分配提供充分的财力保障,为改善民生和公共服务提供高产出—投入比的保障手段。

第四,区域协调发展和高质量城镇化相融合的战略。未来缩小区域发展差距、实现区域协调发展的过程,和缩小城乡差距、高质量推进城镇化的过程,在很大程度上是同一的。要顺应这个趋势,立足于"人"而非"地"的发展,尊重人民群众的迁徙意愿,为人口和劳动力跨地区流动、城乡之间流动创造政策便利,切实推动外来人口全方位融入城市、融入常住地,享受均等公共服务。

第五,乡村振兴战略。在顺应人口向城镇流动和农村归并趋势的基础上,发展立足各地优势、有较高产出效益的特色产业,研发财务上可持续的乡村公共服务产品和运行模式,保障乡村居民获得与城镇居民均等的基本公共服务、相仿的生活水平和生活居住环境。

第六,全球财富积聚战略。面向现代化前景、面向未来,不断优化营商环境和投资环境,不断提高宜居程度,不断提升法治水平,强化对合法财产的持久性保护,出台家族财富信托管理等方面的法律,促进我国的财富信托发展,引导更多个人财富在国内进行投资保值、增值、传承,并使我国成为具有世界竞争力的企业、机构和个人财富的流入地和集聚地。在尊重财富所有人自主权的前提下,为这些财富通过三次分配用于改善国内公共服务、生态环境或扶贫等公益事业,提供政策支持和便利。

(三)健全共同富裕政策体系

党的二十大报告指出,分配制度是促进共同富裕的基础性制度。实现共同富裕,还需要完善多方面的政策体系。第一,建立高效、精准、规范、透明的二次分配体系。健全能够调节收入和财富差距、有利于共同富裕的税种体系;根据现金往来大幅度减少的现实,充分利用大数据技术,建立精准、高效的税收征缴和转移支付体系;建立公职人员财产申报和公开制度,堵塞权力寻租谋取违法收入和财富的途径。

第二,建立基于多维减贫理念的基本公共服务兜底政策体系。随着发展阶段提升拓宽贫困度量的维度,明确政府承担兜底责任的基本公共服务项目及待遇水平,对相对贫困人口进行多维帮扶。在继续做好农村扶贫工作的基础上,把解决城市相对贫困问题提上日程。

第三,健全促进共同富裕的软基础设施。在健全税收征管体系的同时,特别要注重加强没有纳税记录的低收入人口信息系统建设,收集身份证号码、银行账户、社保缴费信息和扶贫走访记录,发挥大数据的交叉验证功能进行动态更新,提高社区基层服务精准度和转移支付与财政资金使用效率,提高紧急情况下政府救助速度和精准性。

第四,健全党领导下的对口帮扶机制。发挥党统揽全局的体制优势,针对发展滞后的地区、乡村和人群,协调各方,科学配置资源,提高帮扶针对性和有效性,着力提高帮扶对象自我发展、持续发展的动力和能力,实现先富带后富、先富帮后富。

第五,持续提升宏观调控水平,形成合理的相对价格和大体稳定的价格总水平。把握好财产性收入和一般劳动收入的关系,降低供给弹性较小的产品和要素相对于供给弹性很大的产品和要素的价格水平,强化对创新和劳动的激励。

(四)以"国强民共富的社会主义社会契约"营造共同富裕的文化氛围

实现共同富裕,需要持续动员全社会各方面的力量。为此,必须加强宣传引领,宣讲共同富裕是党对人民群众的庄严承诺,正确阐释共同富裕的科学内涵。倡导创新创业、守法经营、诚实劳动,倡导自立自强、公平竞争,倡导企业的社会责任,倡导互帮互助、社会关爱的社会主义个人道德。

　　　　　　执笔人:薛天航、刘培林,浙江大学区域协调发展研究中心。

第二章 "八八战略"深化与浙江共同富裕示范区建设

    "八八战略"是习近平同志在浙江工作时亲自擘画实施的引领浙江发展、推进浙江各项工作的总纲领和总方略。① "八八战略"围绕中国特色社会主义发展的规律展开,立足浙江,从一个省域的范围内阐明了"怎样发展、靠什么发展、为什么而发展",以及我们发展的理念、发展的目标、发展的重点、发展的资源、发展的动力、发展的环境、发展的保障等一系列重大问题。要坚持以习近平新时代中国特色社会主义思想为指导,全面贯彻落实党的二十大精神,深入实施"八八战略",强力推进创新深化,改革攻坚,开放提升,充分激发创新第一动力,用好改革关键一招,走好开放必由之路,奋力应变局开新局创胜局,有效破解共同富裕推进过程中的普遍性难题、切实满足人民的期盼,凝聚全民力量、与共同富裕同向同行。

一、"八八战略"是浙江全面建成小康社会的总体方略

    中共浙江省委把"八八战略"作为浙江全面建成小康社会、推进社会主义现代化建设的总纲领、总方略,坚定不移沿着"八八战略"指引的路子走下去,一张蓝图绘到底,一任接着一任干,干在实处、走在前列、勇立潮头,不断谱写出浙江发展的精彩篇章。②

---

① 省浙江委党校"八八战略"评估研究中心:《坚定不移用"八八战略"引领浙江共同富裕和现代化先行》,《浙江日报》,2022年7月15日第7版。

② 本节内容详细论述参见中共浙江省委党史和文献研究室:《忠实践行"八八战略" 建设共同富裕美好社会》,《浙江日报》,2021年6月29日第7版。

(一)"八八战略"开创了浙江发展的崭新局面

"八八战略"是中国共产党浙江省委员会在 2003 年 7 月举行的第十一届四次全体(扩大)会议上提出的面向未来发展的八项举措,即进一步发挥八个方面的优势、推进八个方面的举措(见表 2-1),"八八战略"开辟了中国特色社会主义在浙江生动实践的新境界,成为引领浙江发展的总纲领。2003 年以来,浙江坚定不移把"八八战略"作为指引浙江推动中国特色社会主义生动实践、推进省域治理现代化的科学理论体系、根本行动指南、强大精神动力,在坚持中发展,在继承中创新,与自觉践行习近平总书记赋予浙江的新要求新期望、新目标新定位、新使命新愿景紧密结合起来,与时俱进推动"八八战略"迭代升级、丰富发展,不断建立健全落实"八八战略"的目标体系、工作体系、政策体系和评价体系,构建完善以年度评估报告为标志的"八八战略"抓落实机制,推动"八八战略"形成"理论付诸实践、实践上升到理论、理论再付诸实践"的螺旋上升。

在"八八战略"指引下,全省上下不断打开思想空间、认知空间、发展空间,推动浙江破茧成蝶、凤凰涅槃,发生了全面深刻的变化、影响深远的变化、鼓舞人心的变化,构建形成了现代化产业体系、科技创新体系、全面开放体系、协调发展体系、社会治理体系、先进文化体系、生态建设体系、民生保障体系、风险防控体系、政治保障体系等十大体系,实现了从经济大省向经济强省、从对内对外开放向深度融入全球、从总体小康向高水平全面小康的跃变,充分彰显了其真理力量和实践伟力。

表 2-1 "八八战略"内容

序号	内容
1	进一步发挥浙江的体制机制优势,大力推动以公有制为主体的多种所有制经济共同发展,不断完善社会主义市场经济体制
2	进一步发挥浙江的区位优势,主动接轨上海、积极参与长江三角洲地区合作与交流,不断提高对内对外开放水平
3	进一步发挥浙江的块状特色产业优势,加快先进制造业基地建设,走新型工业化道路
4	进一步发挥浙江的城乡协调发展优势,加快推进城乡一体化

续表

序号	内容
5	进一步发挥浙江的生态优势,创建生态省,打造"绿色浙江"
6	进一步发挥浙江的山海资源优势,大力发展海洋经济,推动欠发达地区跨越式发展,努力使海洋经济和欠发达地区的发展成为浙江省经济新的增长点
7	进一步发挥浙江的环境优势,积极推进以"五大百亿"工程为主要内容的重点建设,切实加强法治建设、信用建设和机关效能建设
8	进一步发挥浙江的人文优势,积极推进科教兴省、人才强省,加快建设文化大省

(二)十八大以来浙江对"八八战略"的坚守

2012年11月,党的十八大提出到建党100年全面建成小康社会、到新中华人民共和国成立100年全面建成社会主义现代化强国的"两个一百年"奋斗目标,首次把生态文明建设纳入中国特色社会主义事业"五位一体"总体布局。

2012年6月,浙江省第十三次党代会召开,确立了努力建设物质富裕精神富有的现代化浙江的奋斗目标,并提出加快建设经济强省、文化强省、科教人才强省和法治浙江、平安浙江、生态浙江,促进经济社会全面协调可持续发展。

2012年12月,中共浙江省委召开十三届二次全体(扩大)会议提出推进"两富"现代化浙江建设具体步骤:第一阶段是到2020年,实现全省生产总值、人均生产总值、城镇居民人均可支配收入、农村居民人均纯收入四个指标分别比2010年翻一番;第二阶段是在实现2020年"四个翻一番"目标基础上,再经过一个时期的努力,力争率先基本实现社会主义现代化,为到中华人民共和国成立100年时建成富强民主文明和谐美丽的社会主义现代化强国作出积极贡献。为实现第一阶段目标,会议提出了干好"一三五"、实现"四翻番"的路线图。

2013年5月,中共浙江省委召开十三届三次全体(扩大)会议,作出全面实施创新驱动发展战略的决定。在创新驱动引领下,浙江省委、省政府结合浙江发展实际,打出了以"拆、治、归"为主要内容的转型升级组合拳。同时,浙江省委、省政府还先后提出了"四换三名""四边三化""一打三整治"、市场主体升级、小微企业成长、八大万亿产业培育和特色小镇建设等一系列重大举措,逐渐形成和丰富了以创新驱动为引领、以治水为突破口、以"拆、治、归"三字经为基本招法的经济转型升级系列组合拳。

2013 年 11 月,党的十八届三中全会审议通过《中共中央关于全面深化改革若干重大问题的决定》,为全面深化改革指明了方向。2013 年 11 月底,中共浙江省委召开十三届四次全体(扩大)会议,谋划部署浙江全面深化改革的任务。全会审议通过了《中共浙江省委关于认真学习贯彻党的十八届三中全会精神 全面深化改革再创体制机制新优势的决定》,明确了浙江全面深化改革目标。根据全会精神,浙江省委、省政府以"四张清单一张网"建设为总抓手,加快政府职能转变,规范行政权力,促进市场和政府发挥各自优势,推进政府治理体系和治理能力现代化建设。

2014 年 5 月,中共浙江省委召开十三届五次全体(扩大)会议,聚焦于"绿水青山就是金山银山"理念的落实,提出"建设美丽浙江,创造美好生活"的奋斗目标。建设"两美"浙江顺应了人民对美好生活的新期待,体现了中国梦和美丽中国在浙江的生动实践,是建设"两富"现代化浙江的升华,是深入实施"八八战略"的内在要求。2016 年 7 月,浙江省委、省政府谋划开展新一轮"811"美丽浙江建设行动,加快建成美丽中国的"浙江样板"。

2017 年 6 月,浙江省第十四次党代会提出高水平全面建成小康社会、高水平推进社会主义现代化建设,以"两个高水平"的优异成绩,谱写在浙江实现"两个一百年"奋斗目标的崭新篇章。同时,还提出建设富强浙江、法治浙江、文化浙江、平安浙江、美丽浙江、清廉浙江等"六个浙江"的具体奋斗目标。

2017 年 10 月,党的十九大围绕"两个一百年"奋斗目标,对决胜全面建成小康社会、开启全面建设社会主义现代化国家新征程作出新的战略部署和安排,提出"两步走"战略,即在完成第一个百年奋斗目标的基础上,再奋斗15 年,基本实现社会主义现代化;到 21 世纪中叶,把我国建成富强民主文明和谐美丽的社会主义现代化强国。为紧密衔接党的十九大提出的战略安排,2017 年 11 月召开的中共浙江省委十四届二次全体(扩大)会议对"两个高水平"奋斗目标作了进一步深化,明确在高水平全面建成小康社会目标实现之后,高水平全面建设社会主义现代化,到 2035 年高水平完成基本实现社会主义现代化,到本世纪中叶全面提升物质文明、政治文明、精神文明、社会文明和生态文明水平,全面建设社会主义现代化走在全国前列。浙江"两个高水平"建设的蓝图徐徐展开。

可以看出,历届浙江省委、省政府对"八八战略"进行持续的深化、细化、具体化,如在"进一步发挥浙江的体制机制优势"方面创造性地提出并实施"最多跑一次"改革。2017 年,浙江全面启动"最多跑一次"改革,从深化"四张清单一张网"入手,充分运用互联网和大数据,全面推进政府自身改革,促进各部门简政放权、放管结合、优化服务,从而提升办事效率,改善发展环境,增强人民群众和企业对改革的获得感。从 2018 年开始,浙江加大力度推进政府数字化转型,全面推进经济调节、市场监管、社会管理、公共服务、环境保护、政府运行数字化,推动"掌上办事""掌上办公",把数字化转型先发优势转化为强大治理效能,推动政府治理能力现代化。

(三)打造"重要窗口"是习近平总书记赋予浙江的新目标新定位

2020 年 3 月底 4 月初,习近平总书记到浙江考察时,充分肯定浙江在省域治理方面的积极探索,并赋予浙江"努力成为新时代全面展示中国特色社会主义制度优越性的重要窗口"的新目标新定位。[①]

"重要窗口"新定位立意高远、思想深邃、内涵丰富,把浙江的过去、现在和未来贯穿贯通起来,将浙江全省域的发展层次、工作要求提升到前所未有的高度;把浙江与全国、全世界紧密联系起来,赋予浙江面向全国、面向世界、面向未来更高的角色定位和更大的使命担当,为浙江实现更好发展指明了战略方向、提供了战略指引。

从政治的维度看,建设"重要窗口"是政治上的自觉,是浙江践行"两个维护"最直接、最具体、最生动的体现。从历史的维度看,"重要窗口"植根于"三个地"的深厚基础,同时又彰显了"三个地"新时代方位。

从战略的维度看,建设"重要窗口"是对浙江从省域层面彰显"四个自信"而提出的很高要求。从实践的维度看,建设"重要窗口"为浙江做好各项工作

---

① 《统筹推进疫情防控和经济社会发展工作 奋力实现今年经济社会发展目标任务》,《人民日报》,2020 年 4 月 2 日第 1 版。

提供了科学指引,为"两个高水平"建设注入了新的动力。

2020年6月,中共浙江省委十四届七次全体(扩大)会议研究部署推动重要讲话精神的贯彻落实,审议通过《中共浙江省委关于深入学习贯彻习近平总书记考察浙江重要讲话精神 努力建设新时代全面展示中国特色社会主义制度优越性重要窗口的决议》,①全会提出了建设好10个方面"重要窗口"和形成13项具有中国气派和浙江辨识度的重大标志性成果的目标。

省委十四届七次全会提出,坚定不移沿"八八战略"指引的路子走下去,聚焦制度优越性,认清任务艰巨性,突出整体协同性,激发创新创造性,体现群众主体性,注重实践可行性,建设10个方面"重要窗口":一是展示坚持党的科学理论、彰显习近平新时代中国特色社会主义思想真理力量的重要窗口;二是展示中国特色社会主义制度下加强党的全面领导、集中力量办大事的重要窗口;三是展示发展社会主义民主政治、走中国特色社会主义法治道路的重要窗口;四是展示坚持和完善社会主义市场经济体制、不断推动高质量发展的重要窗口;五是展示将改革开放进行到底、使社会始终充满生机活力的重要窗口;六是展示坚持社会主义核心价值体系、弘扬中华优秀传统文化革命文化社会主义先进文化的重要窗口;七是展示推进国家治理体系和治理能力现代化、把制度优势更好转化为治理效能的重要窗口;八是展示坚持以人民为中心、实现社会全面进步和人的全面发展的重要窗口;九是展示人与自然和谐共生、生态文明高度发达的重要窗口;十是展示中国共产党自觉践行初心使命、推动全面从严治党走向纵深的重要窗口。

省委十四届七次全会强调,树立世界眼光建设"重要窗口",加快形成13项具有中国气派和浙江辨识度的重大标志性成果:一是打造学习、宣传、实践习近平新时代中国特色社会主义思想的重要阵地;二是推动"最多跑一次"改革成为新时代引领改革风气之先的最鲜明特质;三是再创民营经济高质量发展的新辉煌;四是建设成为全球先进制造业基地;五是做优做强数字经济、生命健康、新材料等战略性新兴产业、未来产业;六是打造成为"一带一路"重要枢纽;七是建设高素质强大人才队伍、打造高水平创新型省份;八是在全面推

① 《中共浙江省委关于深入学习贯彻习近平总书记考察浙江重要讲话精神 努力建设新时代全面展示中国特色社会主义制度优越性重要窗口的决议》,《浙江日报》,2020年6月28日第1版。

进法治中国建设中继续走在前列;九是巩固夯实社会治理体系和治理能力现代化基础;十是打造成为社会主义先进文化高地;十一是走好具有浙江特色的生态文明建设和可持续发展之路;十二是持续巩固全省域各方面发展都比较均衡的特色优势;十三是清廉浙江建设取得更新成效更大突破。

2020年11月,中共浙江省委十四届八次全体(扩大)会议召开,通过《关于制定浙江省国民经济和社会发展第十四个五年规划和二〇三五年远景目标的建议》,提出浙江须担负起"五大历史使命",建设"四高地两区一家园":打造经济高质量发展高地、三大科创高地、改革开放新高地、新时代文化高地;打造美丽中国先行示范区和省域现代治理先行示范区;打造人民幸福美好家园。

2021年2月,浙江召开全省数字化改革大会,数字化改革是浙江立足新发展阶段、贯彻新发展理念、构建新发展格局的重大战略举措,坚持以数字化改革引领各领域各方面改革,通过数字赋能、整体智治,推进省域治理全方位、系统性、重塑性改革,加快构建"1+5+2"工作体系,搭建好数字化改革"四梁八柱"。2022年3月,浙江召开全省数字化改革工作推进大会,要求迭代升级数字化改革体系架构,整合形成"1612"体系构架——第一个"1"即一体化智能化公共数据平台(平台+大脑),"6"即党建统领整体智治、数字政府、数字经济、数字社会、数字文化、数字法治六大系统,第二个"1"即基层治理系统,"2"即理论体系和制度规范体系——形成一体融合的改革工作大格局,纵深推进数字化改革,为高质量发展建设共同富裕示范区提供强劲动力。

2023年2月24日,浙江省深入实施"八八战略"强力推进创新深化改革攻坚开放提升领导小组召开第一次会议。省委书记、省深入实施"八八战略"强力推进创新深化改革攻坚开放提升领导小组组长易炼红主持会议并讲话,强调要坚持以习近平新时代中国特色社会主义思想为指导,全面贯彻落实党的二十大精神,坚定不移沿着习近平总书记指引的道路奋勇前进,聚焦聚力三个"一号工程",狠抓创新深化、改革攻坚、开放提升落地见效,创新思路机制方法,推动"八八战略"深入实施再深化再提升再突破,推动贯彻新发展理念、构建新发展格局、推动高质量发展,以"两个先行"打造"重要窗口"。

二、"八八战略"是进一步推进浙江发展的战略总纲

"八八战略"是指引浙江发展的总钥匙,是浙江建设共同富裕示范区的基础。"八八战略"给浙江大地带来了全方位、系统性、根本性的精彩蝶变,"八八战略"已实施20多年,要进一步深化认识,把握逻辑、主动作为,一以贯之、守正而进、纲举目张、系统推进。

(一)进一步深刻认识"八八战略"的思维与观念

实践、认识,再实践、再认识,是马克思主义认识论告诉我们的规律。经过19年的实践与认识,站在新的历史起点上,我们对"八八战略"超越历史的意义、博大精深的内涵、深刻蕴含的思想、广阔包容的智慧有了更进一步更深一步的认识。[①]

1."八八战略"的价值观是坚持以人民为中心

实施"八八战略"最根本的目的就是为了浙江人民的福祉,就是为了让浙江人民过上更加美好的生活。为此,时任浙江省委书记习近平同志在部署和推进"八八战略"中,讲得最多的就是坚持以人为本,充分发挥人民群众的主动性和创造性,让人民群众理解"八八战略",实践"八八战略",共享实施"八八战略"所带来的感受、得到的实惠。党的十八大以来,习近平总书记反复强调,我们的一切发展都是为了人民,人民对美好生活的向往就是我们的奋斗目标。自觉践行以人民为中心的发展思想,发展为了人民,发展依靠人民,发展成果由人民共享。要让人民群众有更多的获得感。我们沿着"八八战略"指引的路子走下去,首先必须坚定不移地坚守这一根本的价值观。

2."八八战略"的实践观是一切发展必须从实际出发

"八八战略"本身就是一切从实际出发的产物,贯彻"八八战略"当然要坚持一切从实际出发的要求。这不是拍脑瓜的产物,而是经过大量调查研究提出来的发展战略,聚焦如何发挥优势、如何补齐短板这两个关键问题。马克思主义活的灵魂就是一切从实际出发,党的思想路线也要求我们坚持实事求

---

① 胡坚:《八八战略:浙江发展的总钥匙》,《浙江日报》,2017年6月9日第5版。

是。经济社会发展面对的形势错综复杂,各种情景包罗万象,各种状态瞬息万变,我们必须坚持一切从实际出发,深入实际调查研究,善于把握全面情况,分析突出问题,总结工作经验,掌握工作方法,提出对策举措,才能沿着正确的道路不断地推进发展。

3.“八八战略”的辩证观是善于把握优势、努力补齐短板

发展中总是充满辩证法,任何时候和任何地方,我们的发展有优势也一定会有短板。为此,我们在发展中必须充分认识自身优势,不断强化现有优势,同时补齐短板,发掘潜在能力,尽快形成自己的竞争优势。要善于历史地全面地辩证地思考问题,能够深入挖掘优势、全面把握优势、努力补齐短板、尽快让劣势转化为优势,把先发优势变成可持续的优势,这些都是“八八战略”赋予我们在竞争中永远立于不败之地的秘诀。我们续写“八八战略”一定要坚持这种发展的辩证观。

4.“八八战略”的整体观是全面协调可持续发展

“八八战略”不是单打一的,而是涉及经济、政治、文化、社会、生态等各个领域,并从体制机制、区域合作、特色产业、城乡协调、生态环境、山海资源、社会保障、人文优势等各个方面对发展中的各种重大问题和举措,进行系统的全方位的综合思考与全面部署。“八八战略”是全面协调可持续发展的典范,与按照新发展理念的要求,统筹推进“五位一体”总体布局和协调推进“四个全面”战略布局,在精神上都是契合的,是完全一致的。

5.“八八战略”的政绩观是立足长远谋发展

“八八战略”,不是管一地一域的,不是管五年十年的,而是管全局、管长远的,是我们必须长期坚持的指导思想和总纲。从“八八战略”提出的各种对策与举措中,我们能够充分地体会到这一点,因为所有这些优势与举措都是涉及长远性的、基础性的、根本性的、全局性的重大问题。在新的历史时期,我们进一步贯彻落实“八八战略”,必须充分认识和深刻体会“八八战略”所蕴含的这种深远的历久弥新的历史价值,以“功成不必在我”的信念与境界,持之以恒地推进“八八战略”向纵深发展。

6.“八八战略”的使命观是秉持浙江精神,干在实处、走在前列、勇立潮头

改革开放以来,浙江人民在这块占全国1.1%的土地上,创造了占全国6.6%的经济总量,靠的就是“自强不息、坚韧不拔、勇于创新、讲求实效”的浙

江精神,靠的就是"求真务实、诚信和谐、开放图强"的与时俱进的浙江精神。浙江精神是"八八战略"诞生的精神源泉和文化源泉,我们坚定不移地沿着"八八战略"指引的路子走下去,也必须依靠这种精神。浙江干部要秉持浙江精神,干在实处、走在前列、勇立潮头。这是习近平总书记对浙江人民新的嘱托与期待,是浙江人民走向未来的精神支柱与精神状态,也是贯彻落实"八八战略",再创浙江辉煌的新使命与新要求。我们有了这样一种精神状态,才能面对新的梦想。

(二)"八八战略"是浙江建设共同富裕示范区的基础所在

"八八战略"是习近平新时代中国特色社会主义思想在浙江萌发与实践的集中体现,蕴含着高质量发展的先进理念和科学的思维方法,体现着共同富裕的价值观和方法论。浙江深入实施"八八战略"的实践历程,就是加快推进共同富裕的奋斗历程,也是浙江率先突破发展不平衡不充分问题、实现共同富裕的基础所在、优势所在、信心所在。[①]

1."八八战略"蕴含着实现共同富裕的鲜明价值主旨

"先成长,先烦恼。"21世纪之初,面对浙江发展走在前列遭遇的诸多"成长的烦恼",时任浙江省委书记习近平同志以浙江先行先试为中国改革和现代化建设探路的强烈政治责任感,作出了"八八战略"的重大部署。

"八八战略"围绕浙江加快全面建设小康社会、提前基本实现现代化的目标,将确立新的发展理念,推进质量和效益同步提升的快速发展、城市和农村互促共进的一体化发展、物质文明与精神文明和政治文明相辅相成的协调发展、经济社会与人口资源环境和谐统一的可持续发展等作为重要战略导向,其每一个方面的要求都贯穿着以人民为中心的发展思想,出发点和落脚点都是让改革发展成果更多更公平惠及全体人民。

发展方向彰显价值取向。"八八战略"强调激发市场活力、推动所有制经济共同发展,旨在夯实共同富裕的物质基础;强调加快推进城乡一体化,旨在让城乡居民共享美好生活;强调创建"生态省"、打造"绿色浙江",旨在擦亮共同富裕的生态底色;强调使海洋经济和欠发达地区的发展成为浙江经济的新

---

① 沈轩:《共同富裕 大道先行》,《浙江日报》2021年01月22日第3版 。

增长点,旨在确保共富路上一个也不掉队;强调加强法治建设、信用建设和机关效能建设,旨在实现共建共治共享;强调积极推进科教兴省、人才强省,加快建设文化大省,旨在推动物质富裕与精神富有相统一,等等。可以说,"八八战略"一贯到底的价值逻辑就是坚持以人为本、促进人的全面发展,推进共同富裕。

2."八八战略"为浙江加快实现共同富裕提供了战略指引

现实的呼唤是新思路新作为的"催化剂"。"八八战略"提出时浙江省人民生活总体上已达到小康水平,但还是低水平、不全面、不平衡的小康,因此必须着力增强发展的全面性、均衡性、协调性,以更大力度统筹城乡区域协调发展,走共同富裕之路。

"八八战略"及一系列重大工作部署的提出,针对的就是浙江富民强省建设中遇到的矛盾和问题,是从战略层面对"形势怎么看""路子往哪里走"作出的"世纪之答",是破解浙江发展不平衡不充分问题的先手棋。

脱贫奔小康,贵在精准。着眼于城乡之间、区域之间、人与人之间、人与自然之间的均衡发展,浙江部署实施山海协作工程,奏响了一曲区域协调发展的"协作曲";部署实施"千村示范、万村整治"工程,成为推进新农村建设的龙头牵引;部署实施欠发达乡镇奔小康工程、百亿帮扶致富工程,为之后全省贫困乡镇整体脱贫、全面消除家庭人均年收入4600元以下的贫困现象以及欠发达县加快走上绿色发展、生态富民、科学跨越的路子奠定了扎实基础。

方向明则步履坚。这些年来,历届省委、省政府坚持一张蓝图绘到底,大力实施"千万工程"升级版、低收入农户奔小康工程、山海协作升级版、大湾区大花园大通道大都市区建设、富民惠民安民行动等,在加快推进共同富裕上实现了"百尺竿头更进一步"。

3.唯有忠实践行"八八战略",才能持续有效破解发展不平衡不充分的问题

事实是最好的证明。"八八战略"在浙江的成功实践昭示我们,这一战略体现了系统观念、辩证思维,它不谋一时、不为一事,而是着眼长远和全局,蕴涵着创新、协调、绿色、开放、共享发展的真谛。

2020年春天,习近平总书记在浙江考察时强调,"发展不平衡不充分问

题要率先突破"①。这是党的十九大提出新时代我国社会主要矛盾发生转化后,习近平总书记首次对省域层面提出的率先破题要求。对于浙江而言,要打好破解"发展不平衡不充分问题"的攻坚战、持久战,就要立足新方位、新要求,忠实践行"八八战略"。

有了"船"和"桥",关键在运用。从"八八战略"中找钥匙、找方法、找答案,就要运用好其中蕴含的扬优势、强弱项的辩证法,在补齐民生领域短板、缩小城乡区域发展和收入分配差距、提高发展质量和效益、增强创新能力等方面取得新突破;运用好其中蕴含的敢破善立的改革观,在探索二次分配问题上用好改革的关键一招,走好"发展出题目、改革做文章"之路;运用好其中蕴含的内外联动的开放观,坚持"跳出浙江发展浙江",为更好发挥"窗口"作用打开广阔空间;运用好其中蕴含的以人民为中心的发展观,更加注重富民与强省相结合,在重民生、办实事、促和谐中暖人心、聚民心、筑同心。

三、"八八战略"引领浙江"两个先行"

省第十五次党代会强调要把"八八战略"作为"五大战略指引"之一,号召浙江广大干部群众自觉做"八八战略"的忠实践行者。我们要认真贯彻省党代会精神,坚定不移沿着"八八战略"指引的路子走下去,奋力谱写浙江中国特色社会主义共同富裕先行和省域现代化先行(以下简称"两个先行")的亮丽新篇章。②

(一)"八八战略"引领浙江"两个先行"的重大政治逻辑

浙江是中国革命红船起航地、改革开放先行地和习近平新时代中国特色社会主义思想重要萌发地,"红色"是浙江各方面工作最鲜明的政治本色。"八八战略"从形成提出到丰富发展,具有与"两个确立""两个维护"一脉相承、高度契合的政治品格,这是浙江过去取得进步、当下走在前列的政治密

---

① 《统筹推进疫情防控和经济社会发展工作 奋力实现今年经济社会发展目标任务》,《人民日报》2020年4月2日第1版。

② 浙江省委党校"八八战略"评估研究中心:《坚定不移用"八八战略"引领浙江共同富裕和现代化先行》,《浙江日报》2022年7月15日第7版。

码,也是未来浙江继续示范先行的强大政治保障。

切实做到"总书记有号令、党中央有部署,浙江见行动"。要始终坚持把忠诚拥护"两个确立"、坚决做到"两个维护"作为最根本的政治标尺,在政治立场、政治方向、政治原则、政治道路上同以习近平同志为核心的党中央保持高度一致,不折不扣贯彻落实好习近平总书记重要指示批示精神和党中央决策部署。尤其要承接好奋力打造"重要窗口"、扎实推进高质量发展建设共同富裕示范区等党中央的万钧重托,在坚决贯彻落实中央重大决策部署、方针政策和任务要求中始终走在前、作表率。

切实做到心怀"国之大者"。发展是执政兴国第一要务,创新才能制胜未来。要加速推进高水平创新型省份建设,深入实施科技创新和人才强省首位战略,加快打造高能级科创平台和"三大"科创高地,加快突破"卡脖子"技术,通过持续创新不断引领浙江高质量发展。让人民生活幸福是"国之大者"。要及时回应民生重大关切,切实将以人民为中心的发展思想转化为为民办实事长效机制,努力把浙江打造成幸福民生新标杆。稳定压倒一切,要始终强化除险保安政治责任,坚持和发展新时代"枫桥经验",一体推进法治中国和平安中国示范区建设,努力在为国担当尽责中贡献省域力量。

切实做到守护"红色根脉"。要大力弘扬伟大建党精神、红船精神和与时俱进的浙江精神,全面深化党建统领的整体智治体系建设,努力打造"党建高地"。要持续深化新思想铸魂溯源走心工程,深入挖掘、守护、传承好习近平总书记留给浙江的宝贵财富,努力用新思想为浙江劈波斩浪和"两个先行"点亮奋力远航的灯塔。

(二)"八八战略"引领"两个先行"的重大理论逻辑

一个民族要走在时代前列,就一刻不能没有理论思维,一刻不能没有思想指引。对走在前列的浙江来说,要顺利推进浙江共同富裕和现代化先行,更加需要用先进思想和科学理论提供指引。

最根本的是要牢记唯物史观。人民群众是真正的历史英雄。要始终突出人民主体地位,强化以人为核心的现代化导向,大力促进人的全面发展和社会全面进步。充分尊重基层和群众的首创精神,善于从生动鲜活的基层实践中汲取智慧并固化经验,推动从"事"到"制""治""智"迭代升级。始终坚持

"两个毫不动摇",最大限度激发全社会经济活力,不断实现民营经济量的扩展和质的跃升。聚焦基层群众所思所盼,真正问需于民、问计于民,努力把蕴藏在广大浙江人民身上的无穷创造力和坚定发展信心调动起来。

最重要的是要强化系统观念。"八八战略"是统管全局的总体性战略。我们既要善于运用总体性的系统思维,统筹谋划推进共同富裕、打造"重要窗口"、实现现代化先行,又要以"复杂巨系统"的思维,通过数字化改革,全面推进各领域各方面具体工作实现系统性重塑。既要善于从宏观系统的角度主动嵌入新发展格局,又要从微观系统的角度,十分注重企业等市场主体作用,大力打造公平竞争的市场环境,积极帮助企业纾困解难,引导和规范资本在浙江大地健康发展。

最关键的是要善用辩证方法。用"八八战略"指引共同富裕和现代化先行,特别需要深刻领悟"优势论""短板论",持续擦亮数字经济等9张金名片,补齐高端人才、山区经济等发展短板。要深刻领悟"两点论""重点论",继续处理好"两只鸟""两座山""两种人""两只手"等辩证关系。要深刻领悟"十个手指弹钢琴"的统筹兼顾法,协调推进数字浙江、美丽浙江、法治浙江、平安浙江、文化高地建设,以更高水平全面推进浙江共同富裕和现代化建设大业。

(三)"八八战略"引领浙江"两个先行"的重大实践逻辑

"八八战略"既是战略总纲,更是行动方略。省委反复强调践行"八八战略",要突出"忠""实"二字。我们要始终秉持"干在实处、走在前列、勇立潮头",努力用实干和实绩不断彰显"八八战略"的实践伟力。

始终坚持一张蓝图绘到底。坚持以"八八战略"为总纲,一任接着一任干,坚定不移地照着"八八战略"指引的路子走下去。要把忠实践行"八八战略"与学懂弄通做实习近平新时代中国特色社会主义思想融会贯通起来,以深入实施"八八战略"年度评估机制为抓手,形成体系化、全贯通、可衡量、闭环式的工作机制,用浙江改革发展新业绩新成就充分展示"八八战略"的真理光芒和时代价值。

始终坚持问题导向精准发力。准确把握浙江所处历史方位,及时回应关系浙江长远发展和全局的重大问题,是"八八战略"攻坚克难的基本逻辑。当前尤其要聚焦高端人才不足、山区26县发展相对滞后、产业链发展风险、优质公共服务供给短缺等实际问题,拿出解决浙江不平衡不充分发展的整体方案,通过高质量发展努力实现共同富裕和现代化先行。

始终坚持以实战实效论英雄。无论是全力稳住经济发展大盘还是推进绿色低碳发展,无论是数字化改革重大场景应用开发还是疫情防控等重大风险闭环管控机制完善,都要追求真正"管用""实用""好用"的"硬核"成果,以实战实效的真功夫实现稳进提质、除险保安、塑造变革、共同富裕示范,不断增强人民群众的获得感、幸福感、安全感、认同感。

始终强化"没有走在前列也是一种风险"意识。省委反复强调"没有走在前列也是一种风险",这是浙江"两个先行"必须牢牢把握的原则和要求。打造共同富裕美好社会、推进现代化先行的步子不走好,就辜负了对浙江"更进一步""更快一步"的重大要求和"继续发挥先行和示范作用"的殷切期望。科技创新、"招大引强"、现代化产业体系建设、新旧动能转换等工作重视不够、推进不力,就会不断遇到技术"卡脖子"等问题,面临发展后劲丧失、转型升级乏力。我们必须切实增强忧患意识,增强战略主动,抢抓发展先机,矢志不渝推动浙江发展始终走在前列。

(四)"八八战略"引领浙江"两个先行"的重大历史逻辑

用"八八战略"引领共同富裕和现代化先行,其背后代表了中国共产党人对人类社会发展和现代化建设新模式、新路径、新方式的全新探索。我们要勇当先锋、勇立潮头,自觉扛起重大历史使命,充分展示新时代中国特色社会主义、中国式现代化道路和人类文明新形态在浙江的现实图景。

勇扛共同富裕示范区建设浙江使命。要进一步深入学习习近平总书记关于共同富裕的系列重要论述,对标中央《意见》和浙江《实施方案》,加快探索具有普遍意义的共同富裕新路子。尤其要打造高质量就业创业体系、扩中提低、山区 26 县整体跨越发展、共同富裕现代化基本单元建设等十大标志性成果,积极构建共同富裕话语体系和实践体系,努力在先行探路共同富裕美好社会中积极贡献浙江经验和做法。

勇扛推进省域现代化先行浙江使命。不仅要着眼现代化总目标而努力,更要聚焦数字赋能、产业体系、科技创新、农业农村、对外开放、省域治理、文化建设、生态文明、公共服务和人的现代化先行等"十个先行"而奋斗。不仅要通过先行探索深化现代化的规律性认识,更要通过创新实践不断推出制度成果、工作成果、理论成果,形成全新的现代化理念、方法、工具、手段、机制,努力为全国树好标杆、提供示范、作出表率。

勇扛探索人类文明新形态浙江使命。面对数字文明新时代,要切实扛起数字化改革起始地的使命,着力打造数字中国示范区和全球数字化变革新高地。面对生态文明新时代,要强化浙江作为绿水青山就是金山银山理念发源地的使命,统筹"双控""双碳"等各项工作,着力让绿色成为浙江现代化先行最动人的色彩。探索人类文明新形态尤为根本的是要扛起新时代浙江的文化使命,突出浙学品牌建设,推进宋韵文化传世工程,打造浙派文化新标识,通过全域文化繁荣推进全民精神富有,用优秀文化凝聚浙江共同富裕和现代化先行的磅礴力量。

四、忠实践行"八八战略" 奋力推进浙江"两个先行"

在新的历史时期,必须坚持以习近平新时代中国特色社会主义思想为指导,全面贯彻落实党的二十大精神,落实中国共产党浙江省第十五次代表大会的战略部署,忠实践行"八八战略",推动"八八战略"深入实施再深化再提升再突破,坚决做到"两个维护"在高质量发展中奋力推进中国特色社会主义共同富裕先行和省域现代化先行。[①]

(一)新使命:深刻领会把握党代会主题的核心要义

浙江省第十五次党代会报告的主题是:高举习近平新时代中国特色社会主义思想伟大旗帜,忠实践行"八八战略",坚决做到"两个维护",在高质量发展中奋力推进中国特色社会主义共同富裕先行和省域现代化先行。习近平新时代中国特色社会主义思想是新时代中国共产党人的思想旗帜。"八八战略"是习近平新时代中国特色社会主义思想在浙江萌发与实践的集中体现。"两个维护"是党的十八大以来全党在革命性锻造中形成的共同意志,是必须

---

① 沈正言:《把坚决拥护"两个确立"、坚决做到"两个维护"转化为"两个先行"的强大动力——浙江省第十五次党代会报告解读》,《浙江日报》2022年6月30日第2版。

始终坚守的最高政治原则和根本政治规矩。高质量发展是"十四五"乃至更长时期经济社会发展主题,关系社会主义现代化建设全局。共同富裕先行和省域现代化先行是新征程上浙江的新目标新任务。这一主题,综合考虑了"国之大者"与浙江使命,深刻阐明了浙江的政治站位、政治使命、奋斗目标和战略路径。

(二)新征程上伟大思想指引:"五大战略指引"和"11方面重要遵循"

首先,"五大战略指引"集中体现了习近平总书记赋予浙江的重大使命、擘画的重大战略:一是以加强党的全面领导和全面从严治党守好"红色根脉"。"红色根脉"是党百年奋斗最鲜明的底色,而习近平新时代中国特色社会主义思想在浙江萌发实践赋予其新内涵和新时代标识。"红色根脉"蕴含着党的初心使命,蕴含着以伟大自我革命引领伟大社会革命的基因密码,是浙江精神之源、使命之源、力量之源;二是忠实践行"八八战略"。在浙江工作时,习近平总书记亲自擘画实施"八八战略",是习近平总书记留给浙江取之不尽、用之不竭的宝贵财富,忠实践行"八八战略"是浙江不断进步发展壮大的制胜法宝;三是奋力打造"重要窗口"。"重要窗口"是习近平总书记赋予浙江省的全新定位,核心任务是打造新时代中国特色社会主义制度优越性的省域范例;四是在高质量发展中推进共同富裕和现代化。习近平总书记、党中央赋予浙江高质量发展建设共同富裕示范区的光荣使命,明确要求浙江在推进以人为核心的现代化、实现全体人民全面发展和社会全面进步的伟大变革中发挥先行和示范作用[1];五是干在实处、走在前列、勇立潮头。这是习近平总书记对浙江工作一以贯之的要求,明确了具有鲜明浙江辨识度的工作作风、工作标准、工作状态。在"五大战略指引"中,"八八战略"是管总的,是浙江全面推进习近平新时代中国特色社会主义思想省域生动实践的总抓手,是引领浙江共同富裕和现代化的总纲领。[2]

其次,"11方面重要遵循"聚焦共同富裕和现代化先行宏伟目标,把学深

[1] 沈正言:《把坚决拥护"两个确立"、坚决做到"两个维护"转化为"两个先行"的强大动力——浙江省第十五次党代会报告解读》,《浙江日报》2022年6月30日第2版。

[2] 沈正言:《把坚决拥护"两个确立"、坚决做到"两个维护"转化为"两个先行"的强大动力——浙江省第十五次党代会报告解读》,《浙江日报》2022年6月30日第2版。

悟透习近平新时代中国特色社会主义思想与习近平总书记对浙江工作的重要指示精神贯通起来,包括牢牢把握实施创新驱动发展战略,为全国改革探路,立足浙江发展浙江、跳出浙江发展浙江,率先突破发展不平衡不充分问题,推进全过程人民民主建设,让法治这一手真正硬起来,促进人民精神生活共同富裕,办实每件事、赢得万人心,让绿色成为浙江发展最动人色彩,建设"大平安",以伟大自我革命引领伟大社会革命等。

最后,"五大战略指引""11 方面重要遵循"纲举目张、相互贯通,深刻回答"国之大者"与浙江使命、理论与实践、战略与策略、目标与路径等基本问题,是推动习近平新时代中国特色社会主义思想在浙江生动实践,指引浙江推进中国特色社会主义共同富裕先行和省域现代化先行的行动指南。

(三)新目标:"两个先行"的奋斗目标和"8 个高地"的具体目标

浙江省第十五次党代会高举习近平新时代中国特色社会主义思想伟大旗帜,兼顾"国之大者"与浙江使命,提出忠实践行"八八战略",坚决拥护"两个确立",坚决做到"两个维护"在高质量发展中实现中国特色社会主义共同富裕先行和省域现代化先行,深刻阐明了浙江的政治站位、政治使命、奋斗目标和战略路径。

一是共同富裕先行。2021 年习近平总书记、党中央赋予浙江高质量发展建设共同富裕示范区光荣使命,要求浙江在推进以人为核心的现代化、实现全体人民全面发展和社会全面进步的伟大变革中发挥先行和示范作用。[①]《意见》明确要求,到 2025 年推动高质量发展建设共同富裕示范区取得明显实质性进展,到 2035 年高质量发展取得更大成就,基本实现共同富裕。这一进度要求,浙江实现共同富裕总体比全国提前 15 年。

二是省域现代化先行。鼓励有条件的地区率先实现现代化,长三角可以打造率先基本实现现代化引领区。浙江省要在推进改革开放和社会主义现代化建设中更快一步,继续发挥先行和示范作用。改革开放以来,浙江经济社会的发展走在全国前列,发挥着先行示范作用;过去先行,现在和将来更要

① 沈正言:《把坚决拥护"两个确立"、坚决做到"两个维护"转化为"两个先行"的强大动力——浙江省第十五次党代会报告解读》,《浙江日报》2022 年 6 月 30 日第 2 版。

先行。到 2027 年,浙江有望总体上达到中等发达经济体水平,完全有基础、有条件也应当实现先行。

在高质量发展中实现中国特色社会主义共同富裕先行和省域现代化先行,具体目标是打造"8 个高地",即新时代党建高地和清廉建设高地、高质量发展高地、数字变革高地、全过程人民民主实践高地、新时代文化高地、社会全面进步高地、生态文明高地、促进全体人民全面发展高地。"8 个高地"是支撑"两个先行"的具体目标,是一个有机整体。一是体现党建统领。把打造新时代党建高地和清廉建设高地作为首要目标,强调高水平推进以自我革命引领社会革命的省域实践。二是体现以人的现代化为核心。打造促进全体人民全面发展高地,是出发点,也是落脚点。三是体现引领数字文明时代。提出打造数字变革高地,是通向共同富裕和现代化的"桥"和"船"。四是体现"五位一体"整体跃升。提出打造高质量发展高地、全过程人民民主实践高地、新时代文化高地、社会全面进步高地、生态文明高地。

(四)新任务:深刻领会把握"五大工作导向"和"10 个着力"

浙江省第十五次党代会提出"五大工作导向":一是突出创新制胜,全面实施科技创新和人才强省首位战略,形成制胜未来的新优势;二是突出变革重塑,全面构建共同富裕和现代化新体系,形成引领未来的新模式新能力;三是突出防控风险,推动安全发展贯穿各领域全过程,为国家总体安全战略贡献力量;四是突出共建共享,激发全社会新活力,形成共同奋斗、共创美好生活的新理念新机制新气象;五是突出唯实唯先,牢固树立没有走在前列也是一种风险的意识,形成全社会实干争先的激情活力。"五大工作导向",是在深入分析新阶段新要求和未来形势变化基础上提出来的,是引领未来的浙江新思路。

一是突出创新制胜,彰显锻造"两个先行"制胜优势的浙江视野。世界竞争是科技竞争、人才竞争、创新意识和创新能力的竞争。浙江是民营经济大省、自主创新强省,多项经济社会发展指标领先全国,浙江的创新意识和创新能力,在一定程度上体现了民营经济的创新意识和创新能力、国家的创新意识和创新能力。进入新时代以来,浙江先后作出打造科技强省、教育强省、人才强省,建设创新型省份、科教人才强省的系统部署,出台了全面实施创新驱动发展战略、加快建设创新型省份的系列举措,省域创新意识和创新能力显著提升。

二是突出变革重塑,彰显构筑"两个先行"引领能力的浙江担当。改革开放是决定当代中国命运的关键一招,也是实现中华民族伟大复兴的关键一招。浙江是改革开放前沿省份,具有强大的改革创新基因。这种内置的改革创新基因,使浙江突破万难,成就了辉煌。进入新时代以来,在"八八战略"指引下,浙江锐意改革,勇于创新,创造性实施了权力清单制度改革、最多跑一次改革、数字化改革等"刀口向内"的引领性改革举措,尤其是浙江数字化改革已经构建"系统+跑道"的体系架构,建成"平台+大脑"的数据底座,打造了"改革+应用"的重大成果,形成"理论+制度"的话语体系,建立了"顶层设计+基层创新"的推进机制。为全国改革提供了浙江经验。

三是突出风险防控,彰显维护"两个先行"安全环境的浙江信心。"两个大局"时代,世界进入各种制度性危机频发的"风险社会",具有高度复杂性、高度不确定性的基本特征。浙江历来高度重视风险防控工作,在"平安浙江"的整体性治理下,具备较为强大的风险防控能力,社会风险整体可控。但我们也面临着一些改革开放先行区必然面临的特有的"成长的烦恼",需要我们强化风险防控意识,提升风险防控能力,为破解这些"成长的烦恼"提供经验示范。

四是突出共建共享,彰显共创"两个先行"美好生活的浙江愿景。进入新时代以来,国家高质量完成了决战脱贫攻坚、全面决胜小康社会的历史任务,为推进共同富裕新征程奠定了坚实的物质基础、社会基础、政策基础。然而我们城乡差距依然较大,区域发展不平衡问题比较突出,发展不充分问题较为明显。改革开放以来,浙江在市场经济、生态建设、社会治理方面积累了丰硕成果,经济发展总量、财政收入、人均可支配收入等,均居于全国前列,城乡差距、贫富差距较小,民营经济发展水平、社会活力、人民群众共创美好生活的热情和积极性较高,为高质量发展建设共同富裕示范区提供了良好基础和先行优势。

五是突出唯实唯先,彰显激发"两个先行"激情活力的浙江精神。在全球局势风云变幻,世界竞争日益激烈的当下,只有坚定信念,脚踏实地,牢牢掌握先机才能够抓住发展机遇,从容应对各种不确定因素的挑战。浙江历来具有"干在实处、走在前列、勇立潮头"的唯实唯先精神。在"八八战略"指引下，统筹推进城乡一体化发展，全面深化法治浙江、平安浙江建设，全方位多领域推动权力清单改革、"最多跑一次改革"，实施数字经济"一号工程"，在经济高质量发展、数字化改革、创新治理机制、切实保障民生等多个方面，真正干在实处、走在前列、勇立潮头。

高质量发展建设共同富裕示范区是习近平总书记和党中央赋予浙江的光荣使命。"八八战略"是习近平总书记在浙江工作时亲自谋篇布局的大手笔、亲自开篇破题的大文章，是引领浙江发展的总纲领、推进浙江各项工作的总方略，是中国特色社会主义理论在浙江的具体化。^① 浙江高质量发展建设共同富裕示范区的大幕已经拉开，新征程已经开启。浙江将高举伟大思想旗帜，全面贯彻党的二十大精神，坚决守好"红色根脉"，忠实践行"八八战略"，奋力打造"重要窗口"，在争当中国特色社会主义共同富裕先行和省域现代化先行中，坚持"国家所需、浙江所能、群众所盼、未来所向"，丰富共同富裕思想内涵的重大实践，探索破解新时代社会主要矛盾的有效途径，为全国推动共同富裕提供省域范例，打造新时代全面展示中国特色社会主义制度优越性的重要窗口，以"浙江之窗"展示"中国之治"，以"浙江之答"回应"时代之问"，推动习近平新时代中国特色社会主义思想在浙江的生动实践，并不断取得新的重大标志性成果。

执笔人：欧阳仁根，嘉兴大学中国共同富裕研究院。

---

① 车俊：《坚定不移沿着"八八战略"指引的路子走下去》，《人民日报》2017年8月18日第9版。

第三章 《浙江高质量发展建设共同富裕示范区实施方案(2021—2025年)》解读

2020年春天,习近平总书记考察浙江时赋予浙江"努力成为新时代全面展示中国特色社会主义制度优越性的重要窗口"的新目标新定位。共同富裕是社会主义的本质要求,是中国式现代化的重要特征①,是中国特色社会主义制度优越性在新时代的集中体现,自然成为"重要窗口"建设的题中应有之义。

2021年5月20日,《中共中央、国务院关于支持浙江高质量发展建设共同富裕示范区的意见》(以下简称《意见》)发布,赋予浙江重要改革示范任务和示范区建设的顶层设计,为浙江省高质量发展促进共同富裕提供了强大动力和根本遵循。《意见》明确了共同富裕的定义内涵、示范区建设的重大意义和指导思想,提出了牢牢把握坚持党的全面领导、以人民为中心、共建共享、改革创新、系统观念"五大工作原则",高质量发展高品质生活先行区、城乡区域协调发展引领区、收入分配制度改革试验区、文明和谐美丽家园展示区"四大战略定位",要求浙江以解决地区差距、城乡差距、收入差距问题为主攻方向,推动共同富裕和促进人的全面发展。《意见》设定了2025年、2035年"两阶段发展目标",六个方面主要任务和保障措施,要求浙江先行先试、作出示范,为全国推动共同富裕提供省域范例。这标志着浙江在实现共同富裕道路上迈出了坚实的第一步,也标志着浙江承担起了在共同富裕方面探索路径、积累经验、提供示范的重要使命。

习近平总书记指出,要抓紧制定促进共同富裕行动纲要,提出科学可行、

---

① 习近平:《扎实推动共同富裕》,《求是》2021年第20期。

符合国情的指标体系和考核评估办法。① 浙江省委、省政府坚持把习近平总书记关于共同富裕的重要论述精神作为共同富裕示范区建设的根本遵循,立足省情和发展实际对示范区建设作出系统研究部署,于 2021 年 7 月出台了《浙江高质量发展建设共同富裕示范区实施方案(2021—2025 年)》(简称《实施方案》)。《实施方案》聚焦高质量发展高品质生活先行区、城乡区域协调发展引领区、收入分配制度改革试验区和文明和谐美丽家园展示区四大战略定位,明确"四个率先"的发展目标,即率先基本建立推动共同富裕的体制机制和政策框架,努力成为共同富裕改革探索的省域范例;率先基本形成更富活力创新力竞争力的高质量发展模式,努力成为经济高质量发展的省域范例;率先基本形成以中等收入群体为主体的橄榄型社会结构,努力成为地区、城乡和收入差距持续缩小的省域范例;率先基本实现人的全生命周期公共服务优质共享,努力成为共建共享品质生活的省域范例。《实施方案》提出努力实现人文之美、生态之美、和谐之美的要求,明确到 2022 年、2025 年的两个阶段性目标,坚持国家所需、浙江所能、群众所盼、未来所向,脚踏实地、久久为功,不吊高胃口、不搞"过头事",尽力而为、量力而行,创造性系统性落实示范区建设各项目标任务,率先探索建设共同富裕美好社会,为实现共同富裕提供浙江示范。为保障各项工作的顺利推进,《实施方案》还提出努力构建共同富裕示范区建设的目标体系、工作体系、政策体系和评价体系。

一、把握扎实推动共同富裕的内涵要义

共同富裕是普遍而又有差异的富裕,涵盖经济、社会、政治、生态、文化等各方面,是一个由发展目标、现实基础、实现策略、实现主体、实现路径、实现方式、实现过程等要素构成的复杂系统,需形成"人人参与、人人努力、人人共享"的格局。作为省域层面的"探路先锋",浙江高质量发展建设共同富裕示范区,率先探索建设共同富裕美好社会,需以创新思维整体谋划实现共同富裕的价值导向和动力机制,为全国推动共同富裕提供浙江路径启示。

---

① 习近平:《扎实推动共同富裕》,《求是》2021 年第 20 期。

(一)共同富裕包括多维度的内涵

高质量发展的最终目标不仅是简单的物质财富的极大丰裕,不仅体现为基尼系数的下降,而是涵盖物质基础、人民生活、精神文化、公共服务、人居环境、社会治理等多个维度,事关人的全面发展。须将新发展理念贯穿发展全过程和各领域,推动有效市场和有为政府更好结合,着力破除制约高质量发展高品质生活的体制机制障碍,持续做大、做强、做优财富"蛋糕",进一步完善体现社会公平的收入和财富分配、公共服务优质共享、城乡和区域一体化发展机制,以创造性张力探索共同富裕的实践通道。

(二)经济发展是共同富裕的基础

从共同富裕的实现方式来看,发展是实现共同富裕的基础和手段。马克思主义第一次全面阐述了实现共同富裕的物质基础与制度要求,只有当社会生产力发展到一定程度,才能真正破解社会财富占有的不平等,最终实现共同富裕。这就需要我们坚持高质量发展,持续发展生产力,确保经济增长保持在合理区间,并通过全面深化改革不断释放改革红利,进而提高经济潜在增长率。共同富裕和坚持社会主义基本经济制度、坚持"两个毫不动摇"在逻辑上是一致的,新时代"扎实推进共同富裕"仍须立足社会主义初级阶段,坚持公有制为主体、多种所有制经济共同发展,促进非公有制经济健康发展和非公有制经济人士健康成长,在不断解放和发展生产力的基础上,构建有利于社会公平的基础性制度安排,使全体人民共同富裕取得更为明显的实质性进展。

(三)推进共同富裕需瞄准薄弱环节

进入新的发展阶段、开启新征程,围绕人民对美好生活的向往这一目标牵引和发展要求,我们需要找准扎实推进共同富裕的重点和短板。须基于我国社会主要矛盾变化,以解决地区差距、城乡差距、收入差距为主攻方向,以率先破解新时代发展不平衡不充分的难题、率先形成共建共治共享的发展格局、率先取得全体人民共同富裕实质性进展的责任担当,探索更加系统的城乡区域协调发展政策、更加优化的按要素分配政策和收入增长机制、更加高效的全生命周期民生服务供给机制、更加精准的兜底性社会保障政策,着力满足人民日益增长的美好生活需要。在高质量发展中保障和改善民生,不断改善人民生活品质,是扎实推动共同富裕的关键和突破口,必须关注重点人群、聚焦重点领域、补齐短板、增强普惠性。

(四)推进共同富裕重在体制机制创新

现代化阶段的共同富裕蕴含对经济增长和社会发展的新要求,主要体现在两个方面:一是在确保城乡居民收入增长的前提下,实现城乡和区域差距的缩小;二是基于发展成果共享理念,对初次分配注重效率、再分配注重公平的分配政策调节功能进行优化,重点解决如何通过提高城乡协同和区域协调发展水平实现区域共同富裕,促进发展成果共享。须指出的是,增长并不能自动解决分享问题,须积极探索完善保障不同群体发展机会公平的政策体系。要在高质量发展"做大蛋糕"基础上,基于改革思维激发区域特色优势"切好蛋糕"和"分好蛋糕",推进共享社会发展成果的体制机制创新,在人人参与、人人尽力的基础上努力实现人人享有。

(五)推进共同富裕是一项长期艰巨任务

从实现过程来看,共同富裕是逐步、分阶段走向富裕,呈现出由简单到复杂、由低级到高级的渐进式发展过程。实现全体人民共同富裕的目标需要漫长的历史过程,是由一个一个阶段性目标组成的,每个阶段的目标要与当时的社会生产力发展水平相适应,是在生产力发展基础上逐步实现全体社会成员普遍富裕。浙江的探索须正确认识贫富差距成因和格局演变,既遵循规律积极有为,又量力而行,不脱离实际、吊高胃口,将推进共同富裕的政策取向与现代化先行省建设进程相协调,并注重防范化解重大风险。

二、积极探索高质量发展建设共同富裕
示范区的实践路径

共同富裕是实现人的全面发展和社会全面进步的一场深刻社会变革,是全面建成小康社会后的一种更高级的社会形态。浙江省委将高质量发展建

设共同富裕示范区作为忠实践行"八八战略"、奋力打造"重要窗口"的核心任务,浙江省委十四届九次全会从五个方面阐述了共同富裕美好社会的内涵特征:第一,共同富裕美好社会是中国特色社会主义迈向更高阶段的社会形态,是充满生机活力的阶梯式递进、渐进式发展的过程,从低层次共同富裕向高层次共同富裕跃升、从局部共同富裕到整体共同富裕拓展的历史进程;第二,共同富裕美好社会是高质量发展、现代化建设与共同富裕相互促进、螺旋式上升的社会形态,形成效率与公平、发展与共享有机统一的富裕图景;第三,共同富裕美好社会是社会结构更优化、体制机制更完善的社会形态,形成全域一体、全面提升、全民富裕的均衡图景;第四,共同富裕美好社会是文明全面提升的社会形态,形成人民精神生活丰富、人与自然和谐共生、社会团结和睦的文明图景;第五,共同富裕美好社会是人的全生命周期公共服务优质共享的社会形态,形成群众看得见、摸得着、体会得到的幸福图景。在此基础上,明确了"七个方面先行示范":一是打好服务构建新发展格局组合拳,推进经济高质量发展先行示范;二是实施居民收入和中等收入群体双倍增计划,推进收入分配制度改革先行示范;三是健全为民办实事长效机制,推进公共服务优质共享先行示范;四是拓宽先富带后富、先富帮后富有效路径,推进城乡区域协调发展先行示范;五是打造新时代文化高地,推进社会主义先进文化发展先行示范;六是建设国家生态文明试验区,推进生态文明建设先行示范;七是坚持和发展新时代"枫桥经验",推进社会治理先行示范。

为实现上述先行示范,需要以高质量发展为核心议题,综合施策、多措并举,以提升总量、优化结构夯实推进共同富裕的经济基础,以创新创业、富民增收作为推进共同富裕的主要抓手,以乡村振兴、区域协同补齐推进共同富裕的实际短板,以公共服务、高效治理奠定推进共同富裕的制度保障。

(一)加快形成新发展动能创造更多财富

充分释放发展潜力,推动实体经济提质增效升级,努力提高全要素生产率,夯实增收基础,培育增收亮点,丰富增收渠道。对于高端制造业龙头企业和专精特新中小企业,持续予以重视。通过提高产业技术创新水平、加强创意设计营销提高产品附加值,增强企业竞争力和营利能力,进而提高工资水平。顺应居民收入提高和消费升级的空间拓展,推进各类具备品质改善的消费品和文化、传媒、体育、休闲等服务业发展。

(二)进一步激发各类市场主体活力

尊重财产权、法治原则和社会秩序,培育更加活跃、更有创造力的市场主体。夯实公有制占主体地位的混合所有制经济,从提高自身效率入手做大做强国有企业,增加公共财富比重。继续深化国有垄断行业市场化改革,避免政府失灵。非公有制经济健康发展是促进共同富裕的重要基石,必须通过打造最佳营商环境,完善促进民营经济发展的法律环境和政策体系,建立企业减负长效机制。在竞争性经济领域,通过加强监管防止市场竞争向行业垄断演变,强化公平竞争审查制度刚性约束,推动形成高标准市场体系。

(三)持续壮大中等收入群体

把稳就业放在更加突出位置,并在发展中改善分配,努力实现居民人均收入增长与经济增长基本同步,与劳动生产率提高基本同步。为构建橄榄型社会切实改善收入分配结构,提高劳动报酬在初次分配中的比重,健全工资合理增长和支付保障机制,构建充分体现知识、技术、数据等创新要素价值的收益分配机制。拓展民间投资渠道,规范收入获取方式,有效保护人民群众的合法财产性收入,鼓励社会成员通过财富积累和增值加快实现共同富裕的步伐。规范资本要素收入,反对资本无序扩张,避免人力资本、金融资本和议价能力在初次分配中导致不合理差距。进一步完善平台经济和上市公司分配监管,避免因新技术发展和行业垄断导致的行业收入差距呈抬头之势。积极发展基于自愿的以募集、捐赠和慈善公益等为特征的第三次分配,实现普通民众参与慈善的常态化。通过公益价值的有效传递,提升社会公众参与捐赠的获得感与体验感,使中等收入群体成为公益慈善的中坚力量。

(四)强化功能区建设重塑省域经济地理

顺应现代区域空间治理规律,立足区域差异,有针对性地提出战略引导方向,以功能区为突破口,促进城市间合理分工协作,着力破解区域发展不平衡不充分难题。以"一带一路"、长江经济带、四大都市区、义甬舟大通道建设等为引领,依据功能区发展战略,打破区域边界与行政分割,弱化生产要素区域性特征,促进其有序自由流动。全面融入长三角区域一体化发展,加快推进基础设施互联互通,深化跨区域对接联动共享,提升区域整体发展水平。加快长三角中心区城市融合发展,提速近沪地区与上海同城化,支持嘉兴等市深度参与虹桥国际开放枢纽等重要平台建设。推动山区 26 县更好更快融入一体化发展,通过南北联动、双向飞地、产业合作等方式,同步提升高质量发展水平。合理谋划高效、互补、可持续的国土空间布局,拓展都市区中心城市空间。坚持人地适配,鼓励资源向优势地区和优势行业集聚,促进区域承载力趋向均衡,提升资源配置效率。优化引导政策,坚持存量资源谁挖掘、谁使用、谁交易,增量指标则随优质项目走,与地区主导产业发展规划紧密衔接的政策导向。

(五)有效衔接巩固精准扶贫成果与乡村振兴

针对经济增长和市场化减贫边际弹性降低的客观实际,将缓解相对贫困作为巩固减贫成就的重点任务,顺应浙江已步入大都市区、城市群的区域协同发展新形势,从依赖先富带动后富的"涓滴效应"转向通过深化区域经济一体化激发区域发展活力,促进资源要素在区域之间、城乡之间的优化配置和自由流动,促进山区县市"奋起直追"。撬动宅基地等沉睡资产,促进农村闲置资源流转,保障进城落户农民土地承包权、宅基地使用权和集体收益分配权,减少劳动力自由流动的机会成本,切实提高农业转移人口融入城镇的能力,推进农民市民化迭代升级。推动生态产品价值实现机制向乡村延伸,拓宽"绿水青山向金山银山"转化通道。通过深入推进乡村振兴战略、新型城镇化、农村基层党组织建设、完善农村基础性制度,不断提高农村居民生活品质。

(六)强化更加高效的人的全生命周期公共服务优质共享

坚持服务人民、"三生"融合、共建共享等基本原则,促进高质量发展与高品质生活的有机统一。调动各方面的积极性和创造性,发挥好政府、市场与社会的协同作用,从完善制度安排入手,构建提高生活品质与推动共同富裕的长效机制,努力使全体人民共享高品质富裕生活。以人本价值为标尺,不断提升服务的供给质量和效率,精准而及时地回应社会弱势群体的服务需求,让全体人民共同享有更加普惠均衡的服务。瞄准人民群众急难愁盼问题,增进社会包容和社会融合,以系统观念谋划保障不同群体发展权和发展机会公平的政策制度体系,缓解群众"增收忧虑"。以满足人民群众对高质量教育、高水平医疗、高质量公共用品的期盼为目标,深入推进公共服务供给侧改革,努力实现高标准基本公共服务均等化,精准回应日益多样化、个性化、差异化、品质化的需求。推动全生命周期健康服务下沉至基层"最后一公里",推动教育公平发展有效阻断因教育资源配置不公导致的贫困代际传递,针对不同群体就业创业全周期需求精准施策,推动城乡统筹的"老年友好型"社会建设,从生产端增加保障房供给,抑制房地产投机和炒作。

(七)基于数字赋能提供更为精准的兜底性社会保障

数字化赋能贫困帮扶政策实施,精准配送各类长效、定向的跟踪式救助服务。推进特定人群救助一件事改革,提高民生兜底服务的便捷程度和帮扶力度。关注新技术革命和数字化转型对不同群体发展机会的影响,科学分析公共卫生事件等重大突发事件对不同群体生产生活方式的影响,构建科学高效的风险识别化解机制。

(八)在推进物质富裕的同时促进精神富足

强化社会主义核心价值观引领,弘扬中国传统勤劳美德,防止和消除福利依赖。提升文化建设水平,大力发展积极正面、具有先进性和引导力的文化产业,丰富高品质现代文化供给,努力实现城乡一体的现代文化服务体系全面覆盖,满足人民群众多样化、多层次、多方面的精神文化需求。更好地发挥精神文化消费在促进共同富裕中的积极作用,从供给端和需求端两方面发力促进文旅产业的高质量发展,更好满足人民不断升级的精神文化需求、为精神生活富裕作出更大贡献。

三、浙江高质量发展建设共同富裕示范区的重点领域

高质量发展建设共同富裕示范区是中央赋予浙江的一项改革探索任务,重点在于构建推动共同富裕的体制机制,为实现共同富裕提供浙江示范。按

照"每年有新突破、5年有大进展、15年基本建成"的总体要求,浙江制定实施方案压茬推进,迭代深化目标任务。《实施方案》结合全省"十四五"规划,明确了第一阶段的路线图,到2025年高质量发展建设共同富裕示范区取得明显实质性进展。《实施方案》聚焦重点领域精耕细作,围绕缩小"三大差距"、人的全面发展和社会全面进步找准改革着力点,推动共同富裕重大改革转化成惠民利企的实事项目,提升群众、企业改革获得感。在探索实践过程中,突出提炼机制性制度性模式,找到破解重大共性问题的变革之道,为全国蹚出具有普遍意义的共同富裕路径。结合浙江数字经济先发优势,以数字化改革为牵引,加快共同富裕的体制机制和政策框架创新,努力形成与数字变革时代相适应的生产方式、生活方式、治理方式。

在设区市层面,各市先后制定相关实施办法明确工作重点。如杭州市致力构建"大杭州、高质量、共富裕"的发展新局面,配套出台了"共建共享公共服务体系""市域一体规划建设体系""市域高效联通交通网络体系""全域统筹保障支撑体系"等"四大体系"专项计划,为杭州争当共同富裕城市范例提供实质性、突破性抓手。宁波市以解决地区、城乡和收入"三大差距"为主攻方向,突出相对薄弱地区、农业农村、困难群体等重点,以建设"高质量发展先行市,高水平一体化先行市,城乡融合发展先行市,收入分配制度改革先行市,品质生活共享先行市,精神普遍富足先行市"等六大任务为主要抓手,着力破解制约宁波实现共同富裕的体制机制障碍。温州市全力打造"创业之都、创业之城、创富之市",聚焦"民营经济共兴,创新驱动共强,数字赋能共富,区域协同共荣,基本单元共创,居民收入共增,文化文明共促,公共服务共享,宜居环境共建,社会和谐共治"等方面开展"十大行动",打造具有温州鲜明标识的共同富裕示范样板。

(一)聚焦"做大蛋糕",努力夯实共同富裕的物质基础

高质量发展是实现共同富裕的基础条件,需要坚定不移在高质量发展进程中推动共同富裕,持续扩大全社会财富总量。浙江将高质量发展作为共同富裕的首要任务,充分发挥数字经济、"互联网＋"等方面的优势实现高质量发展。一是大力建设"数字高地",形成数字产业集群。加快建设以"产业大脑＋未来工厂"为核心的数字经济系统,不断壮大"新智造"企业群体,进一步

提升数字安防、集成电路两大数字产业集群的全球影响力。深化跨境电商发展，积极建设全球数字贸易中心，探索制定数字贸易规则和标准。二是加快建设具有国际竞争力的现代产业体系，发展产业集群及传统产业改造2.0版。实施产业集群培育升级行动，培育"415"先进制造业集群，包括绿色石化、数字安防、大湾区汽车制造、大湾区现代纺织等4个世界级先进制造业集群，以及数字经济、生物经济、航空航天、量子信息、柔性电子、前沿新材料、软件与集成电路、电子信息、高端装备、生物医药、节能环保、新能源、新材料等15个优势制造业集群。三是实行更加开放的人才政策，加快建设全球人才蓄水池。着力打造能够支撑引领"互联网＋"、生命健康和新材料等科创高地发展的"三大人才高峰"，实施基础科学研究人才、关键核心技术攻关人才、产业技术研发人才、科技创业人才、乡村振兴科技人才、青年科学家等"六大引培行动"。

（二）聚焦"区域均衡"，持续缩小区域发展差距

浙江通过加快缩小沿海与山区发展差距实现"共富"。一是支持山区县加快发展。立足"一县一策"为山区县量身定制发展方案和支持举措。做强"一县一业"，推动山区县谋划12个特色生态主导产业。支持山区县重大项目建设，对列入省级立项的基础设施项目、民生项目、优质文旅项目给予相应的新增建设用地计划指标。此外，还采取用地指标奖励、建筑石料采矿权指标保障、农村集体经营性建设用地与国有土地同等入市同权同价等方法支持山区县发展。二是深化山海协作。推动省内发达地区与山区县建设"双向飞地"，全省50个经济强县结对帮扶山区26县，支持山区县到省内发达地区投资建设产业、科创、消薄（消除集体经济薄弱村）三类"飞地"。采取干部人才资源向山区县倾斜、组建教育专家团、省市级三甲医院下沉等方法加大对山区"输血"力度。三是组建乡村联盟。为加快广大农民的共同富裕，推动106个共同富裕先行村组建"共同富裕百村联盟"，开展平台共建、资源共享、产业共兴、品牌共塑，通过优势资源互通加强合作，建设富民强村，实现村财与村民"双增收"；通过探索"未来乡村"建设，共建美丽乡村；通过加强村际沟通交流，实现发展经验共享、先富带后富。各设区市也立足区域范围有序推进协同发展，如丽水市围绕"建设成为共同富裕美好社会山区样板"目标，加快推

进"跨山统筹"市域一体化发展,着力缩小地区差距,推动革命老区和民族地区振兴发展。在实践中,该市用好跨山统筹"金钥匙",大力实施"双招双引",实施产业高质量倍增、创业创新激活、基础设施联通、大花园核心区优化、资源要素保障、社会民生提质等六大行动,努力将红色优势转化为建设共同富裕美好社会山区样板的重要动力,加快打造全国革命老区振兴发展示范区和民族地区城乡融合发展示范区。

(三)聚焦"民生福祉",扎实推进扩中提低

浙江以居民收入和中等收入群体"双倍增"计划作为共同富裕的着力点。一是在"中等收入群体规模倍增计划"方面,从人力资本、人才引进、公共资源提供等多个方面促进中等收入群体规模的扩大。同时,保障社会发展机会公平,依法规范收入分配秩序。二是"居民收入十年倍增计划",主要做法包括:健全工资合理增长机制,创新事业单位收入分配制度;全面拓宽城乡居民财产性收入渠道,规范发展财富管理行业,支持企业实施灵活多样的股权激励和员工持股计划;实施农民致富增收行动,推进万户农家旅游致富计划,深入实施乡村百万屋顶光伏工程,引导农户自愿以土地经营权、林权等入股企业,带动农民就近就地创业就业;完善创新要素参与分配机制,加快探索知识、技术、管理、数据等要素价值的实现形式。如新昌县以"小县大科技"夯实共富基础示范,抓住科技创新这一事关高质量发展的关键变量,确立"资源盘活、制度重塑、服务共享"理念,实施科技驱动创富行动。通过发挥科技创新对共同富裕的核心驱动作用,着力形成人才引领优势、产业创新优势和创新生态优势,围绕科技人员进阶,加快形成一名科技人员造就一个中高收入家庭的良好局面。

(四)聚焦居民"获得感",以公共服务优质共享提升共同富裕的幸福感

浙江提出"人的全生命周期公共服务优质共享",并着力打造民生"七优享"金名片。在育儿方面打造"浙有善育"名片,多渠道降低生育、养育、教育成本,构建育儿友好型社会;在教育方面打造"浙里优学"名片,推行"教育大脑 + 智慧学校",破解教育"内卷"困境;在职业技能提升方面打造"浙派工匠"名片,实施新时代浙江工匠培育工程、"金蓝领"职业技能提升行动和技工

教育提质增量计划,全面提升劳动者创业就业致富本领;在健康服务方面构建"浙里健康"名片,打造"健康大脑＋智慧医疗",牵引"三医联动""六医统筹"改革实现重大突破;在养老服务方面打造"浙里长寿"名片,实施"养老机构跟着老人走"行动,提出要在我们这一代人手中解决好养老问题;在住房保障方面打造"浙里安居"名片,多途径解决新市民、低收入困难群众等重点群体住房问题,进一步提高住房建设品质;在扶贫扶弱方面打造"浙有众扶"名片,构建智慧大救助模式,推进分层分类精准救助。如宁波市立足新市民住房保障改革试点,努力推进公共服务优质共享。该市以构建多主体供给、多渠道保障、租购并举的住房制度为重点,保障性租赁住房、人才安居专用房和共有产权住房发展多路推进,实现环卫工人住房保障全覆盖,打造一批宁波租赁项目样板,引入未来社区理念打造共有产权住房,以数字化改革赋能房屋租赁管理,努力满足新市民多层次、功能性、品质化的居住需求,切实提升新市民的获得感、幸福感和归属感,为浙江高质量发展建设共同富裕示范区提供住房保障经验。杭州市富阳区聚焦群众最关心、最期盼、最有获得感领域,强化均等、普惠、便捷、可持续理念,深层次解决发展不平衡不充分问题,以数字赋能、制度创新为动力,率先在推动全人群全生命周期公共服务优质共享上先行示范,率先在打造"七优享"金名片上形成标志性成果,建设集生活富裕与生命阳光于一体的美好家园,全面展现现代版富春山居图原创地和实景地的幸福图景。

(五)聚焦文化铸魂塑形赋能,矢志探索精神生活共同富裕

浙江把促进人民精神生活共同富裕摆在重要位置,用好中华优秀传统文化资源,用好红船起航地特有的红色资源,把以人为核心的现代化作为文明素养塑造的着力点大力发展公共文化事业,推进全域精神文明创建。以打造新时代文化高地为目标推动文化工作改革创新,以满足人民美好精神需求为导向,实施文化名企、文化园区、文化精品、文化人才创建引育工程,做大做强文化产业。如衢州市以推动"衢州有礼"成为"浙江有礼"的示范标杆为突破口,推进南孔文化创造性转化、创新性发展,通过打造一批群众看得见、摸得着、体会得到的文化文明场景,高水平建成新时代文明生活示范市,打响"南孔圣地·衢州有礼"城市品牌,着力在打造精神文明高地领域先行先试。德清县则将精神富有打造为县域共同富裕的最大特色,积极构建"15分钟精神富有服务圈",以丰富人民群众精神文化生活来涵养、厚植、传承"德文化",持续打响"人有德行 如水至清"的城市品牌,努力创建精神富有县域样板。

(六)聚焦以人为核心的共同富裕,推动共同富裕从宏观到微观落地

浙江锚定坚持现代化属性、民生属性、家园属性、普惠属性,大力建设共同富裕现代化基本单元,以"点上创建＋面上推广"迭代升级未来社区、乡村新社区,将共同富裕目标任务转化为未来社区、乡村新社区基本单元功能场景,为全省共同富裕示范区建设先行探路、输出经验。如杭州市萧山区率先在全省建设全域"未来社区＋乡村新社区",全力打造具有未来感、归属感、幸福感和安全感的新时代美好家园,全方位展示浙江共同富裕美好社会的单元图景,让群众在生产生活基本单元中公平享受触手可及的现代化美好生活。安吉县聚焦打造"无差别城乡",以建设乡村共同体新社区为总体目标,以"绿水青山就是金山银山"示范区为重大平台,通过实施产业强村、富民增收、美丽宜居、数字赋能、党建统领"五大提升行动",聚力打造高产高效、富裕富足、宜居宜业、和谐和睦"四个美丽新社区",高水平建成"村强、民富、景美、人和"的共同富裕现代化基本单元。

执笔人:查志强,浙江省社会科学院

第四章 共同富裕示范区建设的目标定位与路径选择

——基于浙江省 11 市《实施方案》的文本研究

    共同富裕建设是一项长期、系统的工程,需要顶层设计的宏观指引和地方层面的差异化设计与执行。在中央战略框架之下,浙江各地结合要素禀赋,形成了先富引领、特色示范、后发跨越等三种不同类型的共同富裕目标定位,同时也探索形成了创新驱动发展、民营经济创富、生态富民惠民、公共服务提升、统筹城乡发展、畅通双循环、数字化重塑社会治理、跨区域协作和实现精神富足等九大政策路径。

一、问题的提出

    共同富裕是社会主义的本质要求,是中国式现代化的重要特征。党的十九届五中全会对扎实推进共同富裕作出重大战略部署,提出到"十四五"末,全体人民共同富裕迈出坚实步伐;到 2035 年,全体人民共同富裕取得更为明显的实质性进展;到本世纪中叶,全体人民共同富裕基本实现。共同富裕建设是一项长期、系统和艰巨的工程,需要通过矫正和补偿制度性因素导致的不平等,让全体人民有机会、有能力均等地参与高质量经济社会发展,并共享经济社会发展的成果。[①] 新时代推动共同富裕,需要超越简单的社会运动、简单的理论逻辑推演和一般的思想争论,准确把握共同富裕的理论基础、实践基础和规划纲领。[②] 同时,关于政策执行的研究指出,为推进一项融合多

[①] 郁建兴、任杰:《共同富裕的理论内涵和政策议程》,《政治学研究》2021 年第 3 期。

[②] 刘元春、刘晓光:《在三大超越中准确把握共同富裕的理论基础、实践基础和规划纲领》,《经济理论与经济管理》2021 年第 12 期。

元政策目标的治理任务,地方政策中一定程度的差异是必要的。① 在相同战略规划之下,差异化、创造性地开展政策执行,是当代中国体制弹性和适应性的重要表现,也是改革开放以来中国经济社会高速发展的重要制度逻辑。② 因此,扎实推进共同富裕既需要自上而下顶层设计的宏观指引,又需要地方层面因地制宜的探索,以更好地弥合区域和群体差异。那么,在中央战略框架下,地方如何基于各自的禀赋细化政策目标、设计政策路径呢?

本章以浙江 11 个设区市的共同富裕建设《实施方案》为研究对象。2021年 6 月,《中共中央 国务院关于支持浙江高质量发展建设共同富裕示范区的意见》正式发布,浙江成为全国首个也是目前唯一一个被赋予共同富裕示范区建设任务的省份,承载了为其他地区以及全国层面推动共同富裕提供经验与示范的重要使命。2021 年 8 月 17 日,习近平总书记在中央财经委员会第十次会议上指出:"要抓好浙江共同富裕示范区建设,鼓励各地因地制宜探索有效路径,总结经验,逐步推开。"③在全国上下如火如荼开展共同富裕战略规划和制度设计的当下,对共同富裕先行示范地的政策文本进行分析,具有重要的理论与实践意义。在理论上,本章以浙江为例,描述刻画了共同富裕作为一项长期、系统的治理目标在地方层面的差异化再设计,总结提炼出"省级整体示范下的地方差异竞争"这一共同富裕示范区建设的模式类型,并归纳出先富引领、特色示范和后发跨越等三类地方执行层面的目标类型,为共同富裕理论体系提供了可能的中微观概念框架。更为重要的是,共同富裕是一项超越单一向度治理目标且具有内在张力的长期性战略规划,④描述和分析地方政府对这一复杂任务的分解执行,能够丰富理论界对于当代中国政策制定与执行体系的理解。"省级整体示范下的地方差异竞争"超越了传统"中央—地方"两级框架,对次国家层级的政府进行细分,或将成为未来中国面对复杂治理情境推进系统性战略目标实现的新模式。在实践中,基于浙江实践

① Taco Brandsen, Marcel Boogers, and Pieter Tops, "Soft governance, hard consequences: The ambiguous status of unofficial guidelines," *Public Administration Review* 66, no.4 (2006):546-553.

② 梅赐琪、汪笑男、廖露、刘志林:《政策试点的特征:基于〈人民日报〉1992—2003 年试点报道的研究》,《公共行政评论》2015 年第 3 期;郁建兴、黄飚:《当代中国地方政府创新的新进展——兼论纵向政府间关系的重构》,《政治学研究》2017 年第 5 期。

③ 习近平:《扎实推动共同富裕》,《求是》2021 年第 20 期。

④ 李实:《充分认识实现共同富裕的长期性》,《治理研究》2022 年第 3 期。

总结形成的不同模式与工具,能够为其他地区推进共同富裕的目标定位与路径选择提供重要参考。

本章后续部分按照如下逻辑展开:首先,解读共同富裕作为一项顶层设计的宏观战略目标;其次,以浙江共同富裕示范区为例,分析在中央顶层设计之下,地方层面推进共同富裕的差异化目标定位;再次,分析地方推进共同富裕的路径选择;最后,基于研究发现得出结论。

二、作为一项顶层设计的共同富裕方略

党的十八大以来,习近平总书记在多个场合深刻阐述了扎实推进共同富裕的重大意义、本质要求、目标安排、实现路径和重大举措。《国家"十四五"规划和2035年远景目标纲要》以及《中共中央 国务院关于支持浙江高质量发展建设共同富裕示范区的意见》对共同富裕方略的顶层设计作了全面系统的阐述。

共同富裕是一个系统工程,共同富裕的制度政策涉及多个方面。习近平总书记在中央财经委员会第十次会议的讲话中,指出推动共同富裕要"提高发展的平衡性、协调性、包容性","着力扩大中等收入群体规模","促进基本公共服务均等化","加强对高收入的规范和调节","促进人民精神生活共同富裕","促进农民农村共同富裕"。[①] 我们在前期的研究中认为,当前最迫切、最重要的议程,是补偿和纠正既有制度性因素对实现共同富裕的制约,因此,推进共同富裕的核心政策目标是经济高质量发展、优化资源和机会分配格局、保障和改善民生、加强和创新社会治理。[②]从宏观视角讨论共同富裕的研究指出,共同富裕的政策体系包括建立高效、精准、规范、透明的二次分配体系,建立基于多维减贫理念的基本公共服务兜底政策体系,健全促进共同富裕的软基础设施,健全党领导下的对口帮扶机制,持续提升宏观调控水平和开展全球税收协调等。[③] 从影响共享发展决定因素出发的研究提出,实现

---

① 习近平:《扎实推动共同富裕》,《求是》2021年第20期。
② 郁建兴、任杰:《共同富裕的理论内涵和政策议程》,《政治学研究》2021年第3期。
③ 刘培林、钱滔、黄先海、董雪兵:《共同富裕的内涵、实现路径与测度方法》,《管理世界》2021年第8期。

共同富裕主要在于优化产业结构、稳定就业,加强财政税收工具的再分配调节功能,做好应对经济结构变化的制度安排。[1]围绕农业农村如何实现共同富裕的研究强调推进农业现代化、促进农业经济发展,完善基础设施、公共服务和乡村治理,改革和创新农业农村现代化和乡村振兴的体制机制。[2]制度主义方法论视角的研究则认为,共同富裕治理既要注意发挥国家独特的规划及动员社会的作用,也要注意国家及行政体系的功能性边界及能力界限,通过不同领域的多重分层治理方式将市场力量与社会力量融入共同富裕的大格局中。[3] 总体来看,当前解读共同富裕目标定位的研究虽然侧重点各有不同,但大体包括经济高质量发展、城乡区域平衡、收入差距缩小、公共服务优质共享、生态文明和精神文明建设、社会治理创新等方面。从一种社会理想到发展战略,共同富裕的重要目标在于:第一,经济高质量发展效果明显,人均地区生产总值达到中等水平,公共服务实现优质共享;第二,城乡、区域、收入差距持续缩小,低收入群体收入水平明显提升,橄榄型社会结构基本形成,全体居民生活品质迈上新台阶;第三,国民素质和社会文明程度明显提高,生态文明建设、治理能力、人民生活水平等显著提升。由此可见,共同富裕不同于以往多数战略目标,它具有天然的内在张力和长期性特征,需要在复杂目标体系之下探索一种新的执行机制,以更好地适应这类复杂目标的实现。

国家"十四五"规划和2035年远景目标纲要明确指出支持浙江高质量发展建设共同富裕示范区。随后,中共中央、国务院《关于支持浙江高质量发展建设共同富裕示范区的意见》出台。该意见指出:"浙江省在探索解决发展不平衡不充分问题方面取得了明显成效,具备开展共同富裕示范区建设的基础和优势,也存在一些短板弱项,具有广阔的优化空间和发展潜力。"浙江省下辖1个副省级城市、1个计划单列市、9个地级市和90个区(县、市),既有经济发达的杭州、宁波,也有欠发达的衢州、丽水;既有成熟的城市形态也有偏远的农村地区;既有山地、丘陵和平原,也有半岛和岛屿,以及与之相对应的山地文化、平原文化和海洋文化。这些重要特征为浙江探索推动共同富裕的

① 万海远、陈基平:《共享发展的全球比较与共同富裕的中国路径》,《财政研究》2021年第9期。
② 王春光:《迈向共同富裕——农业农村现代化实践行动和路径的社会学思考》,《社会学研究》2021年第2期。
③ 刘涛:《共同富裕治理的制度主义方法论》,《治理研究》2021年第6期。

经验提供了基础。这种在多样化背景下探索出的差异化目标定位和路径选择，具有广泛的适用性，能够为其他地区探索推进共同富裕提供丰富经验。当然，相较于部分地区，浙江的经济社会发展水平整体较高，这种在较高经济社会发展水平语境下探索形成的共同富裕实践经验，或许暂不具备当下的借鉴意义，但随着这些地区经济社会发展水平的提高，上述经验或可成为具有引领作用的储备性学习资源。

2021年7月，浙江省发布《浙江高质量发展建设共同富裕示范区实施方案（2021—2025年）》（以下简称浙江《实施方案》），明确了全省扎实推进共同富裕的顶层设计。浙江《实施方案》提出，"到2025年，推动高质量发展建设共同富裕示范区取得明显实质性进展，形成阶段性标志性成果"，实现"四率先三美"，即：率先建立推动共同富裕的体制机制和政策框架；率先形成更富活力创新力竞争力的高质量发展模式；率先基本形成以中等收入群体为主体的橄榄型社会结构；率先基本实现人的全生命周期公共服务优质共享；人文之美、生态之美、和谐之美更加彰显。同时，浙江《实施方案》在中央文件基础上，进一步界定了共同富裕建设的主要内容，包括经济高质量发展、城乡区域协调发展、收入分配格局优化、公共服务优质共享、精神文明建设、全域美丽建设、社会和谐和睦等七大方面，并围绕七方面内容设置56个共同富裕指标及其每年度的具体目标。

三、浙江各地推进共同富裕的目标定位

在中央和省级顶层设计指引下，浙江11个设区市于2021年7—8月相继发布地方层面2021—2025年的共同富裕建设《实施方案》。① 各地共同富裕建设《实施方案》文本长度基本在2万—3万字，形式包括正文和附件，正文由主要目标、重点任务和保障措施三大部分构成，其中七大重点任务是主体。《实施方案》的附件为各地共同富裕建设的目标指标，本章主要对2025

---

① 在后续推进过程中，有的设区市对共同富裕建设《实施方案》进行了修订。为保持比较的一致性，本章采用浙江各设区市2021年发布的第一版《实施方案》进行分析。

年的目标指标进行分析。① 这些目标指标基本上反映了各地对 2025 年七大重点任务总体进展的预期,而且各地目标指标中还包含了大量特色指标,相应地,从目标指标出发可以总体描述各地共同富裕建设的目标定位。

在总体定位上,各地围绕顶层设计中提出的"明显实质性进展"和"阶段性标志性成果"展开了竞争性解读(见表 4-1)。首先,除衢州、丽水之外,其他城市都将自身定位为"市域范例""先行市""城市范例"等,这些定位具有明显的排他性。其次,各地通过提前达到或大幅度超过省级层面制定的目标指标来展现本地共同富裕建设的先行地位和重要优势。如在浙江省级层面确定的 2025 年 56 个目标指标中,杭州和宁波的指标有一半以上都超出了省级标准。最后,各地均在省级 56 个目标指标基础上加入特色指标,以突出本地共同富裕建设的独特性。各市特色指标数量平均为 8 个,其中,衢州、丽水和绍兴的特色指标最多,表明其政策目标与省内其他地区相比具有较大差异。

表 4-1　浙江 11 市共同富裕建设《实施方案》的主要竞争性内容

地区	特色指标数量/个	2025 年目标指标超出省标数量/个	省内共同富裕示范目标定位
杭州	12	34	城市范例
宁波	4	33	先行市
温州	5	16	市域样板
嘉兴	5	26	典范城市
湖州	10	27	先行市
绍兴	12	18	市域范例
金华	5	12	先行示范
衢州	13	15	—

① 浙江部分设区市《实施方案》设置了 2021—2024 年分年度阶段性目标指标,而所有设区市《实施方案》均设置了 2025 年目标指标。鉴于 2025 年是《浙江高质量发展建设共同富裕示范区实施方案(2021—2025 年)》的最后一年,且所有设区市《实施方案》均设置了目标指标,本章对该年度目标指标进行分析比较。

续表

地区	特色指标数量/个	2025 年目标指标超出省标数量/个	省内共同富裕示范目标定位
舟山	4	19	先行市
台州	8	13	先行市
丽水	11	12	—

为了进一步归纳浙江 11 市共同富裕建设的目标定位类型,我们利用 K 均值聚类算法对 11 市 56 个共有目标指标进行聚类统计分析(见图 4-1)。统计结果显示,浙江 11 个地市可分为三类:杭州与宁波一类,其指标取值在图中用实线(——)表示;温州、嘉兴、湖州、绍兴、金华、舟山与台州一类,其指标取值在图中用点画线(……)表示;衢州与丽水一类,其指标取值在图中用虚线(------)表示。由于不同目标指标差异较大,图 4-1 呈现的是不同类型目标指标百分制处理后的数据(我们将每一个指标中取值最高的数值设为 100)。总体来看,实线组成的不规则图形面积最大,其次是点画线,虚线组成的不规则图形面积最小,说明实线代表的目标定位类型的整体指标值要高于点画线代表的目标定位类型,点画线代表的目标定位类型的整体指标值要高于虚线代表的目标定位类型。结合以上统计分析和各地特色指标,我们将实线、点画线、虚线代表的目标定位类型依次命名为:先富引领型、特色示范型和后发跨越型。

(一)先富引领型

先富引领是经济较发达地区共同富裕建设的目标定位,包括杭州和宁波。这些地区本身具有较好的经济社会基础,在共同富裕的七大重点任务方面都具有较高的目标定位,致力于发挥先富引领示范作用。从图 4-1 可见,在浙江省设定的 56 个目标指标中,先富引领型在 34 个目标指标上取值最高,主要集中在"经济高质量发展""公共服务优质共享""精神文明建设""社会和谐和睦"四个重点任务上。尤其在"经济高质量发展"和"社会和谐和睦"两个重点任务上,先富引领型的得分显著高于其他两种类型。先富引领型地区除了在顶层设计中的七大重点任务上保持引领示范,还率先利用自身优势积极探索共同富裕建设的新内容、新机制。如杭州在七大重点任务基础上增加了"协作地区共富"重点任务,在其下设置了7个特色指标,这是杭州在先富带后富机制上的率先示范。当然,先富引领型在一些已经相对做得较好的领域则并未设置较高目标,如在"城乡区域协调发展"维度,先富引领型的一些目标指标要明显低于其他类型。

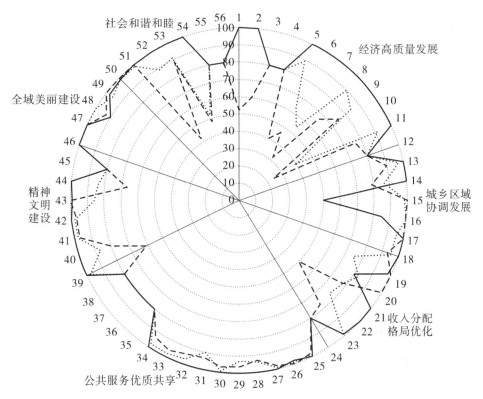

图 4-1　浙江 11 市共同富裕建设《实施方案》56 个共有目标指标聚类统计雷达图

(二)特色示范型

特色示范型是地方根据属地特征选择部分经济社会领域作为推动共同富裕的主要抓手,牵引其他领域目标共同进步的目标定位模式,其目标定位介于先富引领型(即经济社会全面推进)和后发跨越型(即发挥自然资源比较优势)之间。在浙江省内,温州、嘉兴、湖州、绍兴、金华、舟山与台州属于特色示范型。通过分析这些地区共同富裕建设《实施方案》可以发现,绍兴主要为科技创新特色示范型,其《实施方案》的 12 个特色指标中,有 7 个与科技创新有关。舟山主要为海洋经济和畅通双循环特色示范型,它制定了海洋经济增加值占 GDP 比重在 2025 年达到 70% 的重要指标。嘉兴、湖州主要为城乡融合发展特色示范型,两市在"城乡居民收入倍差""地区人均 GDP 最高最低倍差""地区人均可支配收入最高最低倍差"等反映城乡融合发展的目标指标方面明显优于其他地区。温州、台州、金华主要为民营经济特色示范型。一方面,这些地区在《实施方案》中较多纳入反映民营经济发展的特色指标;另一方面,这些地区的《实施方案》都用较大篇幅描绘和谋划民营经济发展。需要说明的是,共同富裕示范区建设是全面和系统的,特色示范型地区同样重视对其他领域的牵引,它们主要通过打造和发扬本地特色来引领和带动共同富裕其他方面的发展。

(三)后发跨越型

后发跨越型是经济欠发达地区的共同富裕建设目标定位,浙江的衢州和丽水即属于后发跨越型。这些地区设定的 2025 年 56 个目标指标与全省目标指标相比,大多数都存在差距,但这些地区拥有丰富的资源储备(如生态资源),所以它们选择发挥比较优势,试图通过跨越式发展推进共同富裕。从图4-1 可见,后发跨越型在大多数指标上都低于其他两种类型,尤其是"经济高质量发展"和"社会和谐和睦"两个重点任务的差距最大。在"收入分配格局优化""公共服务优质共享""精神文明建设"三项重点任务上,与其他两种类型相比也存在差距。但是,在"城乡区域协调发展"和"全域美丽建设"两个重点任务上,后发跨越型地区设置了较高目标,其中近一半的指标高于其他类型。尽管后发跨越型地区在共有的 56 个指标上没有设置较高目标,但它们设置了较多特色指标,体现了它们差异化发展的目标定位。后发跨越型地区的特色指标中有一半以上都分布在"城乡区域协调发展"和"全域美丽建设"两个重点任务上(丽水 5 个,衢州 6 个)。

四、浙江各地推进共同富裕的路径选择

进一步地,我们运用 NVivo 分析浙江 11 市共同富裕建设《实施方案》,尝试归纳浙江各地推进共同富裕的政策路径。我们整理了《实施方案》中排

名前700的关键词,将其中无具体指代的删去后得到281个,然后对281个关键词进行分析,区分每一个关键词所对应的具体行为,将行为相近的关键词统一编码为具体行动,并基于这些具体行动归纳其背后的路径概念,最后得出浙江各地推进共同富裕的九大政策路径(见表4-2)。

表 4-2　浙江 11 市共同富裕建设《实施方案》有效高频词汇编码表(部分展示)

序号	主要路径	具体行动	有效高频词汇
1	创新驱动发展	打造科创高地	电子、材料、互联网、创新
		数字产业化	数字、智慧、产业链
		聚集创新人才	人才、工匠、毕业生、专业化
		科学技术研发	高校、研究院、实验室
2	民营经济创富	优化政商关系	信用、市场化
		培育市场主体	企业家、致富、租赁、创业
		小微金融改革	资金、融资、制造业
3	生态富民惠民	碳排放达峰 生物多样性修复	低碳、排放、能源 生物、修复、美丽、森林
		发展绿色产业	旅游、资源、花园、绿色
		生态产品价值实现	绿水、青山、山水、金山、补偿
4	公共服务提升	做强教育事业	教育、培训、职业
		弱势群体帮扶	婴幼儿、残疾人、老年人
		医疗卫生事业	救助、医院、护理、健身
		公益慈善事业	公益、关爱、慈善、福利
5	统筹城乡发展	强村富民工程	集体经济、增收、产权
		农村人口市民化	户籍、权益、农民
		发展现代农业	农产品、农业、土地
		国土规划调整	城镇、空间、国土、协调

续表

序号	主要路径	具体行动	有效高频词汇
6	畅通双循环	提升交通枢纽	机场、交通、铁路、枢纽
		发展开放型经济	开放、长三角、贸易、跨境
		发展海洋经济	海洋、海上、港口
7	数字化重塑社会治理	治理数字化	智治、数字化、预警、网格
		平安浙江建设	平安、应急、安全、矛盾、纠纷
		建设法治社会	公平、清廉、法治、法律
8	跨区域协作	建设产业飞地	飞地、合作
		对口支援	对口、西部、山区
9	实现精神富足	打造理想信念高地	精神、价值观、革命、红色、思想
		文明城市创建	素质、志愿、心理、宣传、幸福
		发扬地域特色文化	历史、乡贤、传统、人文

　　上述九大政策路径是基于浙江 11 市共同富裕建设《实施方案》汇总后得出的总体性政策选择。我们进一步统计了 11 市《实施方案》中不同路径对应的关键词集分布情况,以比较不同地方的路径选择差异。图 4-2 是 11 市不同路径关键词分布雷达图,数字 1—9 分别代表九大路径。数字对应的阴影面积覆盖越大,意味着这一路径的关键词集数量越多,说明这一路径在该地推进共同富裕的政策选择中占据更重要位置。由图 4-2 可见,一方面,各地的阴影形状大多呈现为竖立状,与浙江全省基本一致,说明浙江各地共同富裕建设普遍重视创新驱动发展、民营经济创富、城乡融合发展和畅通双循环等路径。另一方面,各地阴影形状存在较明显区别,如杭州、温州、舟山、丽水更重视跨区域协作,湖州、衢州、丽水更重视生态富民惠民。参照图 4-2 并结合各地共同富裕《实施方案》,我们接下来具体分析上述九大路径以及各地的路径选择情况。

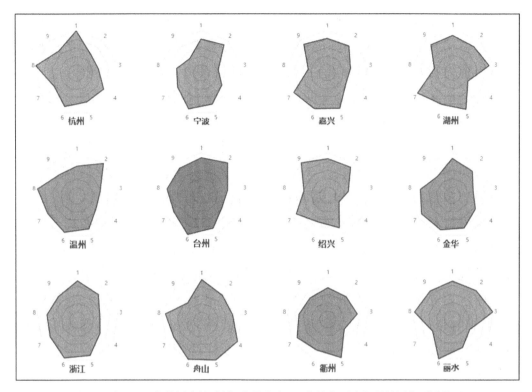

图 4-2　浙江 11 市共同富裕建设《实施方案》文本的主要路径关键词集覆盖情况

注:以最大值为 1 进行换算,图中序号为:1.创新驱动发展;2.民营经济创富;3.生态富民惠民;4.公共服务提升;5.统筹城乡发展;6.畅通双循环;7.数字化重塑社会治理;8.跨区域协作;9.实现精神富足。

(一)科技创新驱动发展动能

科技创新既是社会财富的创造动力,也可对财富创造的分布、财富合理分配等产生影响,在促进共同富裕中起到引领和支撑作用。[①] 浙江的科技创新具有良好发展基础,相关数据表明,浙江区域创新能力居全国第 5 位、省区第 3 位,企业技术创新能力居全国第 3 位。[②] 在确立为共同富裕示范区之后,浙江更加注重发挥科技创新优势,为经济发展提质增效,着力推动全面转入创新驱动发展模式。浙江共同富裕建设《实施方案》指出要"形成浙江特色全

① 李春成:《科技创新助力共同富裕的路径》,《中国科技论坛》2021 年第 10 期。
② 浙江新闻:《省科技厅厅长高鹰忠:浙江省区域创新能力居全国第 5 位》,https://zj. zjol. com. cn/video. html? id=1591979&duration=108.0&width=1280,访问日期:2022 年 3 月 10 日。

域创新体系,打造全国有影响力的科技创新中心,为率先实现共同富裕提供强劲内生动力"。浙江有条件的地区都纷纷将科技创新作为促进经济高质量发展的重中之重,尤其像杭州、宁波、嘉兴、绍兴等经济较发达的城市。

这些地区推动创新驱动发展动能的主要举措包括四方面。第一,建设科技创新高地,提升关键核心技术攻关能力。如杭州致力打造国际一流的"互联网+"、生命健康和新材料科创高地;宁波聚焦新材料、工业互联网和关键核心基础件三大科创高地建设,动态编制产业链关键核心技术"三色图"和科研攻关清单,每年攻克集成电路等重点领域 100 项"卡脖子"技术。第二,探索科技创新新型举国体制。如宁波实施"十百千万"产业创新行动,提出打造十大标志性产业链、建设百家重点研发创新平台、培育千亿级企业梯队、打造万亿级数字经济产业。第三,推进数字产业化,构建具有国际竞争力的现代产业体系。杭州为打造全国数字经济第一城,正加快形成人工智能、视觉智能、集成电路、车联网等具有国际竞争力的数字产业集群,实现百亿元以上产业集群产业大脑应用和工业互联网平台全覆盖,提出到 2025 年数字经济核心产业主营业务收入要翻一番、超过 2 万亿元。第四,优化"产学研用金、才政介美云"十联动创新创业生态,构建现代科技创新治理体系。其中,嘉兴为建设省区域创新体系副中心,积极推进"科创中国"创新枢纽城市和"数智科技"平台建设,并加快建设长三角人才聚集"强磁场",力争 2025 年在校大学生达到 8.5 万人以上、在校研究生突破 3000 人。绍兴确立人才强市创新强市首位战略,正加快国家知识产权强市建设,实现每万人高价值发明专利拥有量达 17 件的目标。经济高质量发展是实现共同富裕的基础和条件,科技创新是推动经济高质量发展的重要支撑,在很长一段时间内,科技创新驱动发展动能将是实现共同富裕的根本路径。

(二)激发民营经济创富

民营经济能够稳定宏观经济、缩小收入差距、促进经济转型升级。[1] 改革开放以来,我国民营企业蓬勃发展,成为推动经济社会高质量发展的重要力量。浙江是我国民营经济大省,2021 年浙江民营经济增加值占全省生产

---

[1]　魏杰、施成杰:《民营经济与共同富裕的逻辑统一》,《经济问题探索》2014 年第 6 期。

总值的比重达到67％,民间投资占固定资产投资总额的58.8％。[①]浙江通过发展"不等不靠不要"的民营经济,有效调动市场主体能动性、拓宽就业渠道、推进创新创业,推动发展成果全体居民共享。在建设共同富裕示范区背景下,浙江提出要打造民营经济发展生态最优省份,支持民营企业在培育中等收入群体、促进共同富裕上发挥更大作用。省内民营经济发展较好的温州、台州、金华,都纷纷采取措施推动民营经济进一步发展壮大。

温州聚焦深化非公有制经济健康发展和非公有制经济人士健康成长"两个健康"先行区创建,积极构筑以"146＋X"清单体系为主要内容的动态推进机制,每年谋划实施一批回应企业诉求、具有引领性的新清单项目。同时,健全"三清单一承诺"政商交往机制,积极构建新型亲清政商关系。台州以争创国家小微金融改革创新示范区为抓手,积极开展全面授信行动,以提高小微企业融资可及性。而且,台州将小微企业贷款余额占全部贷款余额比重纳入共同富裕建设特色指标中,计划到2025年,这一指标由当前的20.75％提升到21.65％。金华则以培育更加活跃更有创造力的市场主体为主要方向,计划到2025年市场主体总量超过180万家。为此,金华正全面落实民营企业发展促进条例,深化"无证明城市"、市场主体全生命周期管理(服务)"一件事"、商事便利化等改革,并探索建立"首违不罚"机制。发展民营经济,不仅能把"蛋糕"做大,而且能使"蛋糕"的分配变得更加合理、公平。各地在推进共同富裕进程中,激发民营经济创富是不可或缺的路径之一。

(三)推进生态富民惠民

共同富裕不仅是个人或家庭收入的共同富裕,而且是包括生态环境在内的公共产品和公共服务的共同富裕。[②]习近平同志在浙江工作期间提出了"绿水青山就是金山银山"理念,强调社会经济发展和生态环境保护协同共进。这里的关键挑战在于拓宽绿水青山向金山银山的转化通道,建立生态富民惠民的机制和路径。浙江作为"绿水青山就是金山银山"理念的发源地,推动绿水青山转化为金山银山有先发优势,尤其是丽水、衢州、湖州这些生态资

---

① 浙江省统计局:《2021年浙江省国民经济和社会发展统计公报》,http://tjj.zj.gov.cn/art/2022/2/24/art_1229129205_4883213.html,访问日期:2022年2月24日。

② 沈满洪:《生态文明视角下的共同富裕观》,《治理研究》2021年第5期。

源比较丰富的地区,探索绿色富民惠民推动共同富裕是其发挥资源禀赋优势的重要方式。

相关路径主要包括,利用生态比较优势大力发展绿色生态产业、创新生态产品价值实现机制、实施碳排放达峰行动等。其中,湖州致力于打造以生态旅游和生态农业为主的绿色生态产业,如高标准推进南太湖 65 公里岸线一体化开发,建设南太湖文旅融合发展带,同时,打造 1000 个旅游业"微改造"示范点,实现城、镇、村景区化全覆盖,并将乡村旅游年经营收入纳入共同富裕建设特色指标。丽水以创建生态产品价值实现机制示范区为抓手,积极谋划构建标准化生态产品价值核算数据监测收集体系和常态化核算评估机制、建立国家级生态产品交易中心和生态产品价值实现机制创新平台。丽水和衢州都将生态系统生产总值和绿色贷款纳入共同富裕特色指标。在碳排放达峰行动中,丽水率先提出到 2025 年实现非化石能源消费比重超过50%,显著高于浙江《实施方案》提出的 24% 目标。为此,丽水将大力开发林业碳汇、湿地碳汇等项目,谋划建设一批碳汇基地,同时,探索将重点行业领域碳排放评价纳入环境影响评价体系。推进生态富民,以人与自然和谐共生为价值指向,致力于实现经济价值、生态价值和人的价值高度统一,这是对传统发展模式的超越,也是实现共同富裕的必然要求。

(四)促进公共服务优质共享

共享性是共同富裕的核心元素,共享性意味着"首先必须在顶层设计上保障民众的基本权利,同时,必须使民众有能力机会均等地参与经济社会高质量发展,并共享高质量经济社会发展的成果"[1]。推动公共服务优质共享是民众共享高质量经济社会发展成果的主要内容,而且,基本公共服务均等化对巩固脱贫攻坚成果、推动高质量发展、形成合理收入分配有重要意义。[2]浙江共同富裕建设《实施方案》将公共服务优质共享列为主要目标之一,提出要率先基本实现人的全生命周期公共服务优质共享,努力成为共建共享品质生活的省域范例。

---

[1]　郁建兴、任杰:《共同富裕的理论内涵与政策议程》,《政治学研究》2021 年第 3 期。

[2]　李实、杨一心:《面向共同富裕的基本公共服务均等化:行动逻辑与路径选择》,《中国工业经济》2022 年第 2 期。

浙江各地推动公共服务优质共享的主要措施包括四方面。第一,逐步取消民众享有基本公共服务的制度限制。对于长期作为限制条件的户籍制度,宁波、嘉兴提出全面落实租赁房屋落户政策,绍兴提出全面取消落户限制。第二,推动基本公共服务供给模式创新。在养老服务方面,宁波、嘉兴、湖州等地聚焦推广和完善"公建民营"养老服务机构发展模式,支持社会资本参与养老基础设施建设。在教育方面,杭州、湖州等地积极探索推行县域集团化办学改革,着力实现城乡学生同标教育、一体成长。在住房保障方面,杭州、嘉兴率先开展职住平衡创新,调整公共服务设施的空间布局。第三,运用数字化推动均等化和高效便捷的公共服务供给。如绍兴、嘉兴纷纷深入推进"教育大脑＋智慧学校""健康大脑＋智慧医疗"建设,优化教育和健康数字化应用场景。第四,加大基本公共服务保障力度。如宁波为强化困难群体托底保障,推动底边家庭收入认定范围扩大至低保标准的 2 倍,将特困救助供养覆盖的未成年人年龄从 16 周岁延长至 18 周岁。研究表明,当前我国农村基本公共服务供给水平在显著提升,供给政策在逐步完善,但城乡基本公共服务供给水平的相对差距却仍在拉大。[①] 在共同富裕建设进程中,公共服务优质共享是民众最关心、最期盼的领域,也是让共同富裕看得见、摸得着的主要实现路径,各地都应该加大力度推广实施。

(五)城乡融合发展共富

城乡差距是我国面临的三大差距之一,2021 年中国城乡居民人均可支配收入比值为 2.50,[②]城乡差距过大成为实现共同富裕的重大障碍。浙江的城乡差距在全国处于较低水平。2021 年,浙江城乡居民人均可支配收入比值为 1.94,[③]但在浙江内部,金华、丽水等地城乡居民人均可支配收入差距仍然相对较大。浙江共同富裕建设《实施方案》将解决城乡差距问题列为主攻方向之一,提出要拓宽先富带后富先、富帮后富的路径,推进城乡区域协调发

---

① 林万龙:《从城乡分割到城乡一体:中国农村基本公共服务政策变迁 40 年》,《中国农业大学学报(社会科学版)》2018 年第 6 期。

② 国家统计局:《中华人民共和国 2021 年国民经济和社会发展统计公报》,http://www.stats.gov.cn/tjsj/zxfb/202202/t20220227_1827960.html,访问日期:2022 年 2 月 27 日。

③ 浙江省统计局:《2021 年浙江省国民经济和社会发展统计公报》,http://tjj.zj.gov.cn/art/2022/2/24/art_1229129205_4883213.html,访问日期:2022 年 2 月 24 日。

展先行示范。省内嘉兴和湖州等利用已有优势，正探索完善统筹城乡发展推动共同富裕的有效路径。

嘉兴和湖州统筹城乡发展的主要举措有四点。第一，构建城乡融合一体化发展格局，包括进行行政区划调整推动中心城区与周边地区融合发展，统筹全域规划布局、重大产业平台布局、重大基础设施建设和社会事业发展等。第二，打造乡村振兴与强村富民工程。其中，湖州积极实施村集体经济强村计划，大力推广"强村十法""飞地抱团""强村公司"等做法，嘉兴则从农业供给侧结构性改革入手，构建现代农业产业体系，发展都市型生态农业。湖州和嘉兴都将村级集体年经营性收入80万元以上村占全市行政村比重纳入共同富裕建设特色指标，致力于在2025年实现全域覆盖。第三，建设共同富裕现代化基本单元。基本单元主要指城市未来社区和乡村新社区基本单元建设，在落实浙江《实施方案》提出的基本要求基础上，嘉兴率先推出智慧社区（物业）建设，并提出到2025年实现新时代美丽乡村全覆盖，湖州则将在2025年实现新时代美丽乡村样板覆盖率40％纳入特色指标。第四，开展综合交通建设畅通城乡全方位交流。这在嘉兴和湖州的共同富裕特色指标中都有体现，具体为嘉兴的3个"半小时交通圈"人口覆盖率100％，湖州的建制村物流（快递）服务覆盖率100％。此外，嘉兴还围绕深化农村改革探索了一些具体路径，如在推进农业转移人口市民化方面，全面落实租赁房屋落户政策，实施户籍准入年限同城化累计互认；在农民权益价值实现机制方面，率先深化开展"善治积分奖励"制度。促进城乡融合不仅可以带动收入差距的缩小，而且它本身也是共同富裕的内在要求。换言之，城乡融合发展共富既是推进共同富裕的路径也是它的目标。

（六）畅通内外循环聚富

当前我国正在加快建设全国统一大市场，构建以国内大循环为主体、国内国际双循环相互促进的新发展格局，这是指导未来一段时期我国经济发展的重要战略。双循环的实质是一种内需驱动型全球化，通过国内循环激发巨大的经济增长潜力,与外循环联动重塑世界经济格局,驱动新一轮全球化进程。[①] 在此背景下,浙江积极地将畅通内外循环聚富纳入共同富裕示范区建设议程之中。浙江共同富裕建设《实施方案》提出要将浙江建设成为国内大循环的战略支点、国内国际双循环的战略枢纽。浙江省内以宁波、金华、舟山为代表的城市,正在加速构建畅通内外循环推动共同富裕的发展路径。

其中,宁波提出打造国内国际双循环枢纽城市,确立在 2025 年要实现口岸进出口总额占全国比重由当前的 5.3% 提高到 5.5% 的目标。为此,宁波选择了提升交通枢纽能级为主的实践路径,包括加快推进千万级集装箱码头群建设、打造全国重要区域性枢纽机场、以长三角中心城市和长江经济带沿线城市为重点加密高铁直达列车班次,并且都设置了相应的具体指标。金华确立了以中国(浙江)自由贸易试验区金义片区建设为统领的制度型开放路径,围绕制度型开放重点进行贸易、投资、资金、运输、出入境“五个自由”改革,形成与国际贸易投资通行规则相衔接的制度创新体系。舟山提出建设全球海洋中心城市、发展海洋经济的战略。在路径层面,舟山确立了高水平建设自贸区和建设世界一流港口的实践路径,要在自贸试验区“一中心三基地一示范区”[②]和油气全产业链建设率先取得突破。同时,温州和台州也积极推动更高水平的对内对外开放,如台州确定了加快开放型经济发展路径,在共同富裕建设《实施方案》中设置了到 2025 年外贸出口额和实际利用外资额的特色指标。中国的共同富裕建设不是关起门来就能实现的,无论是内陆地区还是沿海地区,必须坚持内外双向发力,将畅通内外循环打造成推动共同富裕的有效路径。

(七)数字化改革赋能社会治理

贫富分化不只是经济问题,更是社会问题和政治问题,缩小贫富差距、推动共同富裕蕴含着加强和创新社会治理的要求。数字化发展可以为识别致贫原因、推进服务下沉、促进信息共享、拓宽参与渠道、提升治理效能、评价治

① 王义桅、廖欢:《改变自己,影响世界 2.0——双循环战略背景下的中国与世界》,《新疆师范大学学报(哲学社会科学版)》2022 年第 9 期。
② 具体指国际油气交易中心、国际海事服务基地、国际油品储运基地、国际石化基地、大宗商品跨境贸易人民币国际化示范区。

理绩效、凝聚群众共识等方面提供新方案,增强治理工具的针对性和有效性,让全体人民在共享发展与治理的成果上有更多获得感、效能感。浙江的数字化发展走在全国前列,近年来浙江把握时代大势、勇于塑造变革,数字化改革牵引全面深化改革取得开创性成效,数字化改革正在成为浙江各地推动实现共同富裕的重要路径。

杭州是浙江数字化改革的高地,在其《实施方案》中,杭州提出全面推进"县乡一体、条抓块统"县域整体智治改革,实施网络安全整体提升行动,推动"城市地下空间智防"多跨场景重大改革,继续做优做强城市大脑,探索建设产业大脑等一系列行动路径。嘉兴将深入实施社会整体智治行动作为打造市域社会治理现代化先行市的主要路径。在数字法治方面,嘉兴率先提出加强数字法院和数字检察院建设,积极推进"互联网+审判"高地建设,建立健全大数据法律监督体系。在联系服务群众的长效机制建设方面,嘉兴正推进完善整体智治的新时代"网格连心、组团服务",包括深化开展"包镇街进村社入网格"、优化拓展"微嘉园""96871"等线上服务平台,精准把握民情、及时解决诉求等行动。共同富裕实践绝不只是一种社会收入分配格局的调整,而是整个国家治理体系的系统性变革,是社会文明形态的历史性跃升,蕴含着极其丰富和艰巨的制度变革内涵。[①] 在推进共同富裕进程中,数字技术将是重要的政策工具,数字治理将是重要的组成部分,它将引发社会各领域的体系重构、制度重塑,并对共同富裕的目标实现发挥深远影响。

(八)山海协作和对口支援

习近平总书记在决战决胜脱贫攻坚座谈会上指出:"要立足国家区域发展总体战略,深化区域合作,推进东部产业向西部梯度转移,实现产业互补、人员互动、技术互学、观念互通、作风互鉴,共同发展。"[②]东西部协作和对口支援是实现先富带后富的重大举措。浙江作为先富地区,共同富裕示范区建设不仅要在推动省域共同富裕方面争做示范省,还要坚决扛起推动东西部共同富裕的使命和担当。浙江共同富裕建设《实施方案》提出建设山海协作工

---

① 何显明:《共同富裕:中国式现代化道路的本质规定》,《浙江学刊》2022年第2期。
② 习近平:《在决战决胜脱贫攻坚座谈会上的讲话》(2020年3月6日),《人民日报》2020年3月7日第2版。

程和对口工作升级版,省内有条件的地区正探索将山海协作和对口支援打造为共同富裕建设的特点和亮点工程。

杭州作为浙江省会城市和沿海发达城市,率先提出要充分发挥龙头领跑示范带动作用,包括规划建设杭绍、杭嘉、杭湖三大一体化合作先行区,探索民生领域"一卡通";规划建设"产业飞地",为其他城市在杭州设立人才和科技孵化基地提供支持;加快建设杭衢黄省级旅游合作示范区;全面精准开展与西藏那曲市色尼区、新疆阿克苏市、青海德令哈市等地对口支援等。为推动相关工作落实落地,杭州在协作地区共富维度下设置了 7 个特色指标。宁波则以产业合作为重心,提出到 2025 年,实现对口支援、东西部协作、山海协作等产业合作实际到位资金累计超过 100 亿元。湖州为全面提升对口和协作工作实效,坚持工作项目化、项目体系化、体系品牌化,提出要围绕产业合作、劳务协作、消费帮扶等重点内容,深化"一叶、一园、一羊、一品、一业"五大帮扶品牌。山海协作和对口支援作为先富带后富的有力政策工具,在未来全国性共同富裕建设进程中,它的内容和形式还会不断丰富发展。

(九)实现精神富足

共同富裕是物质富裕与精神富裕的统一[1],富裕既需要一定的物质基础,也体现为一种主观感受,而且同等物质条件下,精神状态能影响个人的富裕感。同时,要将共同富裕拓展到全球化的世界社会中去,使其成为共有、共享的全球公共文化产品,[2]就必须增强文化自信,提升文化软实力,形成社会新风尚。浙江提出要更加彰显人文之美,努力成为精神普遍富足的省域范例,省内绍兴、嘉兴、湖州等在实现精神富足助推共同富裕方面拟开展一系列探索行动。

绍兴积极运用市场手段,做"文化+"文章,促进文旅商融合发展,包括大力实施文化产业倍增计划,培育数字出版、游戏动漫、创意设计、演艺游乐等新兴文化业态,推动文旅+美丽乡村、文旅+工业、文旅+康养、文旅+体育融合发展,并将文化产业增加值占 GDP 比重纳入特色指标中,提出到 2025

---

①　陈丽君、郁建兴、徐铱娜:《共同富裕指数模型的构建》,《治理研究》2021 年第 4 期。

②　郁建兴、刘涛:《共同富裕方略:中国对全球治理重大贡献》,《学习时报》2021 年 4 月 16 日第 2 版。

年要从 2022 年的 6.5%增加到 7.5%。嘉兴依托独特的革命文化资源,聚焦于打造成省内理想信念高地,提出要系统性挖掘红色文化精髓,加强红船精神研究,以更高水平办好浙江红船干部学院、红船精神研究院,提升南湖革命纪念馆教育功能。湖州积极实施全国文明典范城市建设"六大行动",推进文明村镇、文明单位、文明校园、文明家庭创建,形成了家庭家教家风建设、移风易俗"洪桥经验"等一系列做法。在当前共同富裕建设进程中,推动物质富裕与精神富足要协同并举,但与物质富裕相比,人们的精神达到富足是一个更加长期的过程,所以,在物质财富取得较大发展之后,要更加关注推动人们的精神富足。

五、结论与启示

对于共同富裕这一具有长期性和内在张力的治理目标,地方政府如何在中央顶层设计下定位具体的政策目标、探索差异化的实施路径?本章基于浙江 11 市共同富裕建设《实施方案》的文本研究发现,浙江各地对共同富裕示范区建设的目标定位有先富引领、特色示范、后发跨越三种类型,形成了创新驱动发展、激发民营经济创富、推进生态富民惠民、促进公共服务优质共享、城乡融合发展共富、畅通内外循环聚富、数字化改革重塑社会治理、跨区域协作和实现精神富足等九大主要路径。不同地区的共同富裕实践都是由既定目标下的不同路径组合而成。

总结起来,在中央顶层设计之下,浙江共同富裕示范区建设的目标定位与路径选择可以归纳为"省级整体示范下的地方差异竞争"模式。它是指省级政府根据中央战略框架细化政策目标,地方政府结合当地情况,围绕共同富裕主要目标重新定位执行层面的重点目标,差异化探索政策路径,并在省级统筹之下与其他地方形成互补竞争,省级层面综合各地方优势使全域在整体上满足复杂治理目标的各项设定,形成全面示范制度。这是一种超越"中央—地方"二分框架的政策执行新模式。由于共同富裕建设的目标具有多重性,不同目标之间没有绝对的主次、先后和类属关系,一些目标甚至天然地存在一定张力,如经济发展与生态建设,没有一个地区能在共同富裕的各个维度都保持优势和实现制度创新。因此,在结合中央宏观框架设定目标指标后,浙江没有将其设定的目标指标完全推向 11 个设区市,而是要求各地单独制定《实施方案》,这对塑造各地共同富裕建设行动非常关键。一方面,允许各地存在一些相对短板;另一方面,鼓励各地差异化发挥比较优势,并形成制度示范。这较好地激发了各地的能动性,因为地方政府更希望启动专属的创新项目而非完全模仿其他同层级地方政府的制度安排,[①]与此同时,省级层面负责统筹协调各地设置的差异化执行目标和政策路径选择,最大限度减少可能的重复竞争。浙江各地的发展模式具有显著差异,如杭州和宁波具有科技创新优势,台州、温州民营经济比较发达,湖州、嘉兴城乡融合度高,丽水、衢州具有生态发展优势,这些是各地探索发展差异化优势的基础。所以,各地纷纷在顶层设计的框架指引下因地制宜,差异化定位共同富裕建设目标和选择路径组合,在争取补齐短板的同时,发挥本地优势形成制度创新,在优势领域提前达到甚至超出浙江省目标设定,或者在目标体系中加入特色指标。同时,省级政府允许各地以自身优势和特色为主要依据,将本地描述为共同富裕示范区"城市范例"或"先行市"(衢州、丽水除外)。相应地,各地区之间共同富裕建设的竞争就不再是基于标准化内容和指标的标尺竞争,而是谁更能把已有优势做大做强并形成示范性制度、谁更符合共同富裕示范区城市范例的"制度符号竞争"。差异竞争不仅能有效激发各地共同富裕建设的积极性,全省共同富裕示范区建设目标也能在这个过程中得到实现。2022 年 6月,浙江省第十五次党代会确定"在高质量发展中实现中国特色社会主义共同富裕先行和省域现代化先行"的奋斗目标,宣示了浙江在共同富裕和现代化建设中勇当先行者的使命追求。会议对今后五年主要任务的部署,为"省级整体示范下的地方差异竞争"提供了明确的着力点。这种新模式或将在浙江推进共同富裕示范区建设进程中得到确立与发展。

"省级整体示范下的地方差异竞争"对于理解共同富裕这样一个总体目标在地方的具体目标定位和路径选择有重要意义。一方面,共同富裕建设的目标定位应具有多样性。相较于浙江,全国各地区之间的差异更加显著。各地在推进共同富裕过程中,应该充分考虑地方差异,在框架性目标基础上,允

---

① Xufeng Zhu,"Mandate versus championship:Vertical government intervention and diffusion of innovation in public services in authoritarian China," *Public Management Review* 16,no. 1 (2014): 117-139.

许地方因地制宜,结合经济社会发展水平和地方特色,确定适合自身发展的共同富裕建设目标定位。浙江的三类目标定位(先富引领、特色示范、后发跨越),具有一定的启发意义。另一方面,各地推进共同富裕既要遵循宏观政策导向,也要有选择地确定本地推进共同富裕的主要路径,将共同富裕的实现路径与地方已有发展优势和方向结合起来,并注重与周边地区形成差异化竞争格局。在这一过程中,省级政府的统筹使地方政府能够在保证积极性的基础上更好地利用差异化竞争策略探索共同富裕实现路径。这种"省级整体示范下的地方差异竞争"模式对于理解复杂治理目标下中国政府的政策试点具有重要启示。它超越了自上而下的中央发布、地方执行的简单思维,超越了中央明确政策目标、地方探索政策工具的传统理解。它结合当前及未来政策目标多样性、层次性的特征,将次国家层级的政府进一步细分,充分考虑次国家层级政府的政策再设计,在延续横向政府间竞争假设的前提下,进一步强调了纵向政府间的互动性特征。这一新模式较好地描述了当代中国政府在探索重大发展战略的实施路径时所采取的试点策略。它或将成为推进共同富裕建设进程中国政府目标分解与执行的新模式。围绕共同富裕这一长期系统工程,中国国家治理的制度逻辑正在从发展型导向向共富型导向跃升转变。在新的制度逻辑下,分析总结推进共同富裕的政策模式,也将进一步丰富共同富裕的制度和理论建构。

执笔人:郁建兴,浙江工商大学、浙江大学社会治理研究院;黄飚,浙江大学公共管理学院、浙江大学社会治理研究院;江亚洲(通信作者),浙江工商大学英贤慈善学院、浙江大学社会治理研究院。该文原发于《治理研究》2022年第4期。

第五章 《浙江省"扩中""提低"行动方案(2021—2025年)》解读

在全面建设社会主义现代化国家新征程上,以习近平同志为核心的党中央开启了迈向全体人民共同富裕新的伟大探索,党的二十大报告对扎实推进共同富裕进行了一系列部署。2022年浙江省出台了《浙江省"扩中""提低"行动方案(2021—2025年)》(以下简称《行动方案》),明确了未来一段时期浙江省探索打造收入分配制度改革试验区的总体要求、实施路径、激励计划、保障措施,是浙江省第十五次党代会"两个先行"战略部署的重要践行,是"十四五"时期全省形成以中等收入群体为主体的橄榄型社会结构的行动方案,是收入分配制度改革的重要文件。

一、《行动方案》编制背景

2020年底,我国现行标准下农村贫困人口实现全部脱贫,如何将城镇低收入群体特别是有劳动能力的低收入群体培育成中等收入群体成为需要考虑的问题。"扩中""提低",即扩大中等收入群体规模,提高低收入群体收入。为了理解为何要"扩中""提低",首先需要对中等收入群体有一个科学认识。

(一)中等收入群体及其作用

1.中等收入群体的界定及测算

中等收入群体的概念在社会学和经济学领域被广泛讨论。在国外的研究中未严格地区分"中等收入群体""中等收入组""中间阶层"和"中产阶级"等概念。国内学者对中等收入群体的关注始于20世纪80年代后期,他们使用的是"中产阶层""中间阶层"等概念。清华大学的李强教授在1992年发表的《关于中等收入阶层问题的研究》一文中首次使用了"中等收入群体"这一概念,此后我国官方和学术界则一直偏向于"中等收入群体"这一说法。

何谓中等收入群体?社会学意义上的中等收入群体可以定义为处在全社会中间位置的职业相对稳定、财产相对富有、文化水平相对较高且具有较高生活质量的人群,他们主要由脑力劳动者和半体力劳动者组成。经济学意义上的中等收入群体则更侧重分层标准中的经济标准,他们通常以个人收入的高低和家庭财产的多寡作为界定中等收入者或中等收入群体的标准。前者强调中等收入群体在社会分层结构中的层级地位、生活方式和主观认同等,后者则突出中等收入群体个人或者家庭的收入和财富在收入分配结构中的分布位置。

在中等收入群体的测度方面,尽管社会学学者普遍认为,应该从职业、收入、教育、消费、资产、技术、公共权力等维度出发,以一元或多元标准划分中等收入群体,但是,和经济学学者一样,他们也都认同个人或者家庭的收入是划分中等收入群体的重要指标。中西方学者或者研究机构通常运用绝对标准和相对标准两种方法作为测量中等收入群体的收入标准。

绝对标准采用一定的收入水平、消费水平、财产状况等判断准则加以衡量。如:世界银行把年收入在 3650 至 36500 美元(如果按照 6.7 的汇率,大约是年收入 2.5 万到 25 万元)的人群都归为中等收入人群。我国国家统计局也有自己的标准,根据《2018 年全国时间利用调查公报》,年收入在 2.4 万到 12 万元的人群都归为中等收入或中高收入人群。如果按一个家庭有 3 至 4 个成员计,这意味着年收入约为 10 万到 50 万元的家庭都可划分成中等收入家庭。

相对标准以收入中位数水平的一定区间范围或一定标准的区间范围进行识别与测算。如:有标准将中等收入群体的下限设为收入中位数的 50% 或 75%,上限设为中位数的 1.5 倍或 2 倍;也有学者采用一国人均收入占美国人均收入的比例为衡量标准,以 15%、60% 划分低、中和高三个收入大类别。[1] 当今世界各国由于经济社会发展水平和所处阶段的差异,对中等收入

① Im Fernando Gabriel and Rosenblatt David. "Middle-income Traps: A Conceptual and Empirical Survey", *Journal of International Commerce*, *Economics and Policy* 06, no. 3(2015):1-39.

群体并没有建立统一的国际识别准则与测算方法,但世界各国都将收入水平作为识别和衡量中等收入群体最主要的指标。

2. 中等收入群体的作用

为何中等收入群体能受到学界广泛关注? 因为中等收入群体作为重要的社会阶层和社会力量,具有特殊社会功能。对于中等收入群体的作用方面,最早的理论可以追溯至亚里士多德时代,他提出"唯有以中产阶层为基石才能构成最好的政体"。美国学者米尔斯认为白领阶层作为新中产阶级客观上带来了美国现代社会的稳定。中等收入群体也对世界经济增长产生了很大影响,研究表明,中等收入群体往往拥有较强的创造力。[①] 中等收入群体非常重视人力资本投资与储蓄,有利于提高人力资本水平以及增加储蓄。[②]

提升中等收入群体规模是保持社会稳定繁荣的重要途径。李强在《当代中国社会分层》一书中指出,从稳定功能看,中等收入群体具有缓和社会上层和下层之间社会矛盾、降低社会冲突的作用;中等收入群体趋向于保守温和,他们是社会主流价值观的代表,庞大的中等收入群体减少了不平等,有助于社会稳定。国际问题专家郑永年认为,美国以往庞大的中等收入群体,得以约束民主及共和两党不能太左或太右;但中等收入群体已经从金融危机前的70%多缩减至2017年的不足50%,明显失去制衡两党政治走向极端的力量,中产阶级衰落直接导致了美国社会分裂。从繁荣作用看,中等收入群体具有较强的消费意愿、消费需求,也有相应的消费能力,是拉动消费的重要力量,并对低收入群体具有"消费引领示范效应"。拥有庞大中等收入群体的国家几乎都经历了更快的经济增长。可以说,中等收入群体规模决定了市场规模,直接影响了经济繁荣程度。

"橄榄型"社会是中等收入群体在社会占大多数、以"中间大、两头小"为基本特征、形同"橄榄"的收入格局的社会。相对于"金字塔型"社会而言,中等收入群体占大多数的"橄榄型"社会被普遍认为是更稳定、更安全的社会

---

① Acemoglu Daron and Zilibotti Fabrizio. "Setting Standards: Information Accumulation in Development", Working papers, 1997, http://dx.doi.org/10.2139/ssrn.18620,访问日期:2022年8月28日.

② Doepke Matthias and Zilibotti Fabrizio. *Love, Money, and Parenting: How Economics Explains the Way We Raise Our Kids.* (Princeton: Princeton University Press, 2019.)

（见图 5-1）。

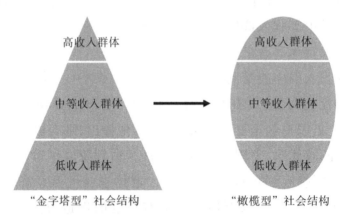

图 5-1　"金字塔型"社会结构与"橄榄型"社会结构

　　学界普遍认为扩大中等收入群体规模，形成"橄榄型"社会，有利于实现跨越"中等收入陷阱"。"中等收入陷阱"最早出现于 2006 年世界银行发布的《东亚经济发展报告》，是指进入中等收入的经济体往往会陷入经济增长的停滞期，既有的增长机制不可重复却又难以摆脱，容易陷入"低端锁定"的恶性循环而长期无法进入高收入水平行列。"中等收入陷阱"与一国发展质量密切相关，资本边际收益递减时无法实现要素升级，国内收入分配不均引致经济倒退，人口结构失衡导致"人口红利"逐步消失，内需不足从而制约经济增长动力，社会治理改革水平提升受限、全要素生产率下降等[①]，致使经济发展面临多种挑战和显著下行压力，缺乏新的经济增长动能。[②]

　　2019 年中国的人均 GDP 达到 1.02 万美元，首次突破 1 万美元大关，这意味着我国距离世界银行分类的高收入国家行列又近一步。当下正是中国接近、脱离或迈过"中等收入陷阱"的关键时点。共同富裕的实现意味着我国将达到发达经济体的水平，在此过程中，扩大中等收入群体规模，提高低收入群体收入，形成"橄榄型"社会结构是顺利跨越"中等收入陷阱"的必经之路，是建成经济强国的重要标志。

---

　　① 程文、张建华：《收入水平、收入差距与自主创新——兼论"中等收入陷阱"的形成与跨越，经济研究》2018 年第 4 期。

　　② 刘伟、陈彦斌：《"两个一百年"奋斗目标之间的经济发展：任务、挑战与应对方略，中国社会科学》2021 年第 3 期。

(二)中等收入群体发展背景

1.国外中等收入群体发展情况

中国当前的人均国民收入正好对应着20世纪美国的四五十年代以及日本的六七十年代,而在这些历史时期,美国和日本都经历了快速持续的增长和国民收入的迅速提高,从中等收入国家顺利过渡到高收入国家。

二战之后的30年是美国经济发展的黄金时代。一方面,他们的收入份额保持相对稳定,未出现贫富分化拉大的问题,甚至低收入的50%人群的收入份额还明显扩大了;另一方面,整个社会的收入增速十分迅速。1947—1973年间,全国前20%高收入者收入增长84.8%;前60%中等收入者收入增长99.4%;低收入者收入更是上升了116.1%,中等收入群体不断壮大,贫困家庭越来越少。

日本国民的收入状况并未像西方发达国家与许多发展中国家那样贫富悬殊,且极端贫困人群较少,呈现"橄榄型"分布特征。二战后日本的基尼指数曾达到0.7,但政府在治理收入问题、调节社会各阶层贫富差距上取得了显著成效。一方面,1960年,日本实行"国民收入倍增计划",维持7.2%以上的增长率,实现国民经济发展与居民生活改善的协同并举,并出台了一系列法规来引导农业经济的发展,通过关税壁垒、设置最低收购价格、加大农业补贴力度等方式确保农民的经济利益。另一方面,重视运用税收手段,对收入再分配进行调节,并构建较为完善的社会保障和就业制度以保护贫困群体,基尼指数长期保持在0.25左右。

从国际比较来看,我国中等收入群体规模巨大,但比重偏低。基于相对标准,以28个欧盟成员国居民收入中位数的60%—200%作为中等收入群体标准,2018年我国中等收入群体人数为3.44亿,比重为24.7%。在规模上,我国中等收入群体规模巨大,约为美国(1.798亿)的两倍;在比重上,我国中等收入群体比重偏低,英国、德国、法国、挪威、加拿大等国家约为70%,韩国、日本等国家约为60%,美国约为56%。为清晰展示中国当前所处的发展阶段,选用人均国民收入指标来对中国和主要发达国家进行横向比较(见图5-2)。由于采用购买力平价和2011年美元不变价的人均国民收入,因此不管从历史维度还是国别维度,都是可比指标。2020年,中国的人均国民收入仅为 1.6 万美元,远低于主要发达国家。挪威、美国的人均国民收入分别为 6.2 万美元、6.1 万美元,约为中国的 4 倍,而英国、日本、韩国分别为 4.3 万美元、4.2 万美元和 4.1 万美元,均是中国的 2 倍多。

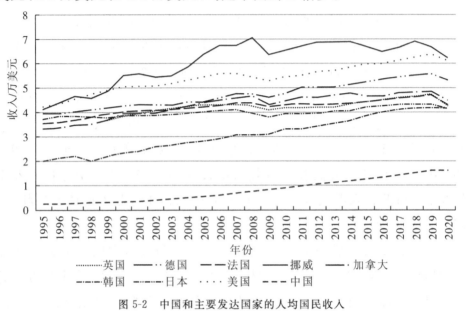

图 5-2　中国和主要发达国家的人均国民收入

数据来源:世界银行(2011 年美元不变价,购买力平价)。

2.我国中等收入群体发展情况

"中等收入群体"这一学术概念是 2000 年后正式在党的重大会议报告中出现的。2002 年,党的十六大报告首次提出"扩大中等收入者比重"。此后,党的重大会议报告多次提到"中等收入者"和"中等收入群"(见表 5-1)。2020 年,党的十九届五中全会审议通过的《中共中央关于制定国民经济和社会发展第十四个五年规划和二〇三五年远景目标的建议》(以下简称《建议》)提出:"到 2035 年,我国中等收入群体显著扩大。"迟福林认为,2020 年到 2035 年是我国由中高收入阶段迈向高收入阶段的关键时期,中等收入群体比例预计从现在的 30% 左右提高到 50% 以上;从 2035 年到本世纪中叶,中等收入群体比例预计达到 70% 左右,从而实现全体人民共同富裕的目标。

表 5-1 党的重大会议报告关于"中等收入群体"的内容

时间	会议/报告	涉及内容
2002 年	党的十六大报告	扩大中等收入者比重
2005 年	党的十六届五中全会	着力提高低收入者收入水平,逐步扩大中等收入者比重,有效调节过高收入
2010 年	党的十七届五中全会	城乡居民收入普遍较快增加,低收入者收入明显增加,中等收入群体持续扩大,贫困人口显著减少,人民生活质量和水平不断提高
2012 年	党的十八大报告	首次正式提出"全面建成小康社会",收入分配差距缩小,中等收入群体持续扩大,扶贫对象大幅减少。提出要千方百计增加居民收入,实现发展成果由人民共享,必须深化收入分配制度改革,努力实现居民收入增长和经济发展同步、劳动报酬增长和劳动生产率提高同步,提高居民收入在国民收入分配中的比重,提高劳动报酬在初次分配中的比重
2016 年	中央财经领导小组会议	明确提出"扩大中等收入群体"的战略
2017 年	党的十九大报告	鼓励勤劳守法致富,扩大中等收入群体,增加低收入者收入,调节过高收入,取缔非法收入
2019 年	党的十九届四中全会	鼓励勤劳致富,保护合法收入,增加低收入者收入,扩大中等收入群体,调节过高收入,清理规范隐性收入,取缔非法收入
2020 年	党的十九届五中全会	完善工资制度,健全工资合理增长机制,着力提高低收入群体收入,扩大中等收入群体
2020 年	《建议》	到 2035 年,我国中等收入群体显著扩大
2022 年	党的二十大报告	完善分配制度,坚持多劳多得,鼓励勤劳致富,促进机会公平,增加低收入者收入,扩大中等收入群体。完善按要素分配政策制度,探索多种渠道增加中低收入群众要素收入,多渠道增加城乡居民财产性收入

从上述党的重大会议报告关于中等收入群体的表述,可以看出其中的变化:一是从 2010 年前的"中等收入者"到 2010 年后的"中等收入群体";二是 2010 年的"扩大中等收入群体"到 2020 年《建议》中的"中等收入群体显著扩大"。上述变化有两层含义:一是从"中等收入者"到"中等收入群体",体现了从个体到群体的变化,这不仅体现了数量上的变化,更是反映了量变到质变的转化;二是从"扩大中等收入群体"到"中等收入群体显著扩大",体现了中

等收入群体在规模和比例上的飞跃。

根据学者们对我国中等收入群体的规模及变化特征的估算结果,以绝对标准方式估算,2012—2022年我国中等收入群体比重大致在20%至30%之间徘徊;以相对标准方式测算,其比重则大致在40%上下浮动。国家统计局将家庭年收入10万—50万元(按三口之家计算,家庭人均年收入为3.3万—16.7万元)的人群定为中等收入群体,以此测算,2018年我国中等收入群体约占总人口的28%,约为4亿人。这也是目前经常提及的我国拥有4亿中等收入人口的来源。我国中等收入群体比重明显低于发达国家50%至75%的水平,离橄榄型分配结构尚有较大差距。从城乡看,我国中等收入群体中城市户籍人口占3/4左右,农村居民和农业转移人口约占1/4。从区域看,中等收入群体区域分布与经济发展水平相吻合,约有60%的中等收入群体分布在东部地区,而中西部地区仅占40%。

3.浙江中等收入群体发展情况

共同富裕,是中华民族千百年来的夙愿。浙江被赋予高质量发展建设共同富裕示范区的历史使命,开展先行先试。浙江在推动建设共同富裕示范区中有着良好的基础条件。首先是浙江的经济发展快。数据显示,到2020年末,浙江省GDP突破6.4万亿元,排全国第四位,人均GDP超10万元,城镇居民人均可支配收入和农村居民人均可支配收入多年来始终位于全国省区第一位,2020年分别为62 699元和31 930元(见表5-2)。其次是浙江的经济区域协调性比较好。浙江人均GDP最高的市和最低的市,这个倍差2020年是2.21倍,在省区当中是最小的。同时,浙江城乡发展较为均衡。2020年我国整体的城乡居民收入比约为2.56∶1,而浙江是全国极少数城乡居民收入倍差在2之内的省份,2020年达到了1.96∶1。这同时也说明了浙江的财富共享程度相较其他省份更高。最后是浙江民营经济发达。2020年市场主体已经超过800万,国有经济创造的经济总量在全省的GDP当中占22.5%,民营经济创造的财富占66.8%,从浙江的经济构成来看,民营企业数量多,企业规模大且实力强,除了解决就业问题,保障居民收入,更为重要的是可以带动后富群体实现共同富裕。

表 5-2　城乡居民人均可支配收入

年份	城镇居民人均可支配收入/元		农村居民人均可支配(纯)收入/元		城乡居民人均可支配收入差距	
	全国	浙江	全国	浙江	全国	浙江
2010	19109	27359	5919	11303	3.23∶1	2.42∶1
2011	21810	30971	6977	13071	3.13∶1	2.37∶1
2012	24565	34550	7917	14552	3.10∶1	2.37∶1
2013	26955	37080	8896	17494	3.03∶1	2.12∶1
2014	28844	40393	10489	19373	2.75∶1	2.09∶1
2015	31195	43714	11422	21125	2.73∶1	2.07∶1
2016	33616	47237	12363	22866	2.72∶1	2.07∶1
2017	36396	51261	13432	24956	2.71∶1	2.05∶1
2018	39251	55574	14617	27302	2.69∶1	2.04∶1
2019	42359	60182	16021	29876	2.64∶1	2.01∶1
2020	43834	62699	17131	31930	2.56∶1	1.96∶1
2021	47412	68487	18931	35247	2.50∶1	1.94∶1

数据来源:国家统计局、浙江省统计局。

注:2012年以前农村居民人均可支配收入为人均纯收入。

　　浙江中等收入群体占比大幅领先全国。2020年,浙江省家庭年均可支配收入10万—50万元(按三口之家计算)的比例达到67.4%。尽管浙江已具备良好的基础条件,但是从当前的情况看,浙江"扩中""提低",构建橄榄型社会,依旧面临着一些挑战。

　　一方面,城乡差距有待进一步缩小。2020年浙江城乡居民收入比是1.96∶1,虽然是自1993年以来首次低于2,但是从浙江省内区域之间横向对比,不同的区域间也有差距。浙江山区26县占全省面积的44.5%,而这26个县2020年GDP总量还不到全省的10%。这些县的人均GDP为61363元,更是只有全省的61.3%和全国的85.2%。其中,有9个县城镇居民人均可支配收入低于全国平均水平(43834元)。因此,要想缩小区域内的城乡差距,需要进一步打通城乡之间要素流动的通道,让城市进一步向农村开放。

另一方面,进一步缩小本地人群和外地人群之间的差距。共同富裕并不单单是指当地人的富裕,还包括在当地工作和生活的外来人口的经济水平的提升。近年来,浙江经济的快速发展使其对外来人口的吸引力越来越强。2010—2020年,浙江净流入人口是1014万。未来浙江在推动形成橄榄型社会的过程中,要努力实现外来人口在子女教育、医疗和养老等公共服务方面的均等化。这不仅能吸引和留住外来人口,还将进一步加速外来人口与本地人口的密切融合。

二、《行动方案》编制意义

高质量发展建设共同富裕示范区,是习近平总书记和中央赋予浙江省的重任。为全面贯彻落实《中共中央 国务院关于支持浙江高质量发展建设共同富裕示范区的意见》和《浙江高质量发展建设共同富裕示范区实施方案(2021—2025年)》,加快打造收入分配制度改革试验区,率先基本形成以中等收入群体为主体的橄榄型社会结构,省委、省政府依托行业专家力量,积极凝聚行业共识,率领全省人民边学、边谋、边干,研究制定了《浙江省"扩中""提低"行动方案(2021—2025年)》。如果说消除绝对贫困是中国发展史上的一件大事,那么,发展壮大中等收入群体将是未来载入史册的另一件大事。《行动方案》的编制具有重要意义。

一是"扩中""提低"有助于扩大消费、畅通循环,实现高水平供需平衡。

党的二十大报告指出要加快构建以国内大循环为主体、国内国际双循环相互促进的新发展格局。要畅通国内大循环,需要打通生产—分配—流通—消费的经济循环四环节,客观上要求缩小贫富差距,激活居民消费潜力,这也对"扩中""提低"提出新要求。社会结构不同,整体消费潜力不同,对经济增长的拉动作用不同。中等收入群体具有较强的消费意愿和消费能力,是拉动消费的重要力量,并对低收入群体具有"消费引领示范效应"。

《行动方案》通过各方面举措不断提高居民人均可支配收入、劳动报酬占GDP比重以及居民人均可支配收入与人均生产总值之比,让广大居民拥有更多社会财富,社会朝着橄榄形结构发展。有了规模庞大的中等收入群体作保障,居民整体消费能力可以得到有效提升。在此基础上,通过深度融入全国统一大市场,深入实施扩大内需战略,建设消费型社会,推动产业升级和消费升级协调共进、经济结构和社会结构优化互促,更好发挥国内大循环战略支点、国内国际双循环战略枢纽作用,在高水平供需平衡中助力全方位全要素、高能级高效率的双循环。

二是"扩中""提低"有助于缓和矛盾、维护稳定,构建大平安工作格局。

扩大中等收入群体是古今中外治国安邦的通行做法。孟子称"民之为道也,有恒产者有恒心",强调了让百姓有稳定财产收入的为政之道。亚里士多德在《政治学》中主张"中间阶层要大于极富阶层和极穷阶层之和,至少大于两者之一"。西方发达国家比较重视培育中等收入群体,美国罗斯福总统大刀阔斧拆分工业和金融巨头,对大企业征税,提高工人工资待遇。韩国通过开展"新村运动"以缩小城乡差距,实现工农协同发展,至20世纪90年代初,韩国农村居民人均收入已达到城市居民的95%。

拥有庞大的中等收入群体,能够调节社会贫富分化,有效缓解利益冲突。在橄榄型社会结构中,由于中等收入群体占多数,人民群众多样化多层次多方面需要得到满足,社会容易保持和谐稳定。《行动方案》致力于高水平推进社会建设,积极推进收入分配制度改革,中等收入群体比重稳步提高,低收入群体增收能力、生活品质和社会福利水平明显提升。中等收入群体规模持续扩大,有利于更好统筹各社会群体利益,协调经济社会关系,确保整个社会安定有序、充满活力,为建设更高水平的平安浙江提供有力保证。

三是"扩中""提低"有助于民生优享、全面发展,高水平推进人的现代化。

构建橄榄型社会是社会主义共同富裕的必然要求。1978年,中央工作会议提出"先富带后富,最终实现共同富裕"的构想。经过40多年改革开放,我国消除了绝对贫困,实现了全面建成小康社会的目标。社会主义现代化建设新阶段,目标是"全体人民共同富裕取得更为明显的实质性进展",需要使更多潜在中等收入群体转化为中等收入群体、提高低收入群体收入,以体现社会主义制度的优越性,增强人民群众的安全感、获得感和幸福感。

在加快构建橄榄型社会结构过程中,《行动方案》着力打造促进全体人民全面发展高地,民生支出占一般公共预算支出的比重达到2/3以上,社会风貌蓬勃向上,教育强省、健康浙江等建设取得长足进步,这些都为高水平推进人的现代化创造了良好条件。有了合理的社会结构作保障,人民群众能够享有更加优质的公共服务,全面提高文明素养,普遍得到更好发展,成长通道不断拓宽,道德素质、健康素质、科学文化素质和法治素养、数字素养大幅提高,人民平等参与平等发展的权利得到有力保障,人的潜能和创造力充分激发,人人都可成才的体制机制不断完善,人民对美好生活的向往不断得到满足,逐步实现物质生活和精神生活都富裕的目标。

《行动方案》明确了收入分配制度改革的指导思想、基本原则,科学设置了行动方案主要目标、实施路径,并针对当前阶段需要重点关注的九类群体,设置差别化激励计划,合理确定了保障措施。《行动方案》的出台,为"扩中""提低"的具体实施提供了明确的标准、确定的对象,以及具体的政策,使得"扩中""提低"也可按照"精准扶贫"的思路,采取"靶向性"政策对目标人群给予支持。因而,《行动方案》中一系列创新举措的推出,将有助于浙江构建橄榄型社会,朝向共同富裕的目标迈进。从长远看,在浙江"扩中""提低"行动中取得经验,最终是为在全国推动共同富裕改革探路。

三、《行动方案》工作目标

基于浙江省省情,《行动方案》明确主要目标是到 2025 年,实现中等收入群体规模倍增,率先基本形成以中等收入群体为主体的橄榄型社会结构。其核心指标是家庭年可支配收入 10 万—50 万元群体比例达到 80%、20 万—60 万元群体比例达到 45%。相比而言,英国、德国、法国等国家中等收入群体比重大都在 70%左右,日本、韩国等国家的中等收入群体比重也在 60%以上,而美国中等收入群体比重也占到 56%。因此,浙江省若实现 80%的中等收入群体比重,就可达到欧洲国家的中等收入群体标准。

从实际发展看,浙江是有条件有能力实现这个目标的。2020 年家庭年可支配收入 10 万—50 万元的比例为 67.4%(按 3 口之家计算),2021 年这一比例增长至 72%,因此 2025 年实现 80%家庭年均可支配收入 10 万—50 万元难度不大。这个目标也反映出浙江省在部署共同富裕示范区建设时,并不追求速度,而是稳步推进,为改革调整留出充足的空间。

具体来看,《行动方案》从"社会结构系统性优化"的全局出发,通过明确就业质量水平、创新创业活力、居民增收渠道、收入分配结构、从业人员素质、困难群体帮扶、公共服务、社会风貌 8 个方面的工作引领和重点方向(见图5-3),做到发展有重点、工作有指标、考核有数据。

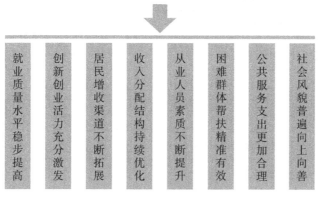

图 5-3 《行动方案》工作目标

一是就业质量水平稳步提高。其主要指标有:到 2025 年,累计新增就业500 万人以上,城镇调查失业率控制在 5.5% 以内,全省人力资源服务机构达7000 家,零就业家庭实现动态"清零"。对比 2020 年基期值(见表 5-3),新增就业人数、城镇调查失业率均不存在较大难度。在培育人力资源服务机构方面,仅 2020 年就新增 952 家,因而到 2025 年,平均每年新增 400 家也易于完成。此外,零就业家庭 2021 年便已经实现动态"清零",继续保持当前状态便可实现目标。

表 5-3 "扩中""提低"主要指标

序号	指标	2020 年基期值	2025 年目标值
就业质量水平			
1	新增就业/万人	111.81	[500]
2	城镇调查失业率/%	4.3	5.5 以内
3	全省人力资源服务机构/家	5085	7000
4	零就业家庭/个	——	0

续表

序号	指标	2020 年基期值	2025 年目标值
创新创业活力			
5	在册市场主体总量/万户	803.24	1100
6	年度交易额亿元以上商品交易市场/家	1087	1300
7	国家级双创示范基地/个	13	10
8	省级创新联合体/个	—	20
9	公平竞争环境社会满意率/%	—	95 以上
居民增收渠道			
10	全省土地流转率/%	61.4	68
11	农房财产权抵押贷款余额/亿元	—	200
12	全省分红村比例/%	—	15 以上
13	全省分红村年度分红/亿元	—	100
收入分配结构			
14	劳动报酬占 GDP 比重/%	52.1	超过 50
15	基本养老保险参保人数/万人	4355.07	4700
16	失业保险参保人数/万人	1687.42	1800
17	工伤保险参保人数/万人	2546.14	2750
18	登记认定的慈善组织/家	—	1200
19	慈善信托资金/亿元	—	15
从业人员素质			
20	人力资本投资占 GDP 比重/%	—	20
21	职业技能培训/万人次	168.6	[500]
22	技能人才占从业人员比重/%	26.26	35
23	高等教育毛入学率/%	62.4	70
24	劳动年龄人口平均受教育年限/年	10.73	12

续表

序号	指标	2020年基期值	2025年目标值
困难群体帮扶			
25	县级救助服务联合体覆盖率/%	—	30
26	困难残疾人生活补贴、重度残疾人护理补贴覆盖率/%	99.3	99
27	重度残疾人护理补贴覆盖率/%	98.8	99
28	残疾人之家覆盖率/%	75	90以上
29	残疾人专业托养机构覆盖率/%	80	90以上
30	最低生活保障标准/元	10632	13000
公共服务支出			
31	民生支出占一般公共预算支出的比重/%	74.3	66.7以上
32	课后服务覆盖率/%	100	100
33	城镇住房保障受益覆盖率/%	23.9	23
34	人口净流入大城市,新增保障性租赁住房占新增住房供应总量的比例/%	—	30
社会风貌			
35	人均年参与志愿服务活动次数/次	—	0.4
36	每万人拥有"最美浙江人"数量/人	—	2.5
37	文明好习惯养成实现率/%	—	90以上
38	居民综合阅读率/%	90.4	92.5

注:〔 〕内为5年累计数。

二是创新创业活力充分激发。主要指标有:到2025年,在册市场主体总量达1100万户,年度交易额亿元以上商品交易市场达到1300家,建成国家级双创示范基地10个、省级创新联合体20个,公平竞争环境社会满意率达到95%以上。2020年,全省在册市场主体总量803.24万户,新设市场主体168.15万户,年度交易额亿元以上商品交易市场1087家,并且国家级双创示范基地已达 13 个。对比 2020 年基期情况,相关指标的目标值也能够完成。

三是居民增收渠道不断拓展。财产性收入占总收入比重稳步提升。相关指标主要有:农村产权制度改革不断深化,全省土地流转率提高到 68%,土地经营权抵押担保县域全覆盖,农房财产权抵押贷款余额达 200 亿元,全省分红村比例提高到 15% 以上,年度分红达到 100 亿元。2018 年,浙江农房抵押贷款余额达到 205 亿元。2020 年全省土地流转率 61.4%,2021 年度分红村社超 4600 个,比上年增长 1 倍有余。2021 年度,浙江农民福利性分配总额已达 120 亿元。结合居民增收渠道的发展趋势来看,相关指标的目标值也较容易实现。

四是收入分配结构持续优化。相关指标主要有:劳动报酬提高与劳动生产率提高基本同步,劳动报酬占 GDP 比重超过 50%;要素市场化改革不断深化,国有企事业单位收入分配更加科学合理;基本养老保险参保人数、失业保险参保人数、工伤保险参保人数分别达到 4700、1800、2750 万人;经登记认定的慈善组织突破 1200 家,慈善信托资金规模突破 15 亿元。相关目标与《推进民政事业高质量发展建设共同富裕示范区行动方案(2021—2025 年)》相一致。2020 年,浙江劳动报酬占 GDP 比重为 52.1%,基本养老保险参保人数、失业保险参保人数、工伤保险参保人数分别为 4355.07 万人、1687.42 万人、2546.14 万人。2021 年,浙江省慈善信托资金规模 10.84 亿元。从现有基础来看,收入分配结构持续优化目标能够实现。

五是从业人员素质不断提升。相关指标主要有:人力资本投入更加普惠、向上流动通道更加畅通,人力资本投资占 GDP 比重达到 20%;职业技能培训累计达到 500 万人次,技能人才占从业人员比重达到 35%;高质量教育体系基本建成,高等教育毛入学率超过 70%,劳动年龄人口平均受教育年限达到 12 年。其中,人力资本投资占地区生产总值比重达到 20% 也是《浙江省人才发展"十四五"规划》的目标。2020 年,浙江全年开展职业技能培训 168.6 万人次,技能人才占从业人员比例达到 26.3%;2021 年底为 28.5%,增加了 2.2 个百分点。2020 年,劳动年龄人口平均受教育年限达到 10.73 年,比 2010 年的 9.47 年提高了 1.26 年。从现有基础来看,从业人员素质提升相关目标能够实现。

六是困难群体帮扶精准有效。主要指标有:分层分类、城乡统筹的新时代社会救助体系全面建立,县级救助服务联合体覆盖率达30%以上,困难残疾人生活补贴、重度残疾人护理补贴覆盖率达99%,残疾人之家和残疾人专业托养机构覆盖率均达到90%以上。低保标准增幅不低于人均可支配收入增幅,最低生活保障标准达到13000元以上。相关目标值与《浙江省残疾人事业发展"十四五"规划》和《浙江省社会救助事业发展"十四五"规划》一致。从现有数据来看,残疾人之家以及残疾人专业托养机构的建设将成为接下来相关工作的重点。

七是公共服务支出更加合理。主要指标有:民生支出占一般公共预算支出的比重达到66.7%以上;教育"双减"工作深入推进,课后服务覆盖率达到100%;全生命周期健康服务水平持续提升,个人卫生支出占卫生总费用比例逐步下降;租住困难有效解决,城镇住房保障受益覆盖率达到23%,人口净流入的大城市,新增保障性租赁住房占新增住房供应总量的比例力争达到30%。其中,城镇住房保障受益覆盖率低于《浙江省城镇住房发展"十四五"规划》中25%的目标。基于2020年情况,相关目标值都较易实现。

八是社会风貌普遍向上向善。主要指标有:奋斗精神进一步彰显,互帮互助氛围更加浓厚,社会活力充分释放,人均年参与志愿服务活动次数达到0.4次,每万人拥有"最美浙江人"数量达到2.5人,文明好习惯养成实现率达到90%以上,居民综合阅读率达到92.5%。2020年浙江居民综合阅读率为90.4%,2021年比2020年提升0.6个百分点。因而,只要持续开展相关主题的宣传教育、深入实施文明创建工程,相关目标均能实现。

四、"扩中""提低"的实施路径

《行动方案》的核心内容,可用"8+9"来概括。所谓"8",就是推动"扩中""提低"的八大实施路径。所谓"9",就是当前阶段重点关注的九类群体。

(一)八大实施路径

《行动方案》针对上述8个方面工作引领和重点方向,提出促就业、激活力、拓渠道、优分配、强能力、重帮扶、减负担、扬新风八大路径(见图5-4),切实发挥好"扩中""提低"改革对共同富裕各领域改革的牵引带动作用。

图 5-4 "扩中""提低"八大实施路径

八大实施路径主要有:在促就业方面,提出了健全就业促进机制、着力解决就业结构性矛盾、营造公平就业环境等举措;在激活力方面,提出了强化创新创业载体、加快创新创业主体培育、营造创新创业良好环境等举措;在拓渠道方面,提出了增加居民理财收入、构建农民权益价值实现机制等举措;在优分配方面,提出了建立健全科学的工资制度、创新完善有利于调节收入差距的财税政策制度、完善公平可持续的社会保障体系、加快构建新型慈善体系等举措;在强能力方面,提出了推进基础教育优质均衡、深化职业教育产教融合、提升高等教育发展质量、完善终身教育开放共享体系等举措;在重帮扶方面,提出了全面建立新时代社会救助体系、推动民族地区和革命老区群众共创共享美好生活等举措;在减负担方面,提出了减轻生育养育负担、推动义务教育"双减"、减轻居民住房负担、减轻群众就医负担、降低养老负担等举措;在扬新风方面,提出了大力弘扬奋斗精神、丰富精神文化生活等举措。

(二)九大群体激励计划

《行动方案》瞄准增收潜力大、带动能力强的"扩中"重点群体和收入水平低、发展能力弱的"提低"重点群体,提出了当前阶段需要重点关注的九类群体:包括技术工人、科研人员、中小企业主和个体工商户、高校毕业生、高素质农民、新就业形态从业人员、进城农民工、低收入农户、困难群体(见图 5-5),推出了一批差别化收入分配激励政策。具体如下:

图 5-5　"扩中""提低"九类重点群体

　　九大群体激励计划中,主要有两个方面显著特点。一是强化就业导向"扩中"。围绕技术工人、科研人员、中小企业主和个体工商户、高校毕业生、高素质农民、新就业形态从业人员、进城农民工等七类有劳动能力、有收入来源的重点"扩中"群体,坚持就业优先导向,把就业作为中等收入群体增收致富的根基和抓手,构建起劳有所得、人善其位、充分公平的高质量就业创业体系。二是加大帮扶力度"提低"。围绕低收入农户、困难群体这两类重点"提低"群体,发挥社会主义制度优势,加大帮扶力度,构建兜底救助的政策体系。

　　"扩中"激励计划主要如下:在技术工人的"扩中"方案上,主要从工资制度、工资增长机制、技术工人培育机制等方面提出具体的激励举措;在科研人员的"扩中"方案上,主要从薪酬决定机制、科技成果转化长期激励、科研项目资金激励等方面提出具体激励举措;在中小企业主和个体工商户"扩中"方案上,主要从市场发展环境、经营融资成本等方面提出具体激励举措;在高校毕业生的"扩中"方案上,主要从就业领域、创新创业等方面提出具体的激励举措;在高素质农民的"扩中"方案上,主要从增收能力、增收渠道、增收潜力等方面提出具体激励举措;在新就业形态从业人员的"扩中"方案上,主要从用工管理和权益保护、技能培训、社会保障等方面提出具体激励举措;在进城农民工的"扩中"方案上,主要从就业吸纳能力、公共服务等方面提出具体激励举措。

　　"提低"激励计划主要如下:在低收入农户的"提低"方案上,主要从帮扶精准度、内生发展动力等方面提出具体的激励举措;在困难群体的"提低"方案上,主要从政策兜底保障、就业渠道等方面提出具体激励举措。

(三)"扩中""提低"的关键因素

从橄榄型社会的基本表象来看,提高中等收入群体比例或扩大中等收入群体规模,是形成这种社会的关键。它取决于两个因素,收入增加和社会流动,前者是基础,后者是前提。形成和维持橄榄型社会的典型规律,就是要形成多元化收入结构和保持良好的社会流动性。因此,《行动方案》的工作重点也围绕这两点展开。从《行动方案》实施路径的设置来看,前四条实施路径促就业、激活力、拓渠道、优分配,主要是围绕形成多元化收入结构、促进收入增长展开;后四条实施路径强能力、重帮扶、减负担、扬新风,主要围绕增加社会流动性、构建包容性社会展开。

1. 形成多元化收入结构

从收入增加角度看,橄榄型社会依赖于多元化的收入来源和良好的收入结构。个人(家庭)的收入结构通常由工资性收入、转移性收入、经营性收入、财产性收入组成。从国民收入的初次分配来看,个人(家庭)的收入结构由土地、劳动、资本、管理、技术等各类生产要素收入组成。因此,提高中等收入群体比例和规模,进而形成橄榄型社会的关键途径之一,便是提高个人(家庭)或地区的收入结构中的工资性收入、转移性收入、经营性收入、财产性收入。尤其要创造条件让更多老百姓拥有经营性收入和财产性收入。从形成多元化收入结构的角度,《行动方案》的工作重点有以下几个方面:

一是创造更多就业机会。发挥浙江民营经济优势,浙江私营企业主和个体工商户主数量 550 万名左右,在册市场主体超 800 万户,支持"百万人"创业将有带动"千万人"就业的放大效应;大力支持灵活就业,鼓励养老、托育、家政等就业吸纳能力强的服务业发展。让乡村有产有业,稳定农业生产、做强农业主体,拓展农业功能、推进三产融合,扩大农民的就业增量,夯实农民的"铁饭碗"。尤其是加大对山区 26 县就业创业扶持,着力解决人留不住的难题。

二是大力发展村集体经济。全省有劳动能力和就业意愿的低收入农户劳动力中有很大一部分未实现就业。低收入农户"提低"关键在于用好村集体经济这个增收致富、脱贫帮困的重要抓手,重点打好"标准地改革+农业双强""宅基地改革+乡村建设""市场化改革+集体经营""数字化改革+强村富民"等四套改革组合拳,在壮大村集体经济的同时,为有就业能力的低收入农户提供就业岗位,为没有就业能力的低收入农户提供村集体经济内部可就地实现的帮扶资源。

三是增加财产性收入。拓宽城乡居民财产性收入渠道,探索通过土地、资本等要素使用权、收益权增加收入。鼓励企业开展员工持股计划,创新更多适应家庭财富管理需求的金融产品,完善上市公司分红制度,营造更加公开透明的投资市场环境。加快推进闲置宅基地和闲置农房激活改革,深化农村集体产权制度改革,推进农村集体建设用地入市,增加农民的财产性收入;立足各地特色资源推动乡村产业振兴,完善利益联结机制,让农民更多分享产业增值收益。

2.保持良好的社会流动性

从社会流动角度看,橄榄型社会建立在充分的自由选择和良好的机会平等的流动社会的基础上。中国古话"龙生龙,凤生凤,老鼠的儿子会打洞",说的是较低的社会流动性造成的社会僵化和阶层复制;"朝为田舍郎,暮登天子堂",则描述了较高的社会流动性提供的机会公平。此外,社会学主要从发展过程和社会公平视角考虑不平等问题,强调机会不平等;经济学则主要从发展结果和经济效率角度考虑不平等问题,关注结果不平等。中国古话"不患寡,而患不均",意为相比结果而言,人们更注重公平。社会流动性下降与收入不平等,呈现出很强的相关关系,社会流动性下降容易让经济发展陷入"中等收入陷阱"。通过提高社会流动性,解决阶层固化、社会僵化、机会零化,消除社会排斥、阶层排斥、经济排斥,实现包容性发展,为个人(家庭)收入增加提供机会和前提。从增加社会流动性,构建包容性社会的角度来看,《行动方案》的工作重点有以下几个方面:

一是打造更好就业环境。浙江省有2400多万农业转移人口,企业就业、灵活就业的省外户籍人员普遍存在参保率低、扎根城镇能力不足等现实问题。尽快补齐新形态从业人员、进城农民工等重点人群在落户、医疗、子女教育、住房等民生保障领域短板;用好就业数字化平台,提供全链条、一体化、有温度的就业创业服务;研究制定减税降费融资、基层就业创业等支持政策,营造宽松的创业创新氛围。

二是集结更优就业队伍。浙江就业人口中占比最高的是产业工人,具有行业集中度高、学历普遍不高的特点。一方面,畅通技能型人才培养通道,加大技能人才数量供给。另一方面,规范职业技能等级认定行为,探索企业技能人才自主评价,畅通技能人才成长通道。同时,重视每年超 100 万的来浙高校毕业生就业工作,增强人才储备。

三是不断提升人力资本。推动基础教育、职业教育、高等教育、终身教育同步发力。推进学前教育普及普惠、城乡义务教育优质均衡、普通高中多样化发展;建立中职学校与普通高中、高职学校与普通本科合作机制,促进普职协调发展,建设全省智慧技能培育一体化平台;加大高水平大学培育力度,对接区域发展需求,超前部署国家战略性新兴产业发展和改善民生急需的专业;多渠道扩充终身教育资源,打造终身学习型社会示范。

四是充分发挥政策兜底救助作用。困难群体这个"提低"群体,关键在于构建有力有效的兜底救助政策体系,推动扶贫脱贫、社会保险、特殊群体福利和优抚安置政策配套衔接,并建立有效机制,确保困难群众稳定增收后再退出社会救助范围。用好浙江省数字化改革这个利器,推进社会救助信息平台建设,有效统筹困难群众最低生活保障制度和特困救助、医疗救助等专项救助,积极发挥社会力量的重要作用。

五、《行动方案》亮点

农村地区以及山区 26 县实现跨越式高质量发展,事关现代化先行和共同富裕示范区建设全局。《行动方案》以城乡差距、地区差距与收入差距为主攻方向,将农村地区以及山区 26 县"扩中""提低"作为重点和突破口。其亮点主要体现在以下六个方面。

一是关注农民群体共富。党的二十大报告指出,全面建设社会主义现代化国家,最艰巨、最繁重的任务仍然在农村。"扩中""提低",小农户是重点、低收入农户是难点。《行动方案》在实施路径和激励计划中对农户这一群体均予以重点关注。在实施路径中,多项举措均涉及农民增收问题。促就业中突出保障农业转移人员就业工作,激活力中实施乡村产业"一线一平台"计划,建设省级现代农业园区和特色农产品优势区,从而促进乡村产业发展,带动农民就业增收,此外聚焦财产性收入补短板,构建农民权益价值实现机制。《行动方案》关注的九类人群中,有三类是农民群体,分别是高素质农民、进城农民工、低收入农户,此外第九类人群困难群体中也涉及低收入农户。针对高素质农民,激励计划围绕提高增收能力、拓宽增收渠道以及挖掘现代农业增收潜力方面展开。针对进城农民工,激励计划围绕提升吸纳就业能力、做好社会保障和公共服务展开。针对低收入农户,激励计划围绕提升帮扶精准度、激发内生发展动力展开。针对困难群体,激励计划围绕政策兜底保障以及拓展困难群体就业渠道展开。其中,突破性举措主要有:实施农业双强行动,建设未来乡村,推进农村集体经济制度集成改革,深化"两进两回"行动,打造新型帮共体,迭代"乡村大脑";集成推进产业促共富、建设促共富、改革促共富、赋能促共富、帮扶促共富和数字促共富六大行动。

二是关注重点地区共富。下好共同富裕这盘大棋,"提低"更是牵一发而动全身的制胜之要。山区26县作为"提低"重点地区,《行动方案》实施路径中从就业服务体系、财税政策制度、省内帮扶协作政策、儿童公共服务体系建设方面均提出相应指导。健全城乡一体化就业服务体系,大力开展以县乡为单位的劳动力余缺调剂,支持困难地区特别是山区26县务工人员依托产业平台、山海协作"飞地"实现跨地区流动就业;持续健全生态补偿机制,完善山区26县发展实绩考核奖励机制,加大对民族地区、革命老区、海岛地区的财力支持;深入实施民族地区和革命老区县乡山海协作升级版,引导山海协作、支持山区26县发展等省内帮扶协作政策更多惠及民族地区和革命老区;扎实推进基层儿童医疗保健和照护服务体制机制创新改革,重点支持山区26县儿童公共服务体系建设。为帮助山区26县高质量发展、低收入农户增收,浙江构建了新型帮共体,集合市场经济、民营经济、社会慈善力量的优势,做到山区26县一县一团、一村一组、一户一策,共同富裕路上"一个也不掉队"。

三是关注增收渠道创新。共同富裕的道路上,老百姓的获得感,最多的还是体现在收入上。浙江"扩中""提低"目标之一,就是要拓宽居民的增收渠道。《行动方案》中不仅有强化就业、促进创新创业等传统增收措施,还包括了有效盘活居民资产,增加财产性收入的措施。一方面增加居民理财收入,如构建与城乡居民需求相适应的财富管理体系,丰富居民可投资金融产品,适度扩大地方政府债券面向个人投资者的发行额度。另一方面构建农民权益价值实现机制,如推进闲置宅基地和闲置农房激活改革,深化农村集体产权制度改革、农村承包地制度改革、农村宅基地制度改革,探索赋予农民对集体资产股份的占有、收益、有偿退出及抵押、担保、继承权。

四是关注群众重点需求。做好民生服务的"加减法":不仅鼓励人民群众通过诚实劳动、合法经营实现收入的增长,还注重从重点民生领域着手,聚焦人民群众的急难愁盼问题,将践行以人民为中心的发展思想具体化为民生实事项目,一件一件地加以落实。切实推进减轻生育养育负担,促进教育、住房、医疗、养老等生活成本的下降。通过开展育儿友好型社会先行先试,完善支持生育养育配套政策;完善"双减"政策体系,进一步制定"双减"工作政策包和指南库;完善差别化住房信贷政策,重点支持刚性购房需求,加快探索共有产权住房制度;推进医疗机构间医学检查检验结果互认共享,探索建立基本医保外高额医疗费用的补偿机制;完善城乡居民基本养老保险制度等一系列减轻群众负担的政策和行动,进一步缓解社会的焦虑情绪,提升居民生活品质。

五是关注共富群体差异性。经济社会结构的复杂性,决定了政策实施要注意原则性和灵活性的辩证统一、实效性和持续性的有机结合。这就要求,在推进"扩中""提低"的过程中,要注重分类施策。《行动方案》既有"共性"维度实施路径,又有"个性"层面差别化收入分配激励政策。针对当前阶段需要重点关注的九类群体,设置差别化激励计划。围绕重点"扩中"群体,坚持就业优先导向,把就业作为中等收入群体增收致富的根基和抓手,构建起劳有所得、人善其位、充分公平的高质量就业创业体系;围绕重点"提低"群体,发挥社会主义制度优势,加大帮扶力度,构建兜底救助的政策体系。制定重点领域专项政策和重点群体激励方案,构建"共性+个性"的政策工具箱,让共同富裕真正成为看得见、摸得着的幸福图景。

六是关注共富氛围营造。一个社会采取什么样的分配方式,归根结底是由该社会的生产力发展水平和与之相适应的经济制度决定的。在推进"扩中""提低"的过程中,《行动方案》立足浙江经济社会发展实际,积极营造共建共治共享的良好舆论氛围,确定合理的共同富裕发展预期。通过营造公平公正的社会环境,激发人民群众诚实致富、勤劳致富的智慧和活力。《行动方案》在营造公平就业环境、营造创新创业良好环境、优化市场发展环境等方面下足功夫,提出了健全统一规范的人力资源市场体系,推动城乡劳动者在就业地同等享受就业服务和政策;推进企业信用风险分类管理,开展柔性监管试点,强化反垄断、反不正当竞争执法;实施小微企业三年成长计划,完善促进中小微企业和个体工商户发展的法律环境和政策体系等一系列举措。同时,发挥浙江民营经济发达、民间力量活跃的优势,探索推进第三次分配,构建新型慈善体系,让更多人在参与推进共同富裕的过程中获得成就感和价值感。

《行动方案》是一个系统的综合性文件,浙江省在下一步工作中还将聚焦"扩中""提低"的难点堵点,进一步强化政策支撑,特别是针对"扩中""提低"的八大实施路径和九类重点群体,找准切入口、突破口,用好数字化改革这个利器,制定重点领域专项政策和重点群体激励方案,构建"共性+个性"的政策工具箱。还将推动构建"全面覆盖+精准画像"基础数据库,对重点群体政策实施情况开展效果评估,并不断调整完善重点群体类别,推动更多人迈入中等收入行列,让共同富裕真正成为看得见摸得着的幸福图景。

执笔人:谢芳婷,浙江农林大学浙江省乡村振兴研究院、农林经济与乡村产业发展研究中心;潘伟光,浙江农林大学浙江省乡村振兴研究院。

第六章 社会保障——抬高低收入人群的安全屏障

我国的社会保障制度体系主要包括社会保险、社会福利和社会救助三大板块。各子系统之间互为补充、彼此联结,共同构建起社会保障网络。从社会保障的作用功能来看,社会福利制度属于最高层次的保障,其价值目标为增强社会成员的幸福感;社会保险制度属于中间层次的保障,主要为提高社会成员面对年老、患病、失业、生育等社会风险的应对能力;社会救助制度则属于最后一道安全防线,是基本民生保障的底线制度安排,目的是保障社会困难群体的基本生活需要。

从受益对象看,社会福利的受益对象最为宽泛,既包括为全体社会成员提供的公共福利,也包括本单位、本行业从业人员及其家属提供的职业福利,还包括为老年人、婴幼儿、少年儿童、妇女、残疾人等社会弱势群体提供的福利。社会保险为丧失劳动能力、暂时失去劳动岗位或因健康原因造成损失时的全体社会成员提供收入或补偿。社会救济主要面向低收入人群。因此,对低收入人群社会保障的定义,有狭义和广义之分,前者将受益范围限定在低收入人群,主要是社会救助范围内。后者包含低收入人群受益的所有社会保障内容,与整个社会保障范围相重合。出于研究需要,本章低收入人群社会保障以社会救济为主,以部分低收入群体受益较多的养老保险、医疗保险为辅。

低收入人群社会保障,是最古老最基本的社会保障方式,在整个社会保障制度体系中属于最富有弹性而不受拘束的项目,同时具有非缴费性和不以权利与义务相对称的特点,它直接作用于低收入人群的基本权利(具体包括生存权、健康权、居住权、受教育权和工作权等),在实现社会公平、推进共同富裕中扮演着"兜底""最后安全屏障"的作用。其"兜底"体现在四个方面。

一是次序上的兜底。即在各种帮扶手段包括在整个社会保障体系中,低收入人群社会保障扮演最后的"出场者"角色。二是程度上的兜底。即低收入人群社会保障是对低收入人群基本生活的保障,是对低收入人群突发疾病、遭遇不测等意外变故基本生活难以维持时的"雪中送炭"。三是人群上的兜底。即低收入人群社会保障重在瞄准共富路上"跑得慢的、跑不动的"人口,比如无劳动力、无经济来源的老年人、残疾人、罹患重病者等特殊群体。四是保障主体的兜底。低收入人群社会保障作为一项国家干预,是在家庭、集体、市场主体等无法有效解决贫困问题之后的制度安排。因此,低收入人群社会保障不是对所有低收入人群的兜底,也不是对全部生活需求的兜底,而是有选择、有温度的兜底,其作用一方面在于维护低收入人群生存权,另一方面在于最大限度地阻断低收入人群的社会排斥和贫困代际传递,实现低收入人群随全体人民共同迈入小康、共享发展成果。

本章内容如下:首先,分析浙江省低收入人群社会保障现状;其次,通过调查数据,剖析低收入人群社会保障在推进共同富裕中的作用,在此基础上将结合低收入人群社会保障政策当前挑战、国内外经验提出完善对策。

一、浙江低收入人群社会保障现状

2014年国务院出台《社会救助暂行办法》,是我国第一部统筹各项社会救助制度、低收入人群社会保障的行政法规。同年,浙江省出台《社会救助条例》,构建起"最低生活保障＋特困人员供养＋受灾人员救助＋医疗救助＋教育救助＋住房救助＋就业救助＋临时救助"的全方位多层次救助体系。2020年中共中央办公厅、国务院办公厅印发《关于改革完善社会救助制度的意见》,逐步构建起以基本生活救助、专项社会救助、急难社会救助为主体,社会力量参与为补充的分层分类的救助制度体系。低收入人群社会保障由不完善的"拾遗补缺"逐步发展成为具有稳定保障性质的"社会安全网"。

结合浙江省低收入人群分类(分为特困供养、最低生活保障、低保边缘和支出性贫困),每类低收入人群享有的社会保障政策并不相同。以庆元县农村低收入人群为例，低收入人群享有的各类社会保障政策详见表 6-1。①

表 6-1　庆元县低收入农户的社会保障政策

	特困	低保	低边	支出型贫困
适用条件	无劳动能力、无生活来源且无法定赡养抚养扶养义务人或者其法定义务人无履行义务能力的城乡老年人、残疾人以及未满16周岁的未成年人	具有庆元户籍，共同生活的家庭成员人均收入低于当地同期最低生活保障标准（910元），且符合低保家庭财产状况规定的家庭	具有庆元户籍，共同生活的家庭成员人均收入高于当地同期最低生活保障标准（910元），但低于当地同期低保标准1.5倍（含）之内的家庭（1365元），且家庭财产状况符合县级以上人民政府规定的家庭	具有庆元户籍，共同生活的家庭成员人均收入在扣除刚性支出（教育、医疗、护理、租房等费用）后的差额低于当地同期最低生活保障的标准，家庭财产符合当地最低生活保障边缘的标准，短期内不能改变，且家庭财产符合规定的困难家庭
生活保障	按月领取基本生活补助费，特困老人零用钱（每人每月50元），残疾人有护理补贴	按月领取低保金，低保金采取补差方式，低收入农户托底补助资金	向极易滑入当年最低生活保障水平的低保边缘户发放低收入农户托底补助资金	无
	城乡居民基本养老保险			
医疗保障	特困供养人员基本医疗费用给予全额解决。医疗费用按照基本医疗保险、大病保险和医疗救助等医疗保障制度规定支付后仍有不足的，由救助供养经费予以支持	最低生活保障家庭成员住院自付合规医疗费用不超过4万元的按75%的比例予以救助，4万元以上的按80%的比例予以救助	最低生活保障边缘（含支出型）家庭成员住院自负合规医疗费用不超过4万元的按65%的比例予以救助；4万元以上的按70%的比例予以救助	
	最低生活保障家庭成员、最低生活保障边缘家庭成员普通门诊直接刷卡结算产生的自负合规医疗费用按50%予以救助，年度救助封顶线1000元			

① 注：由于低收入人群社会保障统筹层次在县级，各县的政策不尽相同。

续表

	特困	低保	低边	支出型贫困
医疗保障	1.以上类型救助对象住院、特殊病种门诊年度救助封顶线 15 万元 2.城乡居民医保、大病保险的个人缴费部分,由财政负担 3.医保目录内的医疗费用,在扣除基本医保、大病保险的个人负担部分(不含自费),按特困、低保、低边(含支出型)财政救助比例依次降低			
教育保障	1.除农村低收入家庭子女外,还包括城市低保家庭、烈士子女等 2.分学前教育、义务教育、普通高中、职业教育、大学阶段救助内容,教育救助主要由教育部门承担资金(社会救助除外)。教育救助根据不同教育阶段需求,采取减免相关费用、发放助学金、给予生活补助、安排勤工助学等方式实施,保障教育救助对象基本学习、生活需求 4.对纳入"送教上门"服务的义务教育阶段残疾学生,按每人每年 6000 元的标准对相关学校进行专项补助,专项用于教师及学生相关费用 5.对不能入学接受义务教育的残疾儿童拨付爱心助学专项经费,大一新生中,低保、低边等特殊群体学生每人 5000 元,其他贫困学生每人 4000 元			
住房保障	1.对符合规定标准的住房困难的分散供养的特困人员、最低生活保障家庭和最低生活保障边缘家庭,通过配租公共租赁住房、发放住房租赁补贴、农村危房改造、提供建房技术服务等方式给予住房救助,救助资金由省、市(地级)和县共同承担 2.危房改造资金救助结合农村困难家庭住房救助和农村危房治理"以奖代补"专项资金以及县财政配套资金,对庆元县农村困难家庭危房改造分别就腾空、维修加固拆除重建等进行补助 3.大搬快聚政策,搬迁安置以户为单位,每户只能享受一次扶持政策,可选择集中安置、货币安置、自建房安置、兜底安置,建档立卡低收入农户每人补助 30000 元,低收入农户搬迁住房贷款的贴息,贴息贷款的最高额度为 20 万元,贴息期限为 1 年 4.对住房救助对象中的残疾人,应当根据其身体状况给予房源、楼层等方面的优先选择权,有条件的地方应当实施家庭无障碍改造			
就业保障	1.对最低生活保障家庭、最低生活保障边缘家庭中法定劳动年龄内有劳动能力并处于失业状态的成员,通过贷款贴息、社会保险补贴、岗位补贴、培训补贴、费用减免、公益性岗位安置、职业技能鉴定补贴等办法,给予就业救助 2.最低生活保障家庭、最低生活保障边缘家庭中法定劳动年龄内有劳动能力的成员均处于失业状态的,县级以上人民政府应采取有针对性的措施,确保该家庭至少有一人就业 3.实施低收入农户产业帮扶到户资金计划,对家庭有一定劳动力,有通过辛勤劳动实现增收愿望的低收入农户,实施产业帮扶措施给予一定额度的资金补助,每户最高补助不超过 5000 元。没有第一产业项目、从事第二、第三产业创业就业的补助对象,按其自行申报的家庭年人均收入的 15% 给予补助,每户最高补助不超过 3000 元 4.为全县动态管理的低收入农户提供扶贫小额信贷服务,县财政对低收入农户贷款期限和授信额度内的扶贫小额贷款按 3% 年利率予以贴息补助,单个农户每年享受财政贴息贷款总额不超过 5 万元			

续表

	特困	低保	低边	支出型贫困
临时保障	1.对遭遇突发事件、意外伤害、重大疾病或其他特殊原因,导致基本生活陷入困境,其他社会救助制度暂时无法覆盖或救助之后基本生活暂时仍有困难的家庭或个人,给予支出型、急难型、过渡型救助 2.对申请特困救助供养、最低生活保障、最低生活保障边缘对象等困难群众,可视情先给予过渡性临时救助,标准为家庭人口数乘以月低保标准的1—2倍 3.提供自然灾害及急难救助,受灾困难群众在紧急疏散、转移、安置过程中提供必要的食品、饮用水、临时住所、衣被、医疗防疫等救助。自然灾害危险消除后,对受灾群众中的困难群众恢复重建进行补助。参照《浙江省应急管理厅关于切实加强自然灾害生活救助资金使用管理的通知》(浙应急减灾〔2019〕111号)自然灾害标准执行:倒塌或严重损坏房屋户,每户2万元;一般损坏房屋户,每户2000元,给予一次性补助			
	其他保障服务			
法律援助	对低收入家庭,涉及民生紧密相关法律问题时,进行法律援助无需经济困难审核			
健康保险	1.低收入农户统筹健康保险与基本医疗保障待遇实行"一站式"结算。 2.对低收入家庭基本医疗保险、大病保险的保险费由财政全额负担,专门针对低收入群体的政策性补充医疗保险报销不仅局限在医保目录内 3.对低收入家庭的医疗费用在基本医疗保险、大病保险、补充医疗保险(浙丽保)和医疗救助报销后,医保目录内的自付不设起付线、不设封顶线,自理部分设2000元起付线、不设封顶线,赔付范围内按50%的比例 4.因意外致残按照残疾等级予以补助,十级补助3500元,九级补助7000元,每提高一级增加补助3500元,一级最高补助35000元 5.意外或疾病死亡的,一次性补助2000元			
养老保险	1.对低收入家庭劳动能力段未满60周岁购买城乡居民养老保险个人自付部分由财政负担 2.所有持证残疾人参加城乡居民基本养老保险的,政府按最低缴费标准予以全额补助			

概括起来,浙江面向低收入人群的社会保障政策主要呈现以下特征:第一,低收入人群的社会保障的重点和难点,均在农村。依照户籍不同,低收入人群可分为城镇低收入人群和农村低收入人群。对于城镇低收入人群,与低保对象高度一致。但是对农村低收入人群,其社会保障人群中除低保对象外,还包括数量可观的其他低收入人群。这一现象,在2020年"两线合一"之

前,尤为明显。① 以 2018 年庆元县低收入农户为例,低保对象占全县低收入农户户数比例为 50.2%。接近一半的低收入农户为低保边缘户和其他经济困难户。"两线合一"后,特别是省大救助信息平台启用后,低收入农户中低保对象的比例不断提高,个别县市区中低保对象占低收入农户的比例超过了80%,绝大多数县市区的比例在 70% 左右。即使只考虑低保对象,低收入人群中的农村户籍比例也占绝对多数。根据浙江省 2021 年《社会保障年册》提供的资料,截至 2020 年底,浙江省享受最低生活保障人群为 61.35 万人,其中城镇户籍人口 6.16 万人,农村户籍人口 55.19 万人,农村户籍人口为89.96%。换句话说,农村低保户占整个低保户的比例接近 90%,如果再加上农村低保边缘户、其他经济困难户,可以推断,超过 90% 的低收入人群来自农村。低收入人群的社会保障,重点和难点都在农村。低收入人群社会保障肩负着缩小城乡、农村内部不同群体和不同地区农村之间差距的重任。

第二,低收入群体社会保障侧重基本生活的经济保障。生活保障是对生存权的保障,在低收入人群社会保障中具有基础性的地位,也是低收入人群社会保障的主体。《浙江省社会保障年册》数据显示,2010 年浙江省最低生活保障支出 16.68 亿元,2015 年这项支出增加到 26.44 亿元,2020 年进一步上升为 58.47 亿元,年均支出增速达到 13.42%,超过同期 GDP 增速和人均可支配收入增速。除生活保障外,其他保障内容不断得到关注,相关部门组织实施就业、医疗、住房、教育、灾害等救助"七大行动",为困难群众全面提供探访照料、精神慰藉、人文关怀、能力提升等服务,救助"幸福清单"送达率达100%。此外,浙江还将加强政府、市场、社会等救助帮扶资源的统筹联动,推进县级救助服务联合体建设,进一步提升救助帮扶的整体效能;完善供养费计算办法,加强事实无人赡养老年人的救助帮扶。在儿童福利方面,推进符合条件的事实无人抚养、重度残疾等困境儿童,由儿童福利院机构集中进行养育,提供生活照料、康复训练、心理辅导等服务。同时,鼓励社会力量及慈善组织积极参与社会救助帮扶,提供探访照料、精神慰藉、能力提升等帮扶和人文关怀,加大政府购买社会救助服务项目和资金比例。但整体而言,对基

---

① 2020 年《中共浙江省委办公厅 浙江省人民政府办公厅关于推进新时代社会救助体系建设的实施意见》和《浙江省社会救助家庭经济状况认定办法》,低收入农户认定办法与低保边缘户认定标准实行"两线合一"。

本生活的经济保障,仍然是低收入人群社会保障的主体。

第三,不断凝聚低收入人群社会保障的合力。低收入人群社会保障政策合力体现在三个方面。一是由低到高的社会保险子系统(社会救助—社会保险—社会福利)之间彼此嵌套,同时对处于最低层次的低收入群体的兜底保障发挥保障作用。2020年全省最低生活保障标准达到831元/月(2022年7月1日起为1014元/月),高于江苏126元/月,高出广东近200元/月。二是以政府为主体、单位为补充、社会广泛参与的低收入人群社会保障体系正在形成。以"两山"(一类)建设财政专项激励政策为例,2015—2018年,省财政对淳安等26县转移支付累计达2387.6亿元,年均增长12.5%。三是在政府提供的低收入人群各项社会保障政策中,伴随保障内容不断拓展——从基本生存需要向教育、就业等发展需求延伸,与最低生活保障共用瞄准机制也日趋明显。例如:2018年中共浙江省委 浙江省人民政府《低收入农户高水平全面小康计划(2018—2022年)》(浙委发〔2018〕41号)指出"通过政府'兜底'保障符合条件的低收入农户的最低生活需求,努力做到幼有所育、学有所教、病有所医、老有所养、住有所居、弱有所扶"。2018年浙江省民政厅、财政厅、扶贫办公室《关于做好低收入农户社会救助兜底保障的实施意见》(浙民助〔2018〕157号)指出"扶贫办要将民政部门认定的农村低保、低边对象全部纳入低收入农户范围,有效推进基本生活救助与教育扶贫、健康扶贫、农村危房改造等政策的衔接协同,加强社会救助政策与社会福利政策相衔接"。在低收入农户健康补充保险上,保险对象"原则上将区县核定的低收入农户纳入健康补充保险范围,保险对象与低收入农户实行同步动态管理,根据低收入农户动态管理进行调整"。在农村危旧房改造上,"从2019年起,实行低收入农户住房即时救助保障"。在教育保障上,"低保家庭学生、特困供养学生,孤儿、低保边缘家庭学生"均纳入学生资助范围。

在这些政策的共同作用下,2021年浙江省低收入农户人均可支配收入达到16 491元,分别是全国农民收入(18 931元)、全省农民收入(35 247元)的87.11%、46.79%,实现年家庭人均收入9000元以下清零。随着共同富裕进程的推进、科学技术的发展,浙江省低收入人群社会保障呈现以下变化趋势:

第一,低收入人群社会保障由"人跑路"向"数据跑路"转变。当前以大数据、人工智能、区块链、物联网等为代表的新兴技术正改变着社会生产生活方式，也为低收入人群社会保障由"人跑路"向"数据跑路"提供了创新契机。首先，浙江省建立了大救助信息系统和智慧救助信息系统，制定数据采集标准、信息系统标准，依托大数据做好救助对象的"精准画像"；其次，强化数据开发共享，打破职能部门壁垒，做到从国家到社区的"纵向一网协同"与从民政到财政、人社、教育等诸多职能部门的"横向一网协同"；最后，深入挖掘数据价值，用救助数据精准指导救助服务、救助项目、救助人群，大幅度提高低收入人群社会保障的"投入产出比"，推动低收入人群社会保障向高效率、高效益转型。

第二，低收入人群社会保障内容从生存向发展转变。将低收入人群纳入社会发展齿轮是现代社会救助的核心功能，低收入人群社会保障除基本生活保障外，更肩负着预防贫困和促进受助者摆脱贫困的重任。体现在保障方式上，呈现外援式到内援式的转变，通过山区26县跨越式发展、村集体经济壮大推进低收入群体增收，成为共同富裕示范区的重要内容。体现在保障内容上，强化教育保障、就业保障等发展型专项保障的力度，积极投资人力资本，以授人以"渔"取代授人以"鱼"，避免直接提供利益或经济资助，财政支出重点向教育领域倾斜。

第三，低收入人群对医疗保障的需求不断增加。伴随共同富裕进程的推进，低收入群体的时空特征发生了明显变化，出于数据可比性，这里仅比较山区26县，2013年和2018年低收入农户因病致贫和因残致贫比例的变化（见图6-1）。从中可以明显地看到，26县低收入农户因病致贫比例的加权平均数在5年间上升了14.17个百分点，中位数上升了15.74个百分点，同样的因残致贫比例的加权平均数和中位数分别上升了7.85和7.26个百分点。低收入农户中因病因残比例的上升，一方面意味着自身劳动能力下降，就业创业等内生增收的渠道变窄，对生活保障支出需求增加；另一方面意味着医疗、护理等刚性支出增加，对减少支出的社会保障支出增加。

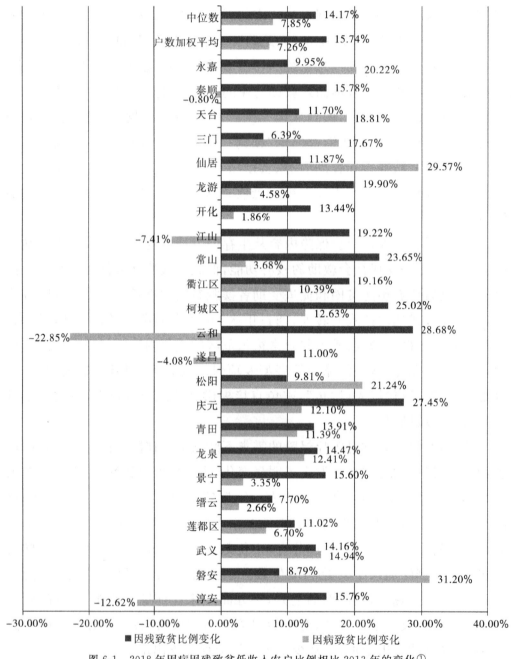

图 6-1　2018 年因病因残致贫低收入农户比例相比 2013 年的变化①

<hr />

① 资料来源:浙江财经大学共同富裕政策评价中心根据调查数据整理。

二、低收入人群社会保障在推进共同富裕中的角色

从国家建立低收入人群社会保障制度的初衷看,主要是为低收入人群基本权利、基本风险提供保障,为实现共富路上不落一人提供安全屏障。但是,这种安全保障会产生收入再分配效应的衍生职能。低收入人群社会保障实现收入再分配的机制有以下三个:一是收入效应,政府的最低生活保障支出、医疗保险减免、提供的公益性岗位直接构成低收入人群收入来源;二是人力资本投资,政府对低收入农户技能、教育、健康方面的保障支出,增加了可行能力;三是刚性支出减少。低收入群体在失能失智、病患及重度残疾后,不仅自己不能挣钱,家里人还须承担照护责任,这种照护不仅无酬,而且因为缺少"喘息"时间(脱离服务情境的休息)而损害照护者健康和个人发展。下面我们将通过这三个方面分析低收入人群社会保障的收入再分配作用。

由于现有统计资料缺乏低收入农户收入及收入结构的数据,浙江财经大学共同富裕政策评价中心于2020年1月对浙江省26+3县低收入农户2018年和2019年的收支基本情况、收支结构以及帮扶举措进行了入户调查。调查采取分层抽样,由省农业农村厅先在各县重点帮扶村中随机选定4个村,再根据每村低收入农户名单随机选定10户低收入农户,每县调查样本数量为40户。其他数据尽可能取自官方统计资料。

首先,高标准实施"两不愁三保障",兜底保障安全网不断织牢织密。

"十三五"以来,社会救助制度作为兜底保障的"安全网"不断编密织牢,在完成脱贫攻坚战、新冠疫情防控等重大国家战略任务的过程中发挥了巨大作用。全省低收入农户基本医保、大病保险、医疗救助实现全覆盖,在全国率先全面推行医疗补充政策性保险,有效缓解因病致贫、因病返贫现象。

用足"雨露计划"等教育扶贫政策,教育扶贫救助范围扩大到高等教育,率先实行中等职业教育(艺术类相关表演专业除外)和高等职业教育涉农专业免学费制度。2020年全省义务教育入学率、巩固率分别达到99.99%、100%,标准化学校比例96.8%。

率先在全国建立农村困难家庭危房改造即时救助机制,并将危房治理改造范围扩大到所有农村住房,通过2017—2019年两轮农村危房治理改造,累

计完成农村其他 C、D 级危房改造 21.4 万户。被调查低收入农户人均住房面积在 30—50 平方米。从住房的结构看,呈现砖瓦、砖混和土木三分天下的局面。砖瓦结构占比 34.3%,砖混结构占 31.2%,土木占比 33.4%。从住房性质看,自有或自建住房占绝对优势,占比达到 98.6%,只有 0.8% 低收入农户的住房为租赁住房,0.3% 低收入农户的住房为商品房。

农村居民饮用水达标提标,基本实现了从"喝上水"向"喝好水"转变。2019 年全省农村集中供水率 99.7%,自来水普及率 99.7%,两个数值均高出江苏同期数值 0.7 个百分点,位列各省区第一。

其次,"十三五"期间,浙江省城乡收入差距快速缩小,人均可支配收入年均增速,呈现"低收入农户快于农村居民快于城镇居民",这离不开低收入人群社会保障的扶弱能力不断增强。

图 6-2 是浙江省山区县低收入农户、农村居民和城镇居民人均可支配收入的年均增速。"十三五"期间,浙江省山区县低收入农户人均可支配收入年均增速的平均值为 14.5%,高于同期农村居民人均可支配收入年均增速 4.7 个百分点,高于同期城镇居民人均可支配收入年均增速 5.6 个百分点,城乡收入差距、低收入农户与农村居民的收入差距持续缩小。

造成这一结果的原因是多方面的,其中最重要的一个原因是浙江省对低收入人群兜底保障能力不断提高。以城乡最低生活保障支出为例,无论从人均标准、补差额还是从支出总量看,均呈现农村增速快于城镇增速,且增速步伐加快的特征。图 6-3 是"十二五"和"十三五"期间浙江省最低生活保障支出的城乡结构图,从中可以看出,农村最低生活保障支出在"十二五"和"十三五"的年均增速分别为 10.62% 和 18.55%,分别高于同期城镇最低生活保障支出 5.12 个百分点和 9.04 个百分点。同时,伴随城乡最低生活保障标准的统一,城镇领取最低生活保障的人数,相比农村领取最低生活保障的人数,在以更快的速度减少。因此带动农村最低生活保障支出快速增加的原因主要在于农村最低生活保障标准和人均补差额的快速增加,这一情况在"十三五"脱贫攻坚时期尤为明显。图 6-3 中可以看出,农村月平均补差额增速在"十三五"期间增速快于城镇近 11 个百分点,而在"十二五"期间则是农村落后于城镇 2 个百分点。

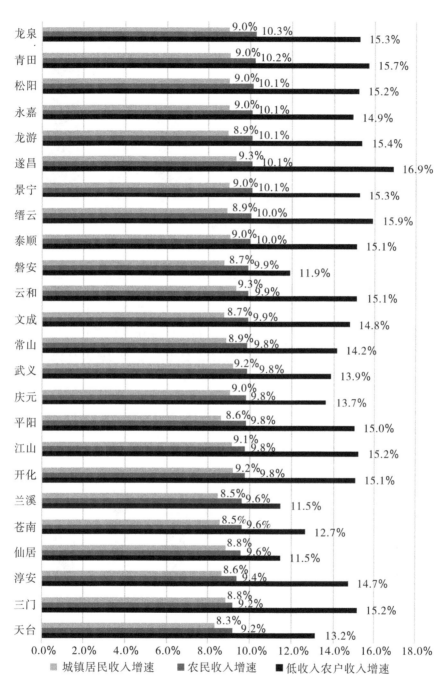

图 6-2　2016—2019 年浙江山区县低收入农户、农村居民和城镇居民人均可支配收入增速①

①　资料来源：城镇居民和农村居民人均可支配收入数据根据历年《浙江统计年鉴》计算；低收入农户人均可支配数据来自统计局低收入农户监测。

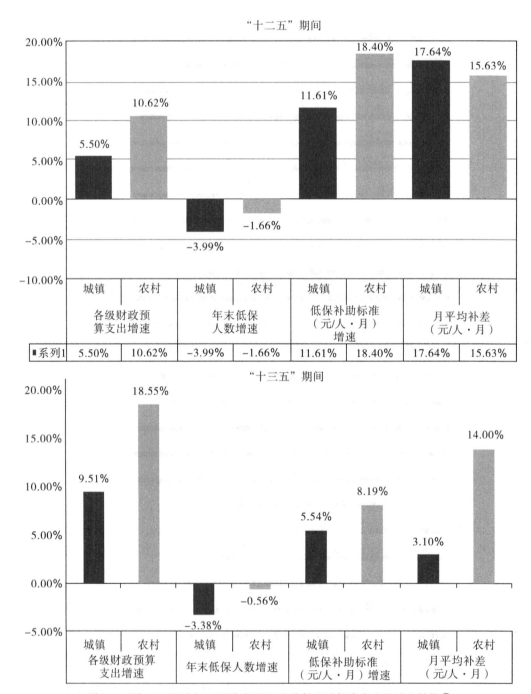

图 6-3 "十二五"和"十三五"期间浙江省最低生活保障支出的城乡结构①

①　资料来源：根据历年《浙江省社保年册》数据计算。

　　第三,低收入人群社会保障使低收入人群直接增收的贡献率达到 2/3,其中最低生活保障和医疗保险减免占低收入人群社会保障支出的 60%。

　　低收入人群社会保障支出的大部分,构成低收入人群的收入来源,对低收入人群具有收入效应。根据课题组调查,低收入农户扣减刚性支出的人均收入,2019 年相比 2018 年增加 1893.0 元(10 761.1－8868.1),同期转移性收入增加额为 1379.0 元。我们进一步将转移性收入分成政府转移和个人转移两部分,调查数据显示,2019 年低收入农户获得的个人转移收入,相比 2018 年增加额,平均值为 96.0 元,换句话说,来自政府转移收入的增加额为 1283.0 元(1379.0－96.0),这一增加额对低收入农户增收的贡献率达到 67.8%。低收入农户社会保障对低收入农户直接增收的贡献率达到 2/3。这一数值在有些县,超过 80%,有的甚至超过 90%。

　　具有收入效应的低收入农户社会保障项目,主要有最低生活保障、医疗保险减免、养老金、残疾人两项补贴等。调查数据显示,低生活保障、医疗保险减免和残疾人两项补贴位居低收入农户转移性收入增加额的前三位。2019 年相比 2018 年,低收入农户享有最低生活保障、医疗保险减免和残疾人两项补贴增加额分别为 605.9 元、192.0 元和 100.7 元,占低收入农户社会保障增加额的比例分别为 47.2%、15.0% 和 7.8%,三项合计占比接近 70%。在有些地区,最低生活保障、医疗保险减免对低收入农户转移性收入的贡献率超过 90%。

　　第四,教育保障有效地缓解了低收入家庭在子女教育上的经济压力。

　　教育保障、就业保障支出,对低收入家庭而言,更多体现在人力资本投资上。这种以授人以"渔"取代授人以"鱼"的发展型社会保障支出,自从 20 世纪 60 年代得到越来越多学者的关注,在社会保障实践中,近年来的重视程度也呈上升态势。虽然教育保障涵盖了各个教育层次,但非义务教育相比义务教育,教育保障的作用更加明显,在低收入家庭调查中反映最多。

　　1.对雨露计划实施效果的调查集中在台州、丽水中职院校的低收入农户家庭子女。调查结果显示,低收入家庭子女接受中职教育的平均家庭教育支出额在 1 万元左右,雨露计划资助额相当于家庭教育支出的 26%,56.4% 的低收入家庭对此感觉经济压力比较大,30.8% 的低收入家庭对此感觉经济压力一般。59% 的受访者对雨露计划非常满意,23% 的受访者对雨露计划基本满意。

2. 对接受高中教育的低收入家庭调查通过走访丽水和衢州部分高中学校班主任老师进行。调查结果显示,当前接受高中教育的平均家庭教育支出额在1.3万元左右,但低收入家庭获得资助额平均值为2000元左右。低收入家庭认为子女接受高中教育的经济压力,相比中职教育更大。

3. 虽然托幼机构的农村覆盖率逐渐提高,但涵盖营养干预、认知训练和养育环境改善等要素的儿童早期发展服务在经济薄弱村仍然非常缺乏。

最后,因病支出成为低收入家庭致贫、返贫的主要原因。

随着社会经济水平的发展、生活水平的提高以及医疗卫生条件的改善,人类的疾病谱从急性传染病为主转为慢性病为主(见图6-4),主要包括肿瘤、心血管、脑血管这些疾病,1990年这些慢性病占全部死因的44%,2020年接近70%,据预测这一比例今后还会上升。与传染性疾病不同,慢性病存在的时间很长,医疗费用很高,而且很多是没有办法痊愈的。

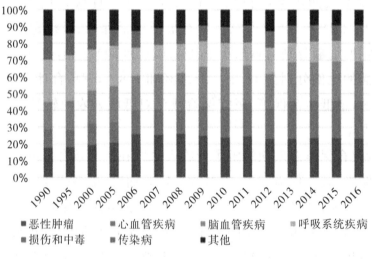

图6-4　中国人口死因分布 1990—2016 年①

当前基本医疗保险、大病保险、医疗救助、低收入农户健康补充保险四层保障网。前三个层次的医疗报销比例只适用于目录内支出,对目录外医疗费用不予报销。据省财政厅社保处的测算,平均而言,低收入群体目录内医疗

————————

① 浙江财经大学课题组:《浙江人口老龄化问题及对策研究》,浙江省人民政府重大招标项目研究报告。

支出的报销比例在 80％左右,但目录内医疗支出占医疗费用的比例只有 70％上下,换句话说,报销额占医疗费用的比例接近 60％。低收入健康补充保险的报销范围将医保目录内未能报销的额度、医保目录外的医疗支出,以及陪护费用纳入报销范围。但由于低收入农户健康补充保险保障范围、缴费水平不高,个人承担医疗费用仍然是低收入农户因病致贫、因病返贫的重要因素。26 县低收入农户个人因病支出额的调查数据显示,2019 年和 2018 年人均因病支出额(指扣除各县保险、保障后的自付部分)分别为 3363.6 元和 3409.0 元,个人承担医疗费用基本持平,这与低收入群体的医疗保障贡献分不开。

调查中还发现,因病支出变化是子女赡养费变化的重要原因。图 6-5 是基于庆元县、泰顺县、常山县和衢江区 4 县(区)被调查低收入农户人均因病支出额与人均子女赡养费画出的散点图。从图中可以看出,因病支出可以解释子女赡养费变化的 60％($R^2 = 0.5949$)。即因病支出每增加 1 元,子女赡养费增加 0.57 元。换句话说,低收入农户收入中的子女赡养收入变化,主要取决于低收入农户的健康状况,这种收入的增加,对低收入农户真实收入、主观幸福感并没有产生实质性影响。

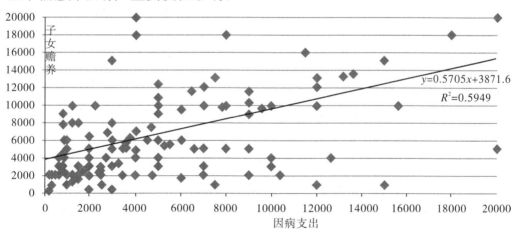

(单位:元)

图 6-5 子女赡养费与因病支出的散点图[①]

---

① 资料来源:浙江财经大学共同富裕政策评价中心根据调查数据整理。

三、低收入人群社会保障面临的挑战和对策

(一)低收入人群社会保障面临的挑战

低收入人群是共同富裕的底板。如何立足当前低收入人群的收入现状,坚持在发展的基础上做好统筹,提升共同富裕的底板,坚持释放要素动能与强化兜底保障并重,实现共同富裕路上不落一人是摆在浙江省面前的重要任务。

新的时期,浙江省低收入人群社会保障面临新挑战和新问题:

一是财政收入增速下降与财政支出刚性增长叠加,财政的可持续性面临挑战。受经济下行、减税降费、国际形势变化等多种因素叠加影响,我国经济形势复杂严峻,财政收入增速下降与财政支出刚性增长现象并存,财政收支矛盾非常突出。在今后一个时期,为了应对经济下行压力,还需要继续实施和巩固减税降费等更加积极有为的财政政策来实施逆周期调节,增加了地方财政收支压力,地方财政运行的可持续性将是一大挑战。浙江省作为东部发达省份,经济发展后劲虽然较强,但低收入人群社会保障资金投入压力增大,也面临着一定的风险。

二是疫情灾情难以预测,急难救助难度增大。受经济下行、疫情灾情冲击,因病因残致贫返贫风险、失业待业风险增加,一些灵活就业人员和无业人员缺乏稳定收入来源,容易成为新的贫困对象,低收入人群的社会保障规模在波动中会出现扩大的趋势。

三是需求与期望值提升,困难群众的期盼日益多样化。随着国民收入水平的提升,低收入人群对美好生活的期盼不断提高。当前低收入人群社会保障手段还较为单一,主要侧重于满足物质需求,精神层面等服务型救助较少。

四是人口流动,常住地救助政策相对滞后。当前,浙江省正处于城镇化快速发展时期,外省籍劳动人口的大量流入,农村转移人口的市民化,极易形成户籍地与常住地救助"两头空"现象,外来人口常住地救助政策有待突破。

五是因残因病低收入人群比例高增加了共同富裕的难度。在致贫原因中,因残和因病所占比例呈较为明显的上升趋势,丧失或基本丧失劳动能力

的低收入人群所占比例大幅度增加。在地方政府财力有限的情况下,转移性收入增长潜力小,劳动能力的缺失将直接导致这部分人群收入增长缺乏动力。如2020年温州市因残和因病占全市低收入农户比例合计为78.39%,与低收入农户收入倍增计划(2013—2017年)相比增长了近20个百分点。

六是部分低收入人群增收意愿不强,返贫风险依然存在。一方面,个别帮扶举措异化为"送钱送物"的落实保障政策,导致部分低收入人群不同程度上产生了"等靠要"思想。据调研,在针对有劳动能力低收入农户的就业帮扶中,固定就业的公益性岗位到岗率偏低,个别农户对帮扶干部按时走访或带礼物走访,产生依赖。另一方面,随着帮扶政策由省到县层层加码、帮扶力度逐年提高,增收动力不足的问题在一定程度上提高了低收入人群的返贫风险。调研发现,在上一轮三年的政府扶持项目结束后,这部分农户返贫概率较大。

七是低收入人群增收能力不够稳定。县和村两级对低收入农户增收的支撑作用不够强劲,导致其增收能力不够稳定。如在产业项目推进中,容易出现的缺人才、缺技术、缺资金、缺产业规划的"四缺"问题,导致产业融合度不高,资产、资源、资金利用不充分,部分项目收益不高、经营性项目的可持续不强,长远看,难以助推低收入人群增收致富。

八是数字化应用刚刚起步,智慧救助程度不高。家庭经济状况核对类别有待拓展,核对时效有待提升,救助信息归集应用有待加强,智慧救助场景应用有待丰富。同时,省大救助信息系统与省低收入农户帮扶系统还缺乏互联互通和数据应用的共享。

九是帮扶举措协同度偏低,管理机制有待完善。增收帮扶举措的制定未形成多部门协同机制,造成政策、项目叠加,资金使用率下降。低收入农户收入的统计口径不一,统计结果和实际样本户数据存在差距,国调队在月统计中会剔除合作医疗报销款等在内的收入项目,出嫁女儿的赡养费是否纳入统计口径存在地区差异。医疗保障体系与护理补偿机制仍有完善空间,对于未纳入医保目录的疾病和药品、住院看护等大额非医疗性支出,困难群众负担较大。针对农户土地流转的社会保障不足,土地流转过渡期,较低的农保费不足以维持农户的生活,造成农户隐性失业。

(二)帮扶低收入人群的国际经验

西方发达国家通过入职奖励减少求职负激励,在职奖励调动劳动积极性,多种手段拓宽就业途径,有效解决对贫困人口直接给予现金补贴,带来的财政负担上升、福利依赖严重等问题。这对浙江反贫困制度设计,具有一定的参考意义。

1. 再就业奖励解决求职负激励

再就业奖励是对再就业的失业人口发放的现金补贴,相当于失业人员再就业的奖励,具有较强的激励性质,一般作为失业救济计划的一部分,以减少失业救济金对失业劳动力再就业的负面激励。传统失业救济制度下,失业劳动力一旦找到工作,将失去救济领取资格;低技能劳动力的工作收入甚至可能低于失业救济补贴,这将影响失业人员的就业积极性。入职奖励政策极大增强受益人主动找工作和接受低薪工作的动力。在制度设计方面,可以通过设置最短失业期限、最低工作时间,以及将补贴与剩余未领取失业救济金挂钩等方法来提高失业人员的从业积极性。例如,奥地利要求每周工作时间不小于 30 小时才可申请;韩国规定失业人员再就业后可领取剩余失业救济金的 50%。

2. 低收入群体就业补贴调动劳动积极性

在职奖励政策指低收入群体取得工作收入后可获得一定比例的补贴。由于补贴金额大多与工作收入或工作时间有关,在职奖励在刺激劳动者持续就业、增加劳动时间,促使低技能劳动群体接受低薪工作和减轻就业群体贫困方面作用明显。美国的劳动所得抵免政策具有较强的借鉴价值:为保证贫困人口在获得现金补贴的同时不降低劳动激励,补贴额根据工作收入的上升,设置递增、水平和递减三个阶段,保持总收入始终随工作收入的增加而增加;根据家庭结构(是否单身、子女数量)设置不同的补贴比例和补贴标准,通常,家庭可抵免的总税额随子女数量的增加而上升;补贴标准还根据通货膨胀水平进行动态调整。

3. 多种手段拓宽就业途径

各国政府均通过多种手段不断拓宽贫困居民的就业途径,使其能够自食其力,只是做法有所不同。例如,德国政府的政策主要为加大教育投入,对企业职业教育进行补贴,进行再就业培训等。法国政府的政策主要为重奖在落后地区进行投资的企业,以及对参与区域发展的企业,根据地区和就业人数予以不同程度的税收减免等。加拿大的政策主要为在欠发达的农村地区建立信息服务系统和电子政务网站,为村民提供信息咨询服务和专家建议等。西班牙的政策主要为组建农民协会,代表农民和政府部门通过谈判获得农业资源的使用权,在农民协会也通过内部民主方式分配农业资源的使用权等。此类政策的实施效果往往比直接给予现金更具有可持续性。

(三)完善低收入人群社会保障的举措

以增强低收入人群社会保障及时性、有效性为目标,加快构建政府主导、社会参与、制度健全、政策衔接、兜底有力的综合救助格局。以基本生活救助、专项社会救助、急难社会救助为主体,社会力量参与为补充,建立健全分层分类的救助制度体系。完善体制机制,运用现代信息技术推进救助信息聚合、救助资源统筹、救助效率提升,实现精准救助、高效救助、温暖救助、智慧救助。

1.健全分层分类的社会救助体系

拓展社会救助类型和对象,推进分类分层精准救助,加强社会救助政策与乡村振兴、就业、养老、医疗等政策制度的有机衔接,提升救助整体效率和质量。

健全分层分类社会救助体系。立足社会救助制度兜底性功能定位,完善基本生活救助、专项社会救助、急难社会救助为主体,社会力量共同参与为补充的分层分类社会救助体系。分类管理救助对象、拓展救助项目、创新救助方式,提供有针对性的就业激活方案,提升社会救助的劳动参与和就业促进功能。完善低保待遇标准调整机制,实现低保标准与经济发展同步增长、动态调整。将育婴托幼支出和康复护理支出纳入支出型贫困家庭生活救助范畴。实施社会救助个案帮扶制度,完善困难群众个案服务指南,提升个案管理质量。加大社会救助政府购买服务力度,引入社工机构、专业社会工作者,提供个性化、多元化精准救助服务。完善临时救助政策标准,建立健全主动发现、部门协同、信息共享、慈善衔接的临时救助机制。综合使用物质保障、精神慰藉、生活照料、心理疏导、能力提升和社会融入的各项援助,实现社会救助方式的专业化、多样化、组合化,最大限度发挥社会救助的综合效用。

促进城乡统筹发展。探索建立与常住人口布局相一致的、城乡一体化社会救助提供保障机制,推进社会救助制度城乡统筹,加快实现城乡救助服务均等化。加大农村社会救助投入,逐步缩小城乡差距,加强与乡村振兴战略衔接,推进城镇困难群众解困脱困。顺应农业转移人口市民化进程,及时对符合条件的农业转移人口提供相应救助帮扶,有序推进持有居住证人员在居住地申办社会救助。

完善基本生活救助。稳步推进全省最低生活保障标准与城乡居民人均消费支出或者最低工资标准的挂钩,逐年稳步提高。巩固拓展脱贫攻坚兜底保障成果,有效衔接乡村振兴有关任务。加强城镇困难职工、失业及无业人员社会救助。支出型贫困家庭支出扣减范围在原有基础上增加合情合理的刚性支出。实现特困人员基本生活标准城乡一致。显著提高集中供养特困人员照料护理标准。积极推动社会救助向"物质＋服务"方式转变,加强对救助对象的人文关怀,围绕探访照料、精神慰藉、能力提升等内容拓展服务项目,建立长效机制。加强分类动态管理,健全社会救助对象的定期核查机制。

健全专项救助。积极采取各种措施,降低困难群众医疗成本,稳步调高医疗救助限额和待遇水平,逐步扩大大病保险支付范围。推进商业补充医疗保险,资助困难群众参保。全面推进教育精准资助和应助尽助,根据学前教育、初等教育、中等教育和高等教育等不同教育阶段需求和实际情况,采取减免相关费用、发放助学金、安排勤工助学岗位、送教上门等方式,给予相应的教育救助,确保各项学生资助政策有效落实。对符合规定标准的住房困难的低保家庭、分散供养的特困人员等实施住房救助,精准聚焦住房困难家庭,出台分层分类保障政策,织密住房保障网络。提升灾害应急救助水平,发展巨灾保险,避免、减轻灾害造成的损失,保障人民生命财产安全。加强就业救助,落实贷款贴息、社会保险补贴、岗位补贴、公益性岗位安置、培训补贴等就业扶持政策,强化乡村就业创业工作,开展"春风行动"、就业援助月、劳动力余缺调剂等专项活动,促进农村劳动力转移就业。开展司法救助和法律援助,对于受到侵害但无法获得有效赔偿、子女未履行赡养义务等造成生活困难的对象提供法律指导、关系调解,探索开展先行救助。

强化急难救助。对遭遇突发性、紧迫性、灾难性困难,生活陷入困境,靠自身和家庭无力解决,其他社会救助制度暂时无法覆盖或救助之后生活仍有困难的家庭或个人,通过临时救助或生活无着流浪乞讨人员救助给予应急性、过渡性生活保障。进一步扩大急难救助对象范围,简化审批流程。加大失业保险政策无法覆盖的未参保失业人员的临时救助力度,由务工地或常住地发放临时救助金。完善大额医疗费用临时救助机制。对急难性临时救助对象,简化家庭经济状况核对,直接予以救助。加大对流浪乞讨人员人身安全和基本生活的保障力度,着力健全工作体制机制,不断完善政策体系,大力提升管理工作水平,切实强化工作保障,设区市的市级救助管理站建设标准达到三级站以上。

2.促进社会力量参与社会救助

加大社会救助政府购买服务力度,引入社工机构、专业社会工作者,提供个性化、多元化精准救助服务。

强化公益慈善帮扶。依托工会、共青团、妇联、科协、残联等群团组织优势和民主党派作用,积极利用全国性乃至国际性公益平台,培育本地公益组织,并广泛动员社会力量,实现各类公益帮扶的优势互补。持续开展"光彩行"活动,提高帮扶成效。充分发挥浙江民营企业多、群众生活富裕的经济优势和群团社团强、海外华侨多的网络优势,引导激励越来越多的行业、企业和有志之士等社会力量投身帮扶事业。通过信贷支持、财政补贴、扶持资金倾斜等优惠政策,鼓励各类企业广泛参与帮扶,通过设立专项基金、乡情基金、结对帮扶等形式助弱、助学、助老、助残、助医。

引导社会工作专业力量参与。通过购买服务、开发岗位、政策引导、提供工作场所、设立基层社工站等方式,鼓励社会工作服务机构和社会工作者协助社会救助部门开展家庭经济状况调查评估、建档访视、需求分析等事务,并为救助对象提供心理疏导、资源链接、能力提升、社会融入等服务。鼓励引导以社会救助为主的服务机构按一定比例设置社会工作专业岗位。

普遍建立帮扶志愿者制度。建立志愿者和受助者供需对接的智慧帮扶平台,推动"志愿＋信用"的志愿文明建设,提倡"人人都能参与,处处都能奉献"的良好志愿氛围。支持引导志愿服务组织、社会爱心人士开展扶贫济困志愿服务。加强社会救助志愿服务制度建设,积极发挥志愿服务在汇聚社会资源、帮扶困难群众、保护弱势群体、传递社会关爱等方面作用。

推进政府购买社会救助服务。进一步完善政府购买社会救助服务政策措施,鼓励社会力量和市场主体参与社会救助,扩大社会救助服务供给。制定政府购买社会救助服务清单,规范购买流程,加强监督评估。政府购买社会救助服务所需经费从已有社会救助工作经费或困难群众救助补助资金等社会救助专项经费中列支。

创建救助服务联合体。加快社会救助政府、市场、社会组织等合作治理机制创新,逐步推广建立县级救助服务联合体,通过线上线下力量整合,发挥救助服务联合体统筹协调链接救助资源作用。在当地党委、政府领导下,由民政部门牵头,协同教育、医保、人力社保、住建、应急管理、农业农村等部门单位,残联、慈善、红十字会等党群组织,以及枢纽型社会组织共同入驻救助服务联合体,开展联合救助帮扶。同时培育孵化承接社会救助事务及服务的社会组织,有效链接社会帮扶资源,承接帮困项目。鼓励有条件的城乡社区,开展家庭综合服务工作,重点为经济困难、住房困难、临时遭遇困难和计划生育特殊家庭、失独家庭、残疾人家庭提供必要的物质或精神支持。

3.健全完善社会救助工作机制

按照提供高质量兜底保障目标要求,着眼社会救助工作全流程,围绕提高救助时效性、针对性、规范性和长效性,进一步健全完善工作机制,编密织牢社会救助兜底保障网。

完善多部门政策协同机制。各级政府应建立健全政府领导、民政部门牵头、有关部门配合、社会力量参与的社会救助工作协调机制,统筹各项社会救助政策和标准,推进社会救助制度城乡一体化。民政部门负责组织拟定社会救助政策和标准、建立社会救助家庭经济状况信息核对平台和社会救助统一受理机制等社会救助综合协调工作,以及相应的社会救助管理工作。卫生健康、应急管理、教育、住房城乡建设、人力资源和社会保障、医疗保障等社会救助管理部门,按照各自职责负责相应的社会救助管理工作。

完善区域间资源统筹联动机制。健全社会救助联席会议工作机制,将社会救助政策落实情况纳入工作绩效评价。会同上海、江苏、安徽共同做好社会救助政策长三角区域统筹衔接试点工作,探索形成要素一致的标准调整机制和对象认定标准。推动长三角居民家庭经济状况核对机制一体化,探索救助信息共享和联合惩戒机制,实现跨区域临时救助一体化,为全国推进社会救助政策区域统筹衔接提供创新样板。

完善财政应急保障机制。充分发挥财政作为国家治理的基础和重要支柱在应急管理中的职能作用,健全完善财政政策支持有效预防、科学实施社会救助,既避免因财政应急保障不足而导致应急失灵,又避免因过度应急而导致财政资源浪费,推动财政应急管理由粗放化向精细化转变。一是完善财政应急资金储备机制,加大预防性财政资金的预算保障。二是完善财政应急资金投入机制,及时支持应急处置和社会救助。三是完善财政应急资金筹集机制,积极拓展财政资金来源渠道。四是优化财政应急资金的预算管理,强化绩效目标,提升应急财政资金使用效益。积极探索公共风险在本级政府与上级政府、政府与社会之间分散分担机制,创新应急公共产品或公共服务多元供给机制。

健全救助标准调整机制。城乡居民最低生活保障、特困人员供养标准应与经济社会发展水平相适应,随城乡居民收入的提高而相应增长,切实提高困难群众保障水平,扩大救助政策覆盖面,提升困难群众的获得感、幸福感。综合考虑居民人均消费支出或人均可支配收入等因素,结合财力状况合理制定低保标准和特困人员供养标准并建立动态调整机制,进一步完善社会救助和保障标准与物价上涨挂钩的联动机制。

健全主动发现机制。构建县(市、区)、乡镇(街道)、村(社区)、网格联动救助网络,延伸基层服务功能,提高主动发现、应急处置和快速救助能力。以防“漏保”为重点,健全监测预警机制,乡镇(街道)驻村干部、村“两委”、网格员等加强排查,对走访中发现的困难群众,及时转介相应的社会救助管理部门。加快建立贫困风险预警预防机制,实现定额医疗费用支出动态预警。对困难家庭经济状况复核、纳入渐退、新增劳动力人口、死亡火化等情形进行动态信息监测,触发预警及时调整救助措施。

健全精准识贫机制。加强对贫困人口精准识别,符合条件的及时纳入社会救助范围。建立多维度贫困评估指标体系,对照经济状况、健康状况、教育状况、居住状况、就业状况、社会参与六个维度,对困难家庭贫困境况和救助需求进行科学调查和综合评估。充分运用家境调查和大救助信息系统核对功能,推动线上线下贫困程度识别工作有机融合。

健全诚信评价机制。基于问题导向、目标导向和效果导向,着眼于守信正面激励与失信联合惩戒相结合,建立救助对象信用信息管理制度,形成社会救助诚信奖惩"一张网"。正面激励可采用信用等级制和信用与银行信用贷款挂钩激励办法,鼓励诚信救助,对所有救助对象实施信用等级制度,信用记录良好的困难家庭开展从优从快救助。建立失信扣减积分制,联合教育、医保、人力社保、住建等部门实施联合惩戒。建立信用修复机制,通过主动纠错或参加公益性劳动等方式进行信用修复,形成"德者有得"的社会导向。

健全尽职免责机制。对社会救助管理部门、街道(乡镇)和村居(社区)社会救助工作人员在履行社会救助职能过程中,已经履职尽责,但客观上因难以预见等因素造成的错保、漏保等情况,可对其免除相关责任或从轻、减轻、免予处理。同时健全纠错改正机制,完善澄清保护机制和责任落实机制。

4. 多维举措健全对低收入人群的长效帮扶机制

推进"造血式"救助帮扶,强化物质救助与扶志、扶智相结合,有效激发救助对象脱贫减困的内生动力。提升就业发展动能,对于劳动年龄段内具有劳动能力的困难群众,在给予必要的基本生活保障外,提供就业技能培训和产业帮扶,以适应劳动市场需求,开发安置公益性岗位,帮助其实现就业。强化产业帮扶力度,鼓励各类金融机构为救助对象提供扶贫小额信贷,多措推进消费帮扶,提高低收入人群自我发展能力。推进异地搬迁扩面,让群众"下得来、稳得住、富得起",完善安置区(点)周边医院、学校等公共配套设施,就近布局产业加工园、来料加工点等,让搬迁群众实现就近就学就医就业。高标准实施"三保障"及饮水安全保障,落实"一户一策一干部",推进低收入人群实现共同富裕。

提升就业发展动能。探索实施与低收入农户就业相挂钩的财政补贴、贷款支持等政策。探索低收入人群再就业奖励、补贴机制,激发低收入人群劳动积极性,减少福利依赖。创新用工模式,积极鼓励村股份经济合作社、村级抱团劳务公司、农业生产经营主体提供公益性岗位,直接吸纳低收入劳动力就业。依托创业培训平台,为低收入人群开展实用技术、就业技能等培训,提升低收入人群的就业能力、创业技能和自我发展能力。多措并举帮扶就业困难人员多渠道灵活就业,升级发展来料加工,适时调整公益性岗位规模和安置对象范围,确保"零就业"家庭动态清零。

强化产业帮扶力度。在建设国内统一大市场的理念引领下,探索"可造血、可复制、可持续"的长效产业帮扶模式。将乡村的资源优势转化为产业优势，延长产业链，形成产业集聚效应。顺应一、二、三产业融合发展新趋势，将特色农业项目优先列入优势特色产业提质增收范围，扩展乡村产业空间。加强对低收入人群的信息服务、技术指导、教育培训、资金扶持等，将低收入人群纳入当地经济发展的齿轮中，让低收入人群从产业发展中直接、持续受益。鼓励低收入人群以土地、林权、资金、劳动、技术产品为纽带，通过参股、合作等方式，与龙头企业、合作社等建立紧密型利益联结机制。政策扶持分散小农以土地股份制、专业合作社等形式再集体化，为"绿树青山"向"金山银山"转化、产业规模化打下组织基础。培育农业社会化服务组织，大力推广"租金＋薪金＋股金"农业生产模式。

持续深化金融帮扶。统筹整合涉农资金，推进农业农村投资集成示范改革试点。健全涉农金融机构和涉农金融产品体系，推广实施"整村授信"模式。鼓励上市公司、证券公司等市场主体依法依规设立或参与市场化运作的产业投资基金和帮扶公益基金。开展农村承包土地经营权、农民住房财产权、林权、海域使用权、集体经济组织股权、生态公益林补偿收益权等抵（质）押贷款产品创新。进一步引导传统金融机构和数字金融平台合理合规增加对带动低收入人群就业的企业和低收入人群生产经营的信贷投放，建立健全金融支持产业发展与带动低收入人群增收的挂钩机制和扶持政策。确保低收入人群获得普惠金融服务，加大小额信贷贴息力度，帮助低收入人群发展生产、自主创业，同时适当控制低收入人群消费性信贷规模，增强低收入人群的风险意识，防止陷入返贫困境。利用区块链技术，开发应用集信用评定、用途管控、贴息审批等于一体的帮扶小额信用贷款，推进金融帮扶便捷化。探索建立农业补贴、涉农信贷、农产品期货和农业保险联动机制。

多措推进消费帮扶。建立从采收加工到物流销售的数字化农产品全供应链。推广农超合作、同城配送等产销对接数字化平台，推动传统农业升级。鼓励企业通过"线下＋线上"平台，采取以购代捐、以买代帮的方式采购低收入人群的产品及服务。建立城市社区与重点帮扶村、城市居民与农户运用共享共建、会员制、电商微商等方式直接对接，大力推动有组织的"来购、来游、来住"活动，促进重点帮扶村的产业发展和农户增收。鼓励各类电商平台开设帮扶频道，推动网站与重点帮扶村、低收入人群的合作。统筹推进网络覆盖、农村电商、网络扶智、信息服务、网络公益等工程向纵深发展,完善消费帮扶的物流服务网点和设施,创新新型互联网帮扶模式。为农村电商经营者提供产品开发、包装设计、网店运营、产品追溯、人才培训等专业服务,不断提高低收入人群使用用户终端的能力。

推进异地搬迁扩面。围绕"下得来、稳得住、富得起"的方针有序推进异地搬迁扩面工作。各地参考省政府批准的年度搬迁进度,确定异地搬迁的人口规模、资金保障、用地规划和建设任务。在充分尊重群众意愿的基础上,加强宣传引导和组织动员,采取多种安置方式,推进高山远山、库区海岛和地质灾害隐患点的居民群众异地搬迁,进一步改善低收入人群和偏远山区居民的生产生活条件。做好异地搬迁的后续帮扶工作。将安置区(点)纳入当地产业规划,支持搬迁居民投身产业发展。做好搬迁居民的就业帮扶和公共服务保障,将搬迁居民及时纳入浙农帮扶帮促系统,探索从应用端带动搬迁居民就业创业。探索智慧社区管理模式,增强搬迁居民适应新生活的信心,树立其主人翁意识。

落实"一户一策一干部"。持续推动各级机关部门帮扶资源和力量持续下沉,深化"省领导＋市领导＋部门＋企业"结对帮扶活动,实行"一县多团、一村一组、一户一策"的体系化帮扶,实现帮扶团组与山区县逐一结对,团组成员单位与乡村振兴重点帮促村逐村结对,帮扶干部与低收入人群逐户结对。进一步优化结对帮扶关系和协作帮扶方式,选优派强农村工作指导员、村第一书记,选派科技特派员驻村指导。防止机构改革、干部岗位变动等因素带来的帮扶人员"脱空"。采取集中走访与日常走访相结合的结对帮扶走访制度,确保每季度不少于1次,健全帮扶工作档案,精准动态掌握低收入人群生产生活状况,变低收入人群的"问题清单"为"帮扶清单"。实行帮扶干部的激励相容政策,激发帮扶干部的动力和热情。

5.建成智慧大救助信息系统

进一步深化社会救助领域数字化改革,对标"重要窗口"和建设共同富裕示范区的新目标新定位,推进实施"积极主动、精准高效"智慧救助先行计划,以省大救助信息系统为支撑,以满足困难群众需求、助力共同富裕为导向,推进困难群众救助"一件事"集成联办改革,形成集"救助、管控、服务"于一体的多业务协同、多维度管控、多元素帮扶的社会救助整体智治新模式。

健全数字化防返贫监测体系。秉持"数字浙江"使命,坚持整体智治监管,全力推进低收入农户数字化帮促系统迭代升级,进一步打通部门、省市县数据壁垒,迭代拓展到山区海岛26＋4县、乡村振兴重点帮促村,形成省内帮促综合数据库、低收入农户帮促数字化应用场景、结对村帮促数字化应用场景、山区海岛26＋4县帮促数字化应用场景"一库三应用"。建立返贫风险评估,形成促发预警、部门联动的监测机制,加强线上监测、线下实证的响应机制。精准实现低收入农户帮促需求"一键即达"、部门帮促"一单即联"、社会帮促"一点即上"、帮促工作责任"一查即明",结对干部"一帮到底",监测风险"一键预警"。完善帮扶对象动态调整机制。充分用好线上监测、线下实证的快速发现和响应机制,加强对脱贫不稳定户、边缘易致贫户,以及因病因灾因事故等刚性支出较大或收入大幅缩减导致基本生活出现严重困难户的预警监测建设,推进数字化定期检查、动态管理。

推进大救助信息系统智慧救助3.0。民政部门加强与其他社会救助管理部门的协作配合,整合、联通社会救助信息,为建立健全社会救助体系提供信息保障,推动各类救助数据信息互联互通、资源共享。建立全省统一困难群众数据库,完善困难群众数据库,加强社会救助对象实时更新动态管理。规范工作流程,实施社会救助确认给付档案信息化管理。加快推进省大救助信息系统与省低收入农户帮扶系统互联互通、数据应用共享。通过省大救助信息系统对接政务服务中台2.0,升级改造救助"一件事"线上惠民联办功能,统一线上申请端,做到申请"一个入口"。待民政完成困难确认后,分类推送给专项救助相关部门,由相关部门按照办事事项时限要求进行审批确认,实现省级困难群众14个救助事项"一件事"集成办理落地。

实施"幸福清单"标准化发放。省级统筹与市县补充双线并举,梳理有效数据,加强社会救助管理部门救助信息互联互通,自动汇总生成困难群众"幸福清单",主要涵盖14个"一件事"联办事项的结果信息,并逐步加入各市县补充数据,丰富"幸福清单"数据种类。省级部门已经完成数据归集的,应通过省公共数据平台将救助结果归集至省大救助信息系统,形成"幸福清单";未完成归集的,可通过专线对接财政"一键达"或"民生直达"等系统,将救助结果归集至省大救助信息系统。建立线上呈现和线下送达相结合的展示机制,提升困难群众的获得感和幸福感。

开发"幸福码"延伸服务。开发"幸福码",做到"一户一码",实现"幸福清单"查看、入户调查、探访关爱等"幸福码"应用。各社会救助管理部门全面应用"幸福码",贯彻实施探访关爱制度。试点地区探索应用"幸福码"实现社会力量参与社会救助,开发"幸福码"服务需求发布、需求认领、服务输出和评价反馈等应用功能,实现困难群众服务工作便捷化、高效化、精准化,推动"幸福码"应用全省域覆盖。

优化家庭经济状况核对功能。加强省级家庭经济状况核对机构建设,完善信息核对系统,加快对涉及社会救助家庭的收入、财产、支出等信息全省统一归集。为社会救助部门、相关群团组织开放平台使用权限,依据个人授权和单位委托提供社会救助信息核查服务。开展部省联网对接工作,将省大救助信息系统接入国家社会救助信息核对平台,为社会救助对象认定提供跨部门、跨地区、跨层级、跨系统的信息比对。

执笔人:赵海利、王序坤,浙江财经大学共同富裕政策评价中心。

第七章 特色产业——形成差异化
发展内在动力

产业是区域经济发展的重要支撑。2018年4月13日,习近平总书记在海口市施茶村考察调研时指出,产业发展要有特色,要走出一条人无我有、科学发展、符合自身实际的道路。① 通过发展特色产业,为居民创造更多就业岗位,提高居民收入水平,缩小城乡收入差距,是特色产业发展推动共同富裕示范区建设的题中应有之义。打造特色产业,必须立足本地实际情况,发挥优势,突出特色,走差异化、集群化、高端化的发展之路。

20世纪80年代,浙江乡镇企业和县域经济发展尚处于起步阶段,产业发展滞后;90年代以后,浙江把小城镇建设与专业市场、乡镇工业园区建设有机结合起来,形成了专业化分工、社会化协作的企业群和特色产业集聚区,有效促进了县域产业从多样化向特色化转型,逐渐形成了以包括海宁皮革、诸暨袜业、永康五金、乐清低压电器、嵊州领带、松阳茶叶、温州鞋业等众多特色产业为主的产业格局,特色产业规模不断发展壮大。近年来,随着现代化集群建设和产业结构的转型升级,浙江经济增长的内生动力和活力不断增强,总体实力逐步提升,经济发展质量显著提高,为共同富裕示范区建设奠定了坚实基础。

---

① 新华网:《习近平:贯彻党中央精神不是喊口号》,http://jhsjk.people.cn/article/29925488,访问日期:2023年12月14日。

一、浙江省特色产业发展现状

（一）浙江省特色产业发展特征

自 2000 年左右开始，浙江省特色产业的发展便引发了全国的关注，成为经济明星。浙江省经贸委在 2001 年公布的一项调研结果表明，浙江省 200 余个工业产品市场占有率居全国第一，实现年销售收入超过 1600 亿元。[①] 之后，经过这些年的不断发展，浙江省特色产业持续做大做强，呈现出特色产业自发形成内源式发展、覆盖范围广、块状集群式发展以及与时俱进转型升级的特点。

1. 特色产业自发形成内源式发展

浙江省"山多地少"，素有"七山一水二分田"之称，煤、铁等自然资源也相对贫乏，可以说是一个"资源小省"。浙江人秉承"穷则思变、自强不息"的生存理念开拓进取建成了如今的"经济大省"。周亚新和张永红提出特色产业发展类型论，包括传统资源提升型（内生型）、资源利用型、市场带动型和空降型（外生型）共四种类型。[②] 虽然自然资源匮乏，但浙江省依然紧紧依托其传统资源优势做大做强相关产业，典型的例子包括海宁的皮革业、绍兴的纺织业、杭州的服装业等。除了传统产业，对外开放也是浙江省特色产业发展的一个巨大优势。而最能体现浙江精神和浙江企业家精神的就是即便在一些地方既无相关产业基础，又没有资源优势，但是通过招商引资和政府培育，某一产业从无到有，逐渐成为当地的支柱产业和新的经济增长点，典型的有平湖的光机电产业、嘉善木业等。

2. 特色产业覆盖范围广

产业覆盖范围广是浙江省特色产业发展的主要特征之一，几乎涵盖了除石油加工、炼焦及核燃料加工业、烟草制品业和武器弹药制造业等 3 个制造业之外所有制造行业。具体到中小类，各地区"一地一品"，产业存在一定差

---

① 新浪新闻：《市场带产业 浙货俏全国 浙江省工业产品市场占有率全国第一》，https://finance.sina.com.cn/g/74631.html，访问日期：2022 年 7 月 20 日。

② 周亚新和张永红：《浙江特色产业发展的基本类型》，《江苏商论》2005 年第 7 期。

别,比较知名的如宁波服装产业、温州皮鞋业、乐清低压电器制造业、绍兴化纤纺织业、诸暨制袜业、嘉兴皮革加工业、木材加工业和装饰布纺织业、湖州童装加工业、建材业和农副产品加工业、义乌小商品交易、苍南徽章制造业、永康五金制造业等。由产业集群构成的区域特色块状经济已成为展示浙江工业化水平的一张品牌。

3. 特色产业块状集群式发展

产业集群是形成国际竞争力的重要基础,发展产业集群是后起国家及地区从比较优势转变为国际竞争优势的重要途径。近年来,随着"八八战略"的实施,浙江省坚持"绿水青山就是金山银山"等新发展理念,逐步构建新发展格局,着力推进块状经济向现代产业集群发展,块状特色产业优势不断增强,经济发展模式持续转变,在新型工业化道路上越走越远。一方面,浙江省持续加大科技投资力度,建立并不断完善科技创新体系;另一方面,不断加大科技研发平台建设,提升自身科技研发能力,浙江大学、之江实验室、西湖大学等的科研平台的建立为创新驱动发展战略的实施提供了坚实的科技支撑。近年来,随着信息化的加速发展,工业化的内涵也得以扩展并不断延伸,伴随着企业的数字化转型,传统产业迎来了新的发展机遇,特色产业集群式发展将迈入新时代。

4. 特色产业与时俱进转型升级

在全国产业结构升级的大背景下,浙江特色产业也在逐渐向技术密集、资本密集、人才密集的高端化迈进。进入 21 世纪,浙江块状经济遭遇了"成长的烦恼"。2003 年,浙江省主动寻求经济增长方式转变,产业结构由传统的"高消耗、高污染、低效益"逐步向"低消耗、低污染、高效益"转型。2008 年,浙江省以"八八战略"为总纲,出台了《关于加快工业转型升级的实施意见》,着力推进浙江省块状经济向现代产业集群转型升级,增强工业综合实力和国际竞争力。2013 年以来,浙江省委、省政府审时度势,作出加快推进"四换三名"的重大决策。"四换三名"指的是腾笼换鸟、机器换人、空间换地、电商换市以及培育名企、名品、名家。"四换三名"有效破解了浙江经济长期以来过度依赖低端产业、过度依赖低成本劳动力、过度依赖资源要素消耗、过度依赖传统市场和传统商业模式的问题。这一系列政策措施使得浙江特色产业发展动力机制从要素驱动、投资驱动转向创新驱动、效率驱动,经济发展动能更加强劲,发展质量越来越高。2021 年 8 月份,浙江省市场监督管理局(浙江省知识产权局)发布了《关于开展新一轮百个特色产业质量提升行动的通知》(以下简称《通知》),《通知》提出质量提升行动的特色产业行动包括杭州市上城区丝绸(生产领域)产业等 107 个特色产业,通过开展质量攻关、提升质量标准、加强企业质量管理、加强品牌培育、强化质量监管、强化质量基础服务等不断提升特色产业质量。

(二)特色小镇的建设与发展

特色小镇是指以某一特色产业及其相关的特色环境元素为依托(如地域特色、历史特色、生态特色、人文特色等),打造明确的产业定位、文化内涵、旅游特征和特定的社区功能("产、城、人、文"四位一体有机结合),并进行科学规划的复合型发展项目。特色小镇既是产业集聚区,又是旅游区,同时也是新型城镇化发展区,是城乡一体化背景下的新型城镇化发展模式。特色小镇是浙江特色产业发展的又一创举,其依托深厚的产业根基,通过独特的运作机制,实现了特色产业发展的新飞跃。

1. 特色小镇从浙江走向全国

2014 年 10 月,时任浙江省省长李强首次提出"特色小镇"这一概念,2015 年 1 月,浙江省两会提出要将"特色小镇"建设作为重点工作,2015 年 4 月 22 日,浙江省发布了《关于加快特色小镇规划建设的指导意见》,从总体要求、创建程序、政策措施和组织领导等方面对加快特色小镇建设提出了指导意见,提出要在 3 年内重点培育和规划建设 100 个左右特色小镇。2015 年 6 月 4 日,浙江省公布了第一批省级特色小镇创建名单,涉及全省 10 个设区市的共 37 个小镇。半年后,省级特色小镇第二批创建名单也正式公布,此次共有 42 个小镇入围第二批名单。2016 年 3 月 16 日,省政府办公厅发布了《关于高质量加快推进特色小镇建设的通知》,该文件从强化政策措施落实、发挥典型示范作用、引导高端要素集聚、开展"比学赶超"活动、加强统计监测分析、完善动态调整机制和做好舆论宣传引导这七个方面对高质量推进特色小镇建设提出了指导意见。2016 年 5 月 26 日,省级特色小镇规划建设工作联席会议主任办公会议讨论研究,10 个特色小镇被确定为省级示范特色小镇。之后,特色产业小镇建设迅速推进。特色小镇以其较小的空间资源,撬动了极大的发展效能,切实发挥了"小区域大集聚、小载体大创新、小平台大产业、小空间大贡献"的支撑作用。

党中央对培育发展特色小镇十分重视,专门组织力量进行调查研究。中共中央在《关于制定国民经济和社会发展第十三个五年规划的建议》中明确提出"加快培育中小城市和特色小城镇"。国家在《中华人民共和国国民经济和社会发展第十三个五年规划纲要》中进一步提出"加快发展中小城市和特色镇","因地制宜发展特色鲜明、产城融合、充满魅力的小城镇",并作为推进新型城镇化的重要内容。通过浙江特色小镇的试点,全国各地都充分学习浙江特色小镇建设经验,因地制宜地开展特色小镇的建设工作。各部委也相继出台关于促进特色小镇发展的指导意见,特色小镇创建在全国范围内如火如荼地展开。

2.特色小镇的运作机制

特色小镇是浙江经济发展的一个新平台。与传统的工业园区、开发区、科技园、风景区等不同,特色小镇大部分位于城乡接合部,面积也较小,定位为 3 平方公里左右。特色小镇以一个小平台装载新兴、高端的产业形态,有效推动了浙江省传统产业转型升级、历史经典产业复兴和新兴产业打造。浙江特色小镇独特的市场化运作机制尤为重要。与以往创建制的方式不同,特色小镇采用了审批制模式,彻底改变了"争个帽子睡大觉"的旧风气。建设上采用"政府引导、企业主体、市场化运作"的机制,坚持"达标了才命名,给财税和土地等政策,不达标不命名,不给政策"。有奖有罚,扶持政策灵活有力,避免以往经济开发区"一哄而上"的发展模式。市场化的运作机制使得特色发展实现了良性可持续。

3.特色小镇的发展现状

特色是小镇的灵魂,产业特色是重中之重。时任浙江省委书记李强指出,特色小镇必须定位最有基础、最有特色、最具潜力的主导产业,也就是聚焦支撑浙江长远发展的信息经济、环保、健康、旅游、时尚、金融、高端装备等七大产业,以及茶叶、丝绸、黄酒、中药、木雕、根雕、石刻、文房、青瓷、宝剑等历史经典产业。从目前特色小镇的发展来看,每个特色小镇都紧扣七大产业和十大历史经典产业,主攻最有基础、最有优势的特色产业,有效避免了同质化竞争。

　　浙江省特色产业小镇涵盖了高端装备制造、数字经济、时尚、环保、健康、金融、旅游和历史经典共八大类,具体各类的数量如图 7-1 所示。① 2021 年各类特色小镇数量总共有 100 多个,其中高端装备制造特色小镇如萧山机器人小镇等,数字经济特色小镇如桐乡乌镇互联网小镇、余杭淘宝小镇等,时尚特色小镇如诸暨袜艺小镇、海宁皮革时尚小镇等,环保特色小镇如衢州锂电材料小镇、诸暨环保小镇等,健康特色小镇如杭州医药港小镇、杭州树兰国际生命科技小镇等,金融特色小镇如上城玉皇山南基金小镇、西湖西溪谷互联网金融小镇;旅游特色小镇如嘉善巧克力甜蜜小镇、柯桥兰亭书法小镇,历史经典特色小镇如松阳茶香小镇、龙泉青瓷小镇等。

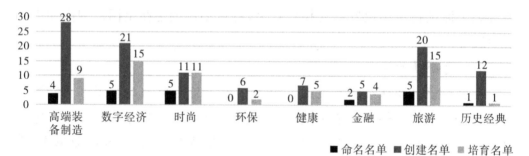

图 7-1　浙江省特色小镇按种类分布

　　从地区分布来看,杭州市特色小镇的数量最多,总计有 43 个,其中创建名单中有 21 个,培育名单中有 14 个;其次是温州市,总计有 21 个,其中创建名单中有 13 个,培育名单中有 8 个;宁波市、湖州市和金华市特色小镇数量均为 18 个。接下来是丽水市 16 个、绍兴市 15 个、台州市 15 个、嘉兴市 14 个、衢州市 12 个和舟山市 4 个。除了舟山市数量较少外,其他地级市特色小镇数量均在 10 个以上(见表 7-1)。

---

　　①　浙江特色小镇:《小镇地图》,https://tsxz.zjol.com.cn/#ditu,访问日期:2022 年 7 月 13 日。

表 7-1　浙江省特色小镇按地区分布

地级市	命名名单	创建名单	培育名单	总计
杭州市	8	21	14	43
宁波市	2	13	3	18
温州市	0	13	8	21
绍兴市	2	7	6	15
湖州市	4	10	4	18
嘉兴市	3	8	3	14
金华市	0	11	7	18
衢州市	1	7	4	12
舟山市	0	3	1	4
台州市	1	7	7	15
丽水市	1	10	5	16

数据来源：浙江特色小镇官网（https://tsxz.zjol.com.cn/）。

（三）产业链"链长制"的探索与实践

浙江省的县域经济特征明显，一县一特色，在此基础上，浙江省逐步强化了各地的特色产业，形成了特色小镇经济的全国样板。而"链长制"则是新时代背景下这一发展脉络的最新实践。所谓"链长制"，就是择定地方经济发展的核心产业，通过地方政府主要官员甚至省市政府一把手担任"链长"，以"补链""强链""稳链"为目标的一系列制度设计。

1.产业链"链长制"的实践背景[①]

第一，当今世界正处于"百年未有之大变局"，全球产业链呈现变动加剧的趋势。党的二十大报告提出要"着力提升产业链供应链韧性和安全水平"，目前我国已经建立了相对完整的工业体系，工业产业制造能力在世界范围内

---

① 贵阳沪办：《一文读懂产业链"链长制"：全国各地怎么干？》，https://www.thepaper.cn/newsDetail_forward_15796198，访问日期：2022 年 7 月 12 日。

首届一指。但是随着中美竞争加剧,美国对中国工业产业的挤压日益严重。在新冠疫情中,各国开始意识到"封锁""隔离"对本国产业的严重打击以及构建完整稳定的产业链的重要性,因此纷纷提出再工业化战略,希望能够重新夺回国际制造业竞争的主导权。如美国提出要加快制造业回流,德国提出工业4.0计划,等等。

第二,完善产业链布局有利于产业发展安全。《"十四五"规划和2035年远景目标纲要》明确要求,优化区域产业链布局,引导产业链关键环节留在国内,强化中西部和东北地区承接产业转移能力建设。我国正处于产业链深度调整阶段,维护产业链的安全和稳定是我国加快形成"以国内大循环为主体、国内国际双循环相互促进"的新发展格局的关键基础。在此背景下,有必要进一步完善产业链布局,维护我国产业发展安全。

第三,数字化技术发展为产业链进一步优化调整提供了新的动能。随着我国数字经济、大数据、人工智能、云计算等新技术、新产业的迅猛发展,传统产业迎来了数字化转型的新机遇,数字化驱动我国传统制造业不断向中高端迈进,有助于推动传统产业链升级。首先,数字化与传统制造业的融合,将加速企业生产端与市场需求端的紧密连接,并催生出新的商业模式;其次,数字技术与制造业的融合可以促进制造业实现智能化生产,优化制造业的内部结构,助力传统制造业升级。

2.产业链"链长制"的特点与优势

第一,领导亲自挂帅。"链长制"由主要领导亲自挂帅,加强内外部资源统筹,集中力量、重点突破产业链薄弱环节,加速构建更加完整的产业链条。统筹考虑项目建设、人才引进、招商引资、技术创新、政策扶持等工作,加大工作力度,推动"建链、补链、强链、延链"取得实质性进展。

第二,内外部资源统筹。从内部资源统筹角度,"链长制"可以统筹各个政府产业发展部门,包括发改、经信、科技、人才、招商、企业服务等部门,统一制定产业发展策略、统一指挥,形成内部产业发展指挥及服务的合力。从外部资源统筹角度,"链长制"可以实现各个产业相关资源的统筹,包括企业、资本、科研机构、人才、服务资源等,构建全产业链、全生命周期服务资源,优化营商环境,提升产业发展软实力。

第三,产业精准施策。链长制的一项重要工作职责是进行产业谋划,这就要求链长能够对本地产业链有深入研究和精准把握,发掘优势环节,补齐产业链发展短板,从产业链全生命周期角度上有针对性地制定产业发展策略,帮助地区进行产业发展精准施策,推动产业链整体做大做强。

3.产业链"链长制"的浙江探索

"链长制"最早源于蓝源资本与广东省佛山市委、市政府共同打造的佛山建筑陶瓷产业链。2015年11月,蓝源资本向佛山市政府提出打造建筑陶瓷产业链的互联网平台的方案,建议获得市委、市政府主要领导的一致认可,开始推进。2017年底,"链长制"的概念正式出现在湖南长沙市政府文件中。2019年8月,浙江省商务厅正式发布了《关于开展开发区产业链"链长制"试点进一步推进开发区创新提升工作的意见》,要求各开发区确定一条特色鲜明、具有较强国际竞争力、配套体系较为完善的产业链作为试点,链长则由该开发区所在市(县、区)的主要领导担任。2020年10月,浙江省开发区产业链"链长制"试点示范和试点单位名单公示,认定杭州经济技术开发区等27家开发区为浙江省开发区产业链"链长制"试点示范单位、38家开发区为浙江省开发区产业链"链长制"试点单位。"链长制"的实践探索具有鲜明的时代特色,极大丰富了中国特色社会主义制度的发展和治理实践,继浙江之后,河北、广东、江西、山东、河南、广西、黑龙江、山西等省区也先后公开推行"链长制",链长制走向全国。

二、浙江省发展特色产业的主要优势及做法

(一)大胆探索、先行先试

从敢为天下先到改革进行时,敢闯敢创是成就浙江特色产业发展的重要原因。浙江是一个"资源小省",但浙江不等不靠,主动求变,群众首创与顶层设计和谐共进,民间活力与政府智慧相辅相成,形成了市场有效、政府有为、企业有利的体制机制,如今的浙江已然成为中国改革的重要试验田,是世界观察中国奇迹的重要窗口。

改革开放之初,浙江人秉承"敢为天下先"的精神,实现了从一穷二白到本世纪初特色产业的蓬勃发展,成为彼时全国的经济明星,发展成就举世瞩

目。率先发展起来的浙江很快遇到了"成长的烦恼",经济发展带来的环境污染、资源消耗等问题越发严峻,让浙江出现了"有先发、无优势"的局面,转变经济发展方式迫在眉睫。2003 年,浙江省委提出"八八战略",即进一步发挥八个方面的优势、推进八个方面的举措。举一纲而万目张,沿着"八八战略"的指引,浙江省实现了美丽转身,走上了"绿水青山就是金山银山"的发展新路。近些年来,浙江省深入贯彻创新驱动发展战略,推动"互联网+"与实体经济融合,创新已经成为浙江经济发展的重要动力。如今,在"两个先行"的战略指引下,在迈向第二个百年奋斗目标的新征程上,浙江将继续干在实处、走在前列、勇立潮头。

(二)民营经济、内源驱动

浙江省民营经济蓬勃发展的背后是浙江的人文优势,是"自强不息、坚韧不拔、勇于创新、讲求实效"的浙江精神在起作用。与"钱塘自古繁华"相适应,古代浙江许多伟大的思想家如范蠡等也都倡导义利并重、注重工商的思想,不仅在中国文化史上独树一帜,而且深深地影响了浙江人的思想观念和行为方式。①

民营经济是浙江经济的最大特色和最大优势,是浙江发展的金名片。浙江特色产业的发展得益于民营经济。改革开放至今的 40 多年间,浙江民营经济由小到大、由弱变强,经济实力持续壮大、产业结构持续优化、发展韧性持续增强、发展活力持续迸发、社会贡献持续提高,成为发展的主力军、转型升级的排头兵、平稳发展的压舱石、创新创业的主战场、共同富裕的主引擎。根据 2021 年浙江省国民经济和社会发展统计公报,浙江省在册市场主体868 万户,比 2020 年增加 65.2 万户,新设民营企业 53.1 万户,增长 11.4%,占新设企业数的 94.2%,私营企业 290 万户,占企业总量的 92.5%。民营经济创造的税收占全省税收收入的 73.4%。中国民营经济 500 强企业数量浙江连续 23 年居全国第一;民营经济创造增加值预计 49200 亿元,占 GDP 的67% 左右。"民营经济创造了浙江 63% 的投资、66% 的生产总值、72% 的研

---

① 浙江省经济和信息化厅:《习近平总书记关于"浙江精神"的重要论述》,http://jxt.zj.gov.cn/art/2019/7/15/art_1659988_36024930.html,访问日期:2022 年 7 月 13 日。

发投入、73％的税收、78％的外贸出口、87％的就业岗位和91％的企业数量。"这组"6789"的数字形象概括了民营经济在浙江的地位。

改革开放以来，浙江从资源小省跃居成为经济大省，离不开多种所有制经济的共同发展，特别是民营经济的快速发展，营造了先发性优势，增强了经济活力，促进了市场竞争，是中国特色社会主义基本经济制度的成功实践样本。民营经济已成为浙江的核心竞争力，成为经济社会发展的重要引擎，成为推进供给侧结构性改革、推动高质量发展、建设共同富裕示范区的重要主体。

（三）政府开明、有力引导

浙江省特色产业的发展离不开政府部门的积极引导。从20世纪80年代温州模式中政府的"无为而治"，20世纪90年代义乌经验中的政府"适度有为"，再到21世纪杭州现象所代表的政府"有限有为有效"，浙江各级政府在充分激活民间活力基础上，对什么是政府行为做了循序渐进式的自我探索。

最初，浙江的特色产业经济发展是自下而上的。改革开放之初，一些产业基本是以私人或私人合作形式发展起来的，政府部门则基本以"无为而治"的态度对待这一新经济形态，最为熟知的就是温州模式，政府早期的"无为"状态一方面是由于其缺乏扶植能力，另一方面也缺乏相应的市场经济经验，而后来政府部门则由"无为"转向"适度有为"，这一阶段政府仍然保持尽量少干预经济。政府部门的有效引导造就了21世纪初浙江省特色产业的蓬勃景象。到2000年左右，浙江省特色产业的发展引起了全国的关注，相关研究也开始增多，也几乎是在这一时期，产业发展开始面临许多瓶颈亟待突破。此时，政府部门开始积极作为，加快特色产业转型升级的步伐。

近年来，为进一步提升特色产业的发展水平，促进经济高质量发展，浙江省又出台了一系列相关政策。2019年底，浙江省发展和改革委员会发布了《浙江省块状特色经济质量提升三年行动计划（2020—2022年）》，提出要按照发展壮大、提质控量、培育新兴、淘汰优化等不同要求，有针对性地对块状特色经济分类施策，实现特色、差异发展，聚焦"大而强""小而特"、新经济和"两高一低"分别提出了提升方向。为了提高特色产业的质量，2021年8月，浙江省市场监督管理局发布了《关于开展新一轮百个特色产业质量提升行动的通知》,特色产业质量提升是一个系统工程,从开展质量攻关、提升质量标准、加强企业质量管理、加强品牌培育、强化质量监管、强化质量基础服务等方面,深入开展质量提升行动。引导企业开展质量攻关,有效提升全省百个区域特色产业质量水平,为后续滚动推进区域其他产业质量提升,积累经验、提供样板。

(四)产学研领域加强合作

创新是经济发展的不竭动力,产学研合作是促进创新的一种有效形式。浙江特色产业的发展离不开产学研合作,产学研合作将企业和学校的科研力量结合起来,解决了企业面临的实际问题、突破了发展瓶颈,促进高校科研成果的转化应用。在浙江的这片土地上,企业研究院、知识产权联盟以及特色产业工程师协同创新中心是产学研合作的几项重要创举。

1. 推动企业研究院建设

企业研究院是国家技术创新体系的重要组成部分,是企业创新驱动发展的核心力量,是企业自行设立的具有较高层次、较高水平的研发机构。企业研究院依托于浙江大型企业设立,由企业与高等院校、科研院所联合组建,主要任务是集聚整合创新要素、组织开展科技创新、支撑企业持续发展、引领行业技术进步。省科技厅会同省发展和改革委、省经信委 2011 年制订出台的《浙江省企业研究院建设与管理试行办法》明确了企业研究院的认定、评价以及监督管理办法。2013 年 4 月,浙江推出了 71 家新兴产业技术创新综合试点省级重点企业研究院。2020 年,浙江省科学技术厅认定"浙江省三花制冷智控元器件研究院"等 301 家企业研究院为省级企业研究院,企业研究院建设取得实质性进展。

2. 知识产权联盟

近年来民营企业知识产权保护需求越来越迫切,浙江省自发组建的知识产权联盟日益增多,截至 2021 年,全省将建在建已建知识产权联盟 20 多个,拥有国家备案登记管理的联盟 7 个。2020 年 7 月初,浙江省市场监管局发布了《推动浙江省制造业集群知识产权联盟发展的指导意见》(以下简称《指导意见》)。《指导意见》首次定义了制造业集群知识产权联盟的内涵,明确了浙江省推动制造业集群知识产权联盟发展的指导思想、建设原则、主要目标和任务、建设条件和程序以及组织保障等工作内容,以期发挥知识产权联盟作用,在高效运用、有效创造、立体保护、规范管理和专业服务等知识产权各环节加强协同优化整合,全面服务先进制造业集群的知识产权问题和需求,为浙江经济高质量发展提供强大支撑。为促进和规范产业知识产权联盟发展,浙江省市场监管局发文确定2021年第一批省级备案产业知识产权联盟,共10家,这也是浙江省首次公布产业知识产权联盟名单。首批联盟主要涉及生物医药、智能网联电气、泵阀电机、绿色新能源、机电装备制造、现代纺织、现代五金和高端装备等重点发展产业,既有战略性新兴产业又有转型升级的传统产业,联盟实体建设落地7市雄鹰企业和龙头企业。

3. 特色产业工程师协同创新中心

2020年以来,浙江省开始逐步探索建设特色产业工程师协同创新中心,通过"一个特色产业＋一个共性技术平台＋一批共享工程师"的模式,在一个产业内部搭建起一个技术平台,实现了技术、人才等资源要素的共用共享,助力人才链与创新链、产业链实现深度融合,加快各地区特色产业转型发展步伐。这一模式打破了原来单个企业面临的诸多难题,有效推进了企业的技术创新,帮助企业突破了一个又一个的发展瓶颈。截至2021年底,省级工程师协同创新中心已集聚工程师2343人,解决共性技术难题146个,转化技术成果290项。除了省级工程师协同创新中心外,各市、县也结合当地产业的实际情况纷纷进行科学谋划,已建成市、县两级工程师协同创新中心50个。嘉兴在全省率先制定《嘉兴市特色产业工程师协同创新中心建设与管理办法(试行)》,构建了省、市、县三级全覆盖的"金字塔形"建设梯队。

(五)金融行业大力支持

特色产业的发展离不开金融的支撑。产业是基础和根本,金融则起到催化剂、润滑剂和倍增剂的作用,在良性循环模式下,两者相互渗透、相互支撑、相互促进,不断创造新的价值,实现"1＋1＞2"的效应,带动特色产业规模快速发展壮大,为经济发展作出积极贡献。

1. 加快发展金融产业

2015年7月,《浙江省金融产业发展规划》发布,明确提出要"着力构建五大金融产业、四大金融平台、三大区域金融布局的'大金融'产业格局,加快金融机构、金融市场、金融业务创新,进一步推进金融产业实力强和金融服务实体经济能力强的'金融强省'建设"。自该规划实施以来,金融业服务实体经济能力不断增强。浙江省不断加大金融保障重大项目和重大平台建设力度,进一步加强金融资源配置和产业转型升级对接,逐步优化信贷投向和期限结构。普惠金融深入推进,小微企业和"三农"金融服务满足率大幅提高,"融资难、融资贵"问题得到较大改善。金融行业的发展为特色产业注入了强大的生命力。2021年6月,浙江省金融业发展"十四五"规划发布,规划提出金融保障要更加精准有力的目标,实现金融要素配置更加高效、结构更加优化、循环更加畅通。

2.充分发挥政府产业基金的引导作用

2008年4月,杭州市在省内率先成立了规模10亿元的创业投资引导基金,引导社会资本进入杭州市范围内符合产业发展规划领域的初创期企业。在此基础上,浙江省政府产业基金由点及面地稳步推进,相继设立了一系列政府产业基金,涵盖了诸多领域,基金规模也快速扩容。为了充分发挥政府产业的引领撬动作用,浙江省财政厅先后发布了《关于创新财政支持经济发展方式加快设立政府产业基金的意见》《财政部关于印发〈政府投资基金暂行管理办法〉的通知》《浙江省产业基金管理办法》等规定,有效发挥了财政政策的导向作用,有助于贯彻落实省委、省政府的重大战略部署,通过政府引导与市场化运作的有效结合,加快推动科技创新和产业转型升级。

三、特色产业发展与共同富裕

(一)浙江作为共同富裕示范区的基础和优势

共同富裕是中国特色社会主义的本质要求,也是一个长期的历史过程。2021年6月10日,《中共中央 国务院关于支持浙江高质量发展建设共同富裕示范区的意见》发布。支持浙江高质量发展建设共同富裕示范区,是以习近平同志为核心的党中央把促进全体人民共同富裕摆在更加重要位置而作出的重大决策,充分体现了党中央对解决我国发展不平衡不充分问题的坚定决心。

1.总体富裕程度较高

改革开放以来,浙江省城镇居民人均可支配收入从 1978 年的 332 元增长至 2020 年的 62699 元,农村居民人均可支配收入从 165 元增长至 31930元,人民生活水平得到极大提高。从 2020 年的数据来看,浙江省实现生产总值 6.46 万亿元,人均生产总值超过 10 万元,居民人均可支配收入是全国平均水平的 1.63 倍,城、乡居民可支配收入分别连续 20 年和 36 年居全国各省区第 1 位。

2.区域发展均衡性较好

区域经济发展均衡,三大差距较小,这离不开浙江省特色产业、块状经济的发展模式。2020 年浙江省城乡居民可支配收入比为 1.96,远低于全国平均水平,且所有设区市居民收入都超过全国平均水平。浙江省所有地级市中嘉兴市城乡居民收入比最低为 1.61,丽水市城乡居民可支配收入之比最高为 2.05,城乡经济发展较为均衡。从地区发展来看,2020 年除衢州市和丽水市外,其余各地级市城镇居民人均可支配收入均在 60000 元以上,杭州市最高为 68666 元,衢州市和丽水市城镇居民人均可支配收入则分别为 49300 元和 48532 元;除衢州市和丽水市外,其余各地级市农村居民人均可支配收入均在 30000 元以上,嘉兴市最高为 39801 元,衢州市和丽水市农村居民人均可支配收入则分别为 26290 元和 23637 元。

3.改革创新意识强烈

自强不息、坚韧不拔、勇于创新、讲求实效是浙江人民在长期实践中形成的优良品质,是浙江精神的真实写照。此外,浙江有着深厚的重商文化土壤,这使得浙江人在改革开放后,能够不断挣脱约束,抢占先发优势,成为推动浙江经济发展的重要力量,浙商也成为海内外影响最大、实力最强的商帮群体之一。自改革开放以来,浙江省一直奋力走在时代发展的前沿,积极主动推动改革与创新工作。我国很多的改革政策最早是由浙江省提出的,比如"最多跑一次""特色小镇"等改革经验,创造和持续发展了"依靠群众就地化解矛盾"的"枫桥经验",之后才逐渐向全国其他省市进行发展。强烈的改革与创新意识、丰富的改革与创新经验是浙江省高质量建设发展共同富裕示范区的重要基础。在改革开放过程中积累的丰富经验,也能够引导浙江省政府及地方政府与各部门的工作人员认真研究和有效把握改革与开放的关系,通过改革来解决发展中的问题。

(二)特色产业发展助力实现共同富裕的理论基础

特色产业发展一方面筑牢了共同富裕的经济基础,把"蛋糕"不断做大;另一方面也有效促进了区域、城乡协调发展,推动经济社会均衡发展,把"蛋糕"分好。

1. 特色产业发展奠定共同富裕的经济基础

生产是分配的前提和基础,生产力不断发展才能真正实现共同富裕,共同富裕需要经济发展支撑。我国仍处于并将长期处于社会主义初级阶段,仍是世界上最大的发展中国家,发展依然是新时代的第一要务,是解决我国所有问题的基础和关键。实现社会公平正义是由多种因素决定的,最主要的还是经济社会发展水平。产业发展是实现共同富裕的起点,也是实现共同富裕的依托。

2. 特色产业发展促进区域、城乡协调发展

做大"蛋糕"和分好"蛋糕"是辩证的统一,是互为条件、相互促进的。做大"蛋糕"是分好"蛋糕"的前提,分好"蛋糕"是做大"蛋糕"的有效措施。共同富裕是全体人民的富裕,不是少数人的富裕。[①] 由于历史、自然地理条件、区位优势差异等方面的原因,浙江省区域发展不平衡,由此导致收入分配差距较大。近年来,随着特色产业的发展,区域之间的发展差距逐步缩小。浙江经济以民营企业为主体,从家庭工业和小商贩起步,形成"一村一品、一地一业"的传统特色产业集群,到2008年,块状经济已撑起了浙江工业的"半壁江山",有效促进了区域经济协调可持续发展,区域经济发展差距不断缩小,人民收入分配差距也不断缩小,促进全体人民实现共同富裕。

注重区域发展均衡、城乡发展均衡是坚持协调发展、增进人民福祉的重要途径。协调发展是习近平总书记坚持以人民为中心的发展思想的重要内容和新发展理念之一。浙江省始终重视并致力于解决发展过程中存在的不平衡、不协调、不可持续问题,协调发展水平总体较高,而特色产业发展是浙

---

① 陈梓睿:《协调发展:实现共同富裕的必由之路》,《光明日报》2021年11月22日第6版。

江省实现协调发展的重要手段之一,为推进共同富裕示范区建设奠定了良好的基础。

3. 特色产业推动经济社会均衡发展

共同富裕既是经济层面的发展目标,也是社会层面的发展追求,要求发展成果人人享有、各得其所,不是少数人享有、一部分人享有。特色产业发展蕴含着经济与社会均衡发展的取向,要求在发展经济的同时,彰显社会公平正义,激发和凝聚各方面的社会活力,为实现全体人民共同富裕创造和谐的社会条件。一方面,特色产业发展能够促进就业,提高居民收入,缩小收入分配差距,提升全体人民的获得感、幸福感、安全感;另一方面,发展特色产业要求不断提高居民的受教育程度,增强其就业创业能力和致富本领,畅通向上流动通道,给更多人创造致富机会,以防止社会阶层固化和收入分配差距的代际传递。

(三)特色产业发展助力实现共同富裕的内在机制

特色产业促进了经济的发展,奠定了共同富裕的基础,加快城乡、区域和经济社会的协调发展,其内在机制在于特色产业带动了居民就业,提升了居民收入,把好了共同富裕的第一关——初次分配。

1. 稳定居民就业

就业是最大的民生,实现更加充分更高质量就业是践行以人民为中心的发展思想、扎实推进共同富裕的重要基础。特色产业发展有助于实现更加充分更高质量的就业。就业的总体稳定和就业质量的稳步提高能够为居民增收提供坚实保障。党的十八大以来,就业在推动经济社会稳定协调发展方面发挥了积极作用,无论是城镇登记失业率,还是城镇调查失业率,都保持在较低水平,每年的城镇新增就业总量都在1100万人以上。即使面临经济下行压力加大、中美贸易摩擦和新冠疫情等各种内外部因素的冲击,我国的劳动力市场依然表现出较强的就业韧性。特色产业的发展能吸收当地剩余劳动力,让居民更多参与二、三产业,提高居民的就业率,促进当地居民经济收入的增加,有利于当地经济的快速发展。

2. 提高居民收入

党的二十大报告提出要"努力提高居民收入在国民收入分配中的比重,

提高劳动报酬在初次分配中的比重"。特色产业发展对于提升居民收入具有重要作用。第一,特色产业发展通过促进实现更加充分、更高质量的就业,能够让更多民众获得稳定、可预期的收入。从图 7-2 可以看出,2017 年至 2021 年的 5 年间,浙江省全体居民人均可支配收入从 42046 元增长至 57541 元,增幅为 15495 元,增长 36.9%;城镇居民人均可支配收入从 51261 元增长至 68487 元,增幅为 1726 元,增长 33.6%;农村居民人均可支配收入从 24956 元增长至 35247 元,增幅为 10291 元,增长 41.2%。总体来看,居民的收入水平更高了,城乡收入差距更小了。

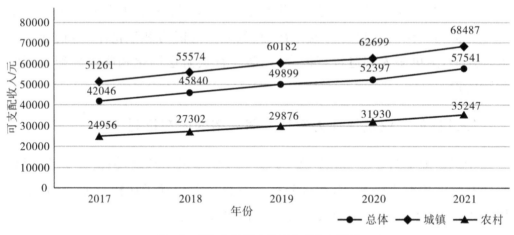

图 7-2　浙江省居民人均可支配收入情况

第二,特色产业的城乡均衡发展使得城乡收入差距进一步缩小。近年来,浙江省在实现居民持续增收的同时,城乡居民的收入分配状况也都得到了很大改善,城乡收入差距持续缩小。从表 7-2 数据来看,在 2018 至 2020 年间浙江省各地级市城乡居民人均可支配收入比在逐年下降。如杭州市 2018 年城乡居民人均可支配收入的比值为 1.843,到 2020 年这一比值下降至 1.774。

表 7-2　浙江省各地市城乡居民人均可支配收入比

地级市	2018	2019	2020
杭州市	1.843	1.822	1.774
宁波市	1.788	1.771	1.738
温州市	2.042	2.018	1.958
嘉兴市	1.676	1.656	1.611
湖州市	1.712	1.696	1.658
绍兴市	1.784	1.770	1.724
金华市	2.093	2.082	2.027
衢州市	1.938	1.921	1.875
舟山市	1.675	1.671	1.629
台州市	2.016	1.997	1.945
丽水市	2.136	2.117	2.053

数据来源：作者根据《浙江统计年鉴 2021》整理得到。

四、进一步发展特色产业的政策建议

(一)将特色产业发展与特色小镇建设有机整合起来

特色产业是特色小镇发展的生命力,浙江省特色产业的多元化为特色小镇建设奠定了良好的基础。进一步推进特色小镇建设应当将特色小镇与当地特色产业有机整合起来,加快特色小镇发展。

第一,进一步提升特色产业发展质量。经过近年来的转型升级和集群式发展,浙江省特色产业已经从传统的"高消耗、高污染、低效益"逐步向"低消耗、低污染、高效益"转型,特色产业发展质量得以提升,但不可否认的是,特色产业仍有待进一步提升质量、提高水平。对此,应当坚持创新、协调、绿色、开放、共享的新发展理念,构建新发展格局,将创新发展摆在首要位置,不断提升企业和行业的创新能力,建设特色产业发展人才高地,吸引更多优秀人才来浙工作和生活。

第二,将特色产业发展作为特色小镇的重要支撑。浙江省各地区的特色产业大都已经经历了几十年的发展,随着近年来产业转型升级和产业集群式发展,特色产业已经形成了较为完整的产业链,具有了一定的国内国际影响力,为特色小镇建设奠定了良好的基础。新时代背景下,浙江特色小镇要从特色产业走向综合发展,必须坚持特色引领,深挖其文化内涵、精神内核和历史底蕴,带动特色小镇在经济、文化、旅游、科技、信息等方面深度融合,持续为特色小镇的发展注入新的活力。

(二)将涉农特色产业发展与乡村振兴有效衔接起来

乡村要振兴,产业必振兴,产业兴旺,是解决农村一切问题的前提。党的二十大报告提出要"发展乡村特色产业,拓宽农民增收致富渠道"。只有实现乡村产业发展,才能更好推动农业全面升级、农村全面进步、农民全面发展。

第一,实现全体人民共同富裕最艰巨最繁重的任务仍然在农村。推进共同富裕的关键就是补齐农村农民这个短板和薄弱环节,巩固拓展脱贫攻坚成果,全面推进乡村振兴,加快农业产业化,拓宽农民增收渠道,持续保持高质量就业。发展特色产业是留住农民就近就业的重要途径。农民外出务工是为了挣钱,因为外面的机会多。如果家乡有了特色产业,他们就有了用武之地,有了挣钱的机会,农民自然会选择就近就业。乡村振兴的根本是生活富裕,即促进农民就业,使农民更有获得感。特色产业的发展可以在当地提供更多的就业岗位,提高本地就业率,增加农民的收入。乡村振兴也能够吸引更多人返乡就业,特色产业的发展将为他们提供更加广阔的平台,利用他们在发达地区学到的先进的技术与知识,为当地居民增收致富。

第二,挖掘农业特色产业,推进实现乡村振兴。特色产业能够有效带动农民增收致富,是增加农民收入的重要手段,是推动乡村振兴、实现共同富裕的重要支撑和有力抓手。乡村振兴必须加快构建现代农业产业体系,打破"乡村的产业就是农业"这一传统观点,积极引导广大农村居民开展特色产品种植,打造文化休闲产业,创建富有地方特色的特产"名片",走出一条乡村特色产业振兴之路。特色农业依赖于乡村的自然禀赋,加快了土地、资金等要素的合理配置,能够充分吸引本地居民就业,甚至能接收更多的外来劳动力在本地就业创业。特色产业的创新发展,要打造一批"土字号""乡字号"特色产品品牌。通过创新发展具有民族和地域特色的乡村手工业,大力挖掘农村能工巧匠,培育一批家庭工场、手工作坊、乡村车间,由此推动乡村生态文明建设与乡村文化传承,由此,构成乡村产业兴旺、乡风文明、生态宜居的新型产业基础与平台。大力发展乡村特色产业,挖掘特色农业潜力,有利于促进适度规模经营、加强全产业链建设、推动产业融合发展,有利于创造新产品、催生新业态、发展新模式、拓展新领域,有利于完善利益分享机制,拓宽农民增收渠道,助力实现共同富裕。[①]

(三)深入开展特色产业链建设的浙江实践

在国际政治经济形势越来越复杂多变的现实背景下,深刻把握"增强产业链供应链自主可控能力"的内涵,解决"卡脖子"技术问题、提升全产业链的整合能力与抗风险能力,实现"链"的接续性、完整性与安全性。

第一,以核心企业为主体构建稳定自主可控的产业链。产业链是以企业为主体构建的,核心企业的创新能够不断推动产业链创新。支持产业链核心企业自身的发展,鼓励银行增加流动性的支持,包括增加授信额度,帮助稳定生产和经营。在特色产业的发展过程中,浙江省培育了一批又一批具有国际影响力的龙头企业,如桐乡的桐昆、乐清的正泰、诸暨的海亮等,许多企业迈入全国500强的行列,应当充分发挥这些核心企业的引领和带头作用,推进以核心企业为主体构建稳定自主可控的产业链,具体而言,一方面应当围绕创新做好文章,另一方面则要树立品牌,通过上市、海外并购等方式提升核心企业影响力。

第二,推动"产业链"和"人才链"高度融合,围绕重点特色产业出台人才政策。浙江省政府在2017年提出要围绕网络经济、高端制造、生物经济、绿色低碳和数字创意等五大领域,重点发展信息技术、物联网、人工智能、高端装备制造、新材料、生物、新能源汽车、新能源、节能环保、数字创意等十大战略性新兴产业,对此,政府部门也应当有针对性地出台相应的人才政策,推动相关特色产业发展。各市县区也应当围绕自身特色产业发展现状,灵活地制定人才相关政策,推动特色产业及产业链向更高端迈进。

---

① 安淑新:《以产业兴旺促乡村全面振兴》,《经济日报》2022年4月25日第10版。

（四）充分发挥特色产业的稳就业和提收入功能

充分发挥特色产业稳就业和提收入的基础性作用,用好资金补贴、税收减免等政策杠杆,促进特色产业发展,激励更多中小微企业、个体工商户等吸纳就业,提升居民收入。

第一,依托特色产业加强就业技能培训。特色产业的发展离不开相关专业人才,产业发展对人力资本的需求也可能具有一定的独特性,因此,政府部门应当出台相关政策措施推进本地特色产业技能培训,为企业发展提供充足的人力资本。制定技工院校双高财政补助政策,对一流技师学院和技工院校省级高水平专业给予补助,推动技工院校提质增量;建立跨区域技能培训券补贴制度,扩大技能劳动者培训政策范围;优化完善技能提升行动专账资金省级统筹机制,向重点就业领域、重点区域倾斜。

第二,围绕特色产业大力推进大众创业、万众创新,充分激发全社会的创业热情,促进更多市场主体大胆创新、积极创业、带动就业。加快"双创"支撑平台建设,支持重点高校建设"双创"基地,积极支持农民工等群体返乡入乡创业。加大创业的融资支持力度,着力解决创业人员的融资难、融资贵问题。围绕创业场地、本金、融资、担保、技能等关键要素,提供财税政策扶持,降低创业成本和创业风险,通过成功创业实现增收致富。探索建立创业风险救助机制,加大政策性融资担保机构对创业支持力度,探索商标、专利等无形资产的抵押担保的可行路径,优化创业担保贷款和财政贴息政策,解决创业融资难、融资贵的问题;设立以创业带动就业为主要支持方向的创业引导基金,改革财政资金、国有资本作为资本金参与创业投资的投入管理、退出标准和规则,解决创业资本不足问题。加大对重点群体创业的财税政策支持力度。加大创业培训力度,推广创业导师制。优化完善支持创业的优惠政策,对退役军人、农村返乡创业人员等重点群体的创业给予更大力度的税收优惠政策,鼓励引导各类群体投身创业。通过健全创业人员的失业保障体系,完善失业救助制度,为创业失败人员及时提供救助。同时,还要加强创业人员失败后的再就业,帮助个体重新就业,对有前景的创业项目进行帮扶和指导,使创业者创业失败后能够再次创业。

执笔人:郭继强,浙江大学公共政策研究院。

第八章　科技创新——持续为高质量发展释放红利①

党和国家一直非常重视科技创新工作。党的二十大报告中明确指出教育、科技、人才是全面建设社会主义现代化国家的基础性、战略性支撑。必须坚持科技是第一生产力、人才是第一资源、创新是第一动力,深入实施科教兴国战略、人才强国战略、创新驱动发展战略,开辟发展新领域新赛道,不断塑造发展新动能新优势。对于如何把科技创新工作落到实处,党的二十大报告也给出了明确的指示,即完善科技创新体系,坚持创新在我国现代化建设全局中的核心地位,健全新型举国体制,强化国家战略科技力量,提升国家创新体系整体效能,形成具有全球竞争力的开放创新生态。加快实施创新驱动发展战略,加快实现高水平科技自立自强,以国家战略需求为导向,集聚力量进行原创性引领性科技攻关,坚决打赢关键核心技术攻坚战,加快实施一批具有战略性全局性前瞻性的国家重大科技项目,增强自主创新能力。

习近平总书记也高度重视科技创新工作,主政浙江期间就亲自谋划、亲自部署、亲自推动一系列重大科技创新工作。2003 年,省委十一届四次全会作出"八八战略"决策部署,强调要积极推进科教兴省、人才强省。2006 年,全省自主创新大会提出"2020 年成为创新型省份、基本建成科技强省"的战略目标,为全省科技创新工作指明了前进方向,提供了根本遵循。这些年来,浙江省委、省政府坚定不移贯彻落实习近平总书记关于科技创新的重要论述,忠实践行"八八战略",始终坚持科技创新一张蓝图绘到底。2017 年,省第十四次党代会提出"创新强省"的工作导向,增创发展动能新优势。2018年,出台"科技新政 50 条",以超常规力度建设创新型省份。2020 年 6 月,省

① 本章参考和引用了浙江省科技厅的相关内部资料,在此表示感谢。

委十四届七次全会审议通过《关于建设高素质强大人才队伍 打造高水平创新型省份的决定》，把人才强省、创新强省作为首位战略；11 月，省委十四届八次全会提出，要把科技创新作为"战略支撑、首位战略"和"重要窗口"的鲜明标识来抓，把建设三大科创高地作为"第一战略抓手"。2021 年 6 月，省委十四届九次全会把科技创新工作放在共同富裕示范区建设各项重点任务的首位，提出基本形成科技创新新型举国体制浙江路径的战略任务。2022 年 6 月，浙江省第十五次党代会报告着重提出，全面实施科技创新和人才强省首位战略。这是省委在深入学习领会习近平总书记关于做好新时代人才工作的重要思想和科技创新重要论述精神、深刻把握经济社会发展普遍性规律和浙江省发展阶段性特征基础上作出的战略部署，必将为推进"两个先行"注入强大动能。当前，浙江省正进一步加快建设高水平创新型省份，努力为打造"重要窗口"、争创社会主义现代化先行省、高质量发展建设共同富裕示范区提供强劲科技支撑。

一、科技创新促进高质量发展的机制探索

（一）新时代科技创新的内涵

新时代科技创新是与马克思主义科技观一脉相承的理论思想。科学技术是生产力，科学技术的进步推动社会生产的发展，是经济社会发展的强大力量，二者是相辅相成的辩证统一体。新时代伊始，习近平总书记更加强调，"创新是引领发展的第一动力。抓创新就是抓发展，谋创新就是谋未来。适应和引领我国经济发展新常态，关键是要依靠科技创新转换发展动力"。[①]可以看出，新时代科技创新始终是与马克思主义科技观一脉相承又与时俱进的理论思想。

理念是创新的灵魂。创新是发展的第一动力，从国际视角看，世界经济长远发展的动力皆源自创新。创新需要顶层设计，习近平强调："要强化战略

---

① 习近平：《在中央财经领导小组第七次会议上的讲话》，载《习近平关于科技创新论述摘编》，中央文献出版社 2016 年版，第 7 页。

导向和目标引导,强化科技创新体系能力,加快构筑支撑高端引领的先发优势,加强对关系根本和全局的科学问题的研究部署,在关键领域、'卡脖子'的地方下大功夫,集合精锐力量,作出战略性安排。"①创新的关键是自主,习近平指出,只有把核心技术掌握在自己手中,才能真正掌握竞争和发展的主动权。创新最终要应用于实践,必定要服务于社会。习近平曾明确指出:"当今全球科技革命发展的主要特征是从'科学'到'技术'转化,基本要求是重大基础研究成果产业化。"②

创新的关键在于判断发展的趋势方向。习近平指出:"面对科技创新发展新趋势,世界主要国家都在寻找科技创新的突破口,抢占未来经济科技发展的先机,我们不能在这场科技创新的大赛场上落后。"③科学技术发展时刻在变化,习近平强调,"我们要瞄准世界科技前沿领域和顶尖水平,树立雄心,奋起直追,潮头搏浪,树立敢于同世界强手比拼的志气,着力增强自主创新能力,在科技资源上快速布局,力争在基础科技领域作出大的创新,在关键核心技术领域取得大的突破"。④

体制是创新的保障。在国家层面进行顶层设计时,制度是最直接的政策工具。"实施创新驱动发展战略,最根本的是要增强自主创新能力,最紧迫的是要破除体制机制障碍,最大限度解放和激发科技作为第一生产力所蕴藏的巨大潜能。"⑤在创新体制改革中,科技体制是重中之重。习近平指出:"要着力加快完善基础研究体制机制,把基础前沿、关键共性、社会公益和战略高技术研究作为重大基础工程来抓,实施好国家重大科学计划和科学工程,加快在国际科学前沿领域抢占制高点"。⑥

①　习近平:《在中国科学院第十九次院士大会、中国工程院第十四次院士大会上的讲话》,人民出版社 2018 年版第 13 页。

②　习近平:《在中央财经领导小组第七次会议上的讲话》,《人民日报》2014 年 8 月 19 日第 1 版。

③　习近平:《在欧美同学会成立一百周年庆祝大会上的讲话》,《人民日报》2013 年 10 月 22 日第 2 版。

④　习近平:《在参加全国政协十二届一次会议科协、科技界委员联组讨论时的讲话》,载《习近平关于科技创新论述摘编》,中央文献出版社 2016 年版,第 75 页。

⑤　习近平:《加快从要素驱动、投资规模驱动发展为主向以创新驱动发展为主的转变》,载《习近平谈治国理政》第一卷,外文出版社 2022 年版,第 119-132 页。

⑥　习近平:《在中国科学院第十七次院士大会、中国工程院第十二次院士大会上的讲话》,人民出版社 2014 年单行本,第 15-16 页。

(二)科技创新和高质量发展的关系

1.提高企业的生产效率,拓宽企业价值活动的边界

科技创新能够实现企业内生式增长,促进企业发展。Subrahmanya 以印度科技型中小企业为研究对象,发现科技创新能显著促进企业成长,技术人员投入的增加能够增加企业的营业收入。[①] 王勇等以中国 501 家 IT 企业为例,对信息技术企业科技创新能力和企业成长相关性进行实证研究,结果显示科技创新对企业成长有显著影响。[②] Yang 以中国高新技术企业为例,研究发现科技创新能够加快企业发展。[③] Peng 等人基于中国科技型企业数据,对企业研发投入和技术效率进行实证分析,结果显示研发投入能够提高科技型企业的技术效率,提升企业价值,促进企业发展。[④] 张超以 1962—2012 年美国上市公司为样本,通过计算科技创新等无形资产价值占企业总市值的比重构建衡量企业科技创新含量的指标,研究发现科技创新能够促进企业实现内生式增长,但会增加企业短期经营风险,同时,结果显示科技创新程度高的企业具有显著的超额收益率。[⑤] 卓志衡基于广东省 2004—2018 年的数据分析了科技创新对企业发展的影响,将科技创新分为创新投入、创新产出及创新环境三个要素,研究结果显示创新投入先对企业发展产生负向影响,后对企业发展产生正向影响;创新产出和创新环境均对企业发展产生长期显著的积极影响;创新环境对企业发展的贡献程度要高于创新投入与创新产出对企业发展的贡献程度。[⑥]

[①] M. H. Bala Subrahmanya. "Technological Innovation and Growth of SMEs in Bangalore: Does Innovation Facilitate Growth of Firm Size?" *The Asian Journal of Technology Management* 4, no. 1 (2011): 41-45.

[②] 王勇、程源、雷家骕:《IT 企业技术创新能力与企业成长的相关性实证研究》,《科学学研究》2010 年第 2 期。

[③] Jie Yang "Innovation Capability and Corporate Growth: An Empirical Investigation in China." *Journal of Engineering and Technology Management* 29 no. 1 (2012): 34-36.

[④] Feng Peng and Ling Li. "Technology Import, R&D Investment and Technical Efficiency of Chinese High-Tech Industry." In *Technology and Innovation Management: Perspectives from Developing Economies* (pp. 303—308). Berlin, Heidelberg: Springer Berlin Heidelberg, 2013.

[⑤] 张超:《科技创新与企业发展——来自美国的微观证据及其对于科创板的启示》,《会计与经济研究》2019 年第 6 期。

[⑥] 卓志衡:《科技创新对企业发展的影响研究》,长江大学硕士学位论文,2020。

大量研究表明,科技创新对企业短期与长期发展可以产生较为不同的影响,但几乎所有研究都指向长期来看科技创新对企业生产效率、企业价值与企业发展会产生正向的影响。而在新时代的国际竞争格局中,各大企业已争相抢占科技创新的高地,以创新成果、创新产出为基础,拓展企业的价值边界,提升企业的独特竞争力。

2. 促进产业结构升级,推动绿色创新

科技创新在产业结构升级与高质量绿色经济发展,尤其是传统产业的升级转型中,往往能够发挥关键性、整体性的作用。以煤炭产业为例,冯之坦等研究发现,煤炭工业科技创新从整体上产生了经济高质量绿色发展效应。这种“高质量发展”作用主要是促进了煤炭企业高质量转型,产生了绿色转型效应。其绿色转型效应远远超过煤炭企业产业方向调整、资产结构演变所产生的“阵痛”副作用;煤炭企业高质量转型、资产结构绿色演变是连接科技创新与经济效益的纽带。[①] 在农业经济中,科技创新也同样发挥着重要的作用,赖晓敏等通过研究专利的溢出效应,指出专利对农业经济增长的影响既包括随距离而衰减的技术扩散产生的积极效应,也包括同一农业区划中因产权排他性产生的抑制效应。因此,区域农业科技创新发展过程中,应该统筹本地和周边地区专利产出的经济效果,有效利用专利产出,从而推动农业可持续增长。[②]

在产业升级与产业多样化发展中,科技创新与城市集聚往往发挥交互作用。李洪涛等研究发现,中心城市科技创新对城市群的产业升级高级化与产业多样化发展起到先抑制再推动的作用,该作用受到科技支撑水平的约束限制,科技支撑水平的提升能够进一步扩大中心城市科技创新对城市群产业高级化与多样化的边际作用效果。[③] 涂建军等通过对长三角城市群的研究发现,高水平新型城镇化地区已形成科技创新、产业结构升级和新型城镇化的协同互促机制,其中科技创新对促进产业结构升级的贡献最大;但在低水平

---

①　冯之坦、朱学义、朱亮峰:《科技创新效率与煤炭企业高质量绿色发展效应研究》,《生态经济》2022年第3期。

②　赖晓敏、张俊飚、张艳、李兆亮、赵丁洁:《中国农业科技创新的空间经济效应——基于种植业专利的实证研究》,《研究与发展管理》2022年第2期。

③　李洪涛、王丽丽:《中心城市科技创新与城市群产业高级化及多样化》,《科研管理》2022年第1期。

新型城镇化地区,科技创新对产业结构升级和新型城镇化仅存在单向影响。[①]

3.引领行业发展趋势,满足人民对美好生活的需要

经济发展是高质量发展的基础性工作,科技创新可以通过促进经济发展,为高质量发展提供支撑,从而为满足人民群众日益增长的美好生活需要提供物质基础。科技创新对经济发展的促进作用体现在以下几个方面。

首先,科技创新对于产业升级具有推动作用。产业的发展升级可以帮助提升工商产业的生产经营效率。特别是人工智能、5G 网络等工业互联网技术的发展对制造业生产效率提升的作用明显。这种生产效率的提升可以转换为工商业劳动者增收能力的提升。由此,科技创新所带来的产业升级,可以带动产业劳动者收入的增长。

其次,科技创新对于农业产业发展具有促进作用。科技的发展有助于推动农业生产技术的进步升级,后者有助于提升农业生产效率。对于依靠农业生产获得市场性收入的农户而言,科技创新带来的农业进步有助于他们的收入增长。

再则,科技创新可以帮助完善生产技术,从而为消费者提供质量可控的产品。生产技术的升级关系到产品的品质,也关系到消费者的使用体验。通过科技创新,生产者可以生产出质量更为可控、使用体验更佳的产品。例如,铁路产业技术的更新促进企业生产出乘坐体验更佳的"复兴号"高铁、种植技术的更新促进农业企业生产出更加安全的农副产品。这些都是科技创新带来的产品优化。它们最终提升了消费者的消费水平和生活水平。

最后,科技创新带来的平台经济发展,既可以帮助更多数量的劳动者,或者提高他们的收入水平,也可以帮助消费者更加便捷地获取生产性服务。一方面,平台经济的发展为劳动者提供了更多的就业机会,外卖员、共享汽车等平台经济产业为数量可观的劳动者创造了就业岗位,从而使后者能够获得劳动收入。另一方面,平台经济的发展有助于降低生产成本和交易成本,提高产品的精准性和个性化溢价。信息技术以低成本的方式解决了生产中信息

[①] 涂建军、姜莉、徐桂萍、韩梦涛:《长三角城市群科技创新、产业结构升级与新型城镇化的交互影响》,《城市发展研究》2021 年第 12 期。

收集难、处理慢、范围小的问题,降低了多样化的生产成本,使得差异化生产效率提升形成范围经济。降低搜寻成本是指消费者在线上搜索符合自己个性化需求的成本降低,同时企业精准地找到目标客户;信息技术降低了消费者和企业之间交换信息的成本,信息技术对消费者进行人物画像,生产更符合消费者需求的产品;消费者在线上消费时可以通过各种平台了解产品信息,从而降低了决策成本。个性化的服务产品可以获得超高溢价。

4. 提高国家在全球价值链中的位置

当今国际竞争的重要方面是科技和人才的竞争,科技创新可以显著提高国家在全球价值链中的地位。根据 Baldwin 和 Venables 的界定,全球价值链通常可以分为序贯型和垂直型两种形式。[①] 一国若要提升自身在全球价值链中的地位,可以通过改变劳动力、资本等生产要素的结构与质量、生产函数的构成,以及经济的基本形态。

工业经济(工业文明)时期,全球价值链分工才开始逐步展开,但仍然是初步的、局部的;到了服务经济(服务业文明)时期,全球价值链分工终于全面展开,这是物质与服务相互促进的结果;在目前开始的数字经济(数字/信息文明)时代,全球价值链分工的物质基础条件充分,但价值观、思想和意识形态等非物质方面的影响逐渐上升。在不同的经济形态中,人的作用及与相关主体的关系不尽相同。

根据跨国微笑曲线,全球价值链分工结构的跨国微笑曲线变得越来越陡峭,全球价值链分工将更加趋向区域化。自动化有可能抵消低技能、低工资国家和地区的比较优势,导致生产重新外包,从而缩短全球生产链。

在全球价值链分工水平差异拉大、价值链分工的物质基础水平大幅提高的背景下,科技创新对于提升国家在全球价值链中地位的作用日益凸显。例如,数字经济发展不同维度显著提高了国家的全球价值链分工地位,并以数字基础设施的影响最为显著。就机制而言,数字经济渗透通过贸易成本降低与人力资本结构升级驱动国家的全球价值链分工地位向高端攀升。

再者,科技创新的不断发展,可以在全社会范围内营造一种"尊重知识、

---

① Richard Baldwin and Anthony J. Venables. "Spiders and snakes: Offshorability, agglomeration and the global economy." *Journal of International Economics*, 90, no. 2 (2013): 245-254.

尊重人才、尊重创造"的创新氛围。这种氛围本身就是一种有利于提升科技创新力的价值观、思想和意识形态因素。近年来科技产业的快速发展,科技人才待遇水平的快速增长,在我国也激励了青年一代认真学习科学技能、提升个体竞争力水平。这种良好氛围有利于科技创新的持续发力,从而持续为我国提升在全球价值链中地位创造动力。

5.提高社会发展质量,实现可持续发展

科技创新的另一点功能在于提高社会发展质量,帮助社会实现可持续发展。当今社会发展越来越强调从粗放型增长向可持续发展的转变。敦帅等从规律、需求、趋势和韧性、张力、活力、弹性几方面提出了新形势下科技创新治理体系构建路径,并基于对主要发达国家和中华人民共和国成立以来科技创新治理体系发展演变过程的梳理和科技创新治理体系面临新形势的解构,发现科技创新对我国国家治理体系和治理能力现代化具有重要作用,对提升人民生活满意度具有重要作用。[①]

究其原因,科技创新本身就内含着可持续发展的思想。根据贝尔纳的科技创新可持续思想,科技创新的可持续主要包括生态可持续性、经济可持续性和社会可持续性三个维度,可持续表现为全面系统可持续性、隐秘生态可持续性、效益惠民可持续性、群众参与可持续性和广泛国际可持续性等特征。[②] 例如,科技创新有助于促进节能减排。通过科技的革新,汽车排放的国家标准逐步升级,各类新能源汽车也相继出现,从而减少了汽车尾气的排放;工业企业的生产技术也得到更新,工业"三废"的排放量减少,从而保护了生态环境。

再者,科技创新也有助于经济发展的可持续性。通过科技革新,作为经济发展支柱的产业实现迭代升级,以往占据着重要地位的资源密集型产业逐步被技术密集型产业替代。它使得经济发展对于生态环境的负外部性逐渐减少,经济发展对于不可再生资源的依赖性也逐步减少,从而提升经济发展的可持续性。

---

　　①　敦帅,陈强,贾婷等:《新形势下科技创新治理体系现代化的理论体系构建研究》,《科学学与科学技术管理》2022年第3期。

　　②　徐治立,吕弈诗:《论贝尔纳科技创新可持续性思想及其现实意义》,《科学管理研究》2022年第1期。

最后,科技创新也为社会生活提供了越来越便捷的科技设施。医疗技术的迭代升级,为公民身体健康的维护提供了日益完善的保障。影视技术的更新,为人民群众提供了日益丰富的消遣方式。物流技术的升级,则为各地群众享受来自其他地方的食品和日用品提供了便利,从而提升社会公民的整体福祉。这些都有助于提升社会发展过程中人民群众的获得感,从而最终有助于激励公民持续投入促进社会发展、维护社会公共秩序的行动之中,进而最终有助于全社会的可持续发展。

二、浙江省科技创新的主要做法与重要成就

过去五年,浙江省坚定不移实施人才强省、创新强省首位战略,以超常规举措推进三大科创高地和创新策源地建设,核心技术攻关取得突破性进展,战略科技力量实现系统性重塑,区域创新生态发生格局性变化,如期建成创新型省份,正加速向高水平创新型省份迈进。浙江省围绕高水平创新型省份和科技强省建设的主要做法和重要成就,可以归纳总结为如下五个方面。

(一)构建科技创新投入激励机制

浙江省委、省政府高度重视科技创新,超常规、大力度投入科技创新。全社会研发投入从 2016 年的 1130.63 亿元提高到 2021 年的 2132 亿元,基本实现翻番,超过山东居全国第 4 位。与第 3 位北京的差距由 2019 年的 563.8 亿元减少到 284 亿元,高出山东 450 亿元。2016—2021 年,全社会 R&D 经费年均增速达 13.53%。研发投入强度从 2.39% 提高到 2.9%,与江苏的差距从 0.23 个百分点缩小到 0.05 个百分点。近年来,浙江以重大创新平台建设为突破口,持续加大基础研究投入力度。省财政给予每家省实验室每年 1 亿元、连续 5 年资金支持,给予之江实验室 5 年 100 亿元经费支持。2016—2021 年,浙江省基础研究经费占比从 2.84% 提升到 4%,超过江苏。地方财政科技投入从 269 亿元提高到 579 亿元,实现翻番(见图 8-1)。

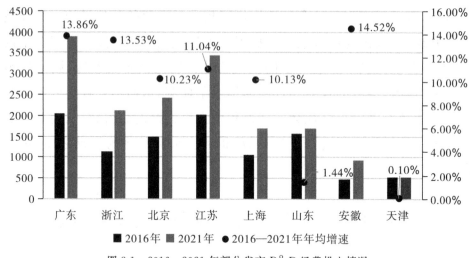

图 8-1　2016—2021 年部分省市 R&D 经费投入情况

(二)大力打造创新策源重大平台

杭州城西科创大走廊创新策源地建设成效明显,产业增加值从 2017 年的 1437.6 亿元增长到 2021 年的 2800 亿元,年均增长 18.1%,增长了近 1 倍;规上服务业营收从 3204.2 亿元增长到 8500 亿元,年均增长 27.6%,增长 1.65 倍。2022 年,大走廊实施的国家和省重点研发项目占全省 1/3,已集聚全省超 60% 的国家科技奖和省科技奖一等奖、超 70% 的国家重点实验室、超 80% 的国家"杰青""优青"人才,成为培育战略科技力量主平台。以实验室体系和技术创新中心体系为核心的战略科技力量实现系统性重塑,之江实验室成为国家实验室基地,国家实验室和国家实验室基地加快挂牌。遴选首批 14 家实验室积极争创全国重点实验室,浙江大学、中电海康集团 2 家实验室争创标杆实验室。之江、西湖、良渚、湖畔、甬江、瓯江等六大省实验室挂牌建设,白马湖、东海、天目山省实验室已经省政府常务会议审议。已布局建设工业操作系统、绿色智能汽车及零部件等 6 家省技术创新中心。获批建设全省首家大动物 P3 实验室。国家自主创新示范区和人工智能创新发展试验区各 2 个,数量全国第 1。超重力离心模拟与实验装置、超高灵敏极弱磁场和惯性测量装置 2 个大科学装置获批建设,实现零的突破。新型研发机构建设加快推进,累计认定省级新型研发机构 68 家。

专栏 1 杭州城西科创大走廊基本情况介绍

作为浙江省创新策源地建设的主平台和大湾区建设的战略载体，"十三五"时期杭州城西科创大走廊（以下简称大走廊）按照打造国际水准的创新共同体、国家级科技创新策源地、浙江创新发展主引擎的战略目标，专注科创特色快速崛起，基本确立全省创新发展主引擎地位。

2016—2020 年，产业增加值年均增长 23.0%、高新技术产业增加值年均增长 22.6%，战略性新兴产业产值比重和规上工业亩均增加值分别为全省平均水平的 2.5 倍和 5.5 倍，数字经济核心产业增加值占全省 30% 以上，连续多年位居全省集聚区综合考评第一。依托浙江大学、阿里巴巴等世界一流研究型大学、创新型企业，启动实施国家重大科技基础设施浙大超重力离心模拟与实验装置、之江实验室、阿里达摩院、西湖大学、良渚实验室等重大创新平台建设。集聚 12 家国家重点实验室，占全省 85.7%。首批 4 家省实验室均落户大走廊。2020 年，大走廊 24 项成果入选 2020 年国家科学技术进步奖初评项目（其中以牵头单位入围 13 项），占全省总量 60%。累计集聚人才突破 45 万、全职院士 59 名、海外高层次人才 8531 人、"国、省千"人才突破 500 人，建有诺奖和院士工作站 19 家。每年新增"国、省千"人才占到全省 1/3，入选国家级杰出青年、国家优秀青年人数占到全省 80% 以上。

到 2025 年，杭州城西科创大走廊规划初步建成具有全球影响力的创新策源地，基本形成综合性国家科学中心核心承载区功能和国家重要的战略科技力量，创新型产业集群效应初步显现，基本建成全省高质量发展引领区、城市现代化先行区、整体智治示范区。

（引自《杭州城西科创大走廊发展"十四五"规划》）

（三）加大关键核心技术攻关力度

三大科创高地呈现"6789"现象，集聚全省 60% 左右的国家和省科技奖、70% 以上的科技企业和科技人才、80% 以上的省级科研攻关项目、90% 以上的重大创新平台。围绕化解重点产业链断供断链风险，以数字化改革牵引科技项目组织实施方式变革，打造"浙里关键核心技术攻关"重大应用，创新建立关键核心技术攻关倒逼、引领、替代、转化"四张清单"机制,推行"揭榜挂帅""赛马制"、创新联合体等攻关模式,累计取得 197 项进口替代成果,数字安防、结构生物学、高端磁性材料等领域技术水平领跑全国。"燃煤机组超低排放关键技术研发及应用""现代空间结构体系创新、关键技术与工程应用""超高产专用早籼稻品种中嘉早 17 等的选育与应用"等一批重大成果获国家科技奖,数量从 2016 年的全国第 6 位(13 项)上升到 2020 年(19 项)的第 3位。80%的重大成果集中在三大科创高地领域。成功研发全球神经元规模最大的类脑计算机、飞机数字化装配技术、飞天云计算操作系统、国内首个本土原研丙肝一类新药达诺瑞韦钠片,实现固态存储控制器芯片国产化、超高纯金属溅射靶材自主可控等。在全球首次成功解析新冠病毒细胞表面受体(ACE2)的空间结构和全病毒精细三维结构。

专栏 2   浙江:以数字之力 激发科技创新澎湃动能

一年来,浙江科技系统紧紧围绕高水平创新型省份和科技强省建设,聚焦聚力强突破,自上而下、自下而上,引领全省科技创新数字化改革持续迭代升级,形成了一批"硬核"成果,交出了一份沉甸甸的改革成绩单。牵一发而动全身,一子落而满盘活。实践证明,数字化改革作为全面深化改革的总抓手,能够有效推动高质量发展,激发科技创新澎湃动能。

一是需求导向,强化关键核心技术攻关。2021 年以来,浙江省科技厅聚焦科技攻关体制机制性难题,以数字化改革引领项目组织实施方式变革,牵头建设"浙里关键核心技术攻关"重大应用。围绕"攻什么、谁来攻、如何高效服务攻关、如何科学评价攻关"等关键环节,系统梳理 15 项瓶颈性问题,在全国率先上线"浙里关键核心技术攻关应用",加快推动重大科技项目组织实施方式系统性、重塑性变革。以创新链技术路线图为基石,以科技攻关认知计算引擎为支撑,围绕两链融合、需求凝练、团队组建、资源配置、成果评价五大机制,改革有效提高了攻关任务凝练实战性和时效性、攻关组队的精准性和便捷性、服务攻关的主动性和高效性、成果评价的实用性和有效性。

二是改革破题,畅通科技成果转化路径。长期以来,高校、科研院所等研发创新形成的成果属国有资产,在转化过程中存在市场定价"不精准"、成果权属"不清晰"、服务体系"不健全"、转化路径"不通畅"等痛点、难点。如何才能突破各种束缚,进一步推动职务科技成果高质量供给、高效率转化?省科技厅紧扣职务科技成果转化"三张清单",迭代升级中国浙江网上技术市场3.0服务平台和"职务成果转化在线"应用场景,进行改革破题,以数字思维、数字技术实现职务科技成果转化流程再造和制度重塑。浙江省科技厅以数字化改革为突破口,依托"职务成果转化在线",在全国首创全流程、规范化的职务成果管理制度和监管机制,与试点高校成果交易审批流程实现多跨协同,将职务科技成果从一般国有资产管理单列出来,转化后不纳入国有资产审计、清算核资范围,推动校内审批从5个部门精简到2个部门,平均用时从58天缩至31天,大幅提升了成果转化决策和审批效能。

三是数字赋能,提升创新主体仪器共享获得感。大型科研仪器是突破科学前沿、解决经济社会发展和国家安全重大科技问题的技术基础和重要手段。近年来,随着科技创新需求的不断发展,大型科研仪器的重要性也日益凸显,但大型科研仪器的重复购置、使用率低、共享困难等问题也不同程度显露出来,如何让大型科研仪器更好地为科技创新服务、为社会服务,提高主管部门管理仪器效率和创新主体的获得感,是一个亟须攻克的难题。2021年以来,浙江省科技厅以数字化改革为牵引,围绕"整合、共享、服务、创新"基本思路,坚持整体智治、协同高效理念,在资源整合、信息共享、创新服务等方面协同发力,针对管理部门、科研主体管理和创新过程中的难点和痛点,聚焦政府管理部门"多头管理、底数不清、重复购置",仪器管理单位"不愿享""被动享",科研主体仪器资源"找不到""约不上"等痛点、堵点,推进"大型科研仪器开放共享"数字化改革,建设了大型科研仪器管理"一网办"、服务"一指办"多跨应用场景。

(引自科技部网站)

(四)促进创新链产业链双向融合

企业技术创新能力连续6年居全国第3位,形成"5个百分之八九十"格局,即企业的研发投入、科技人员、研发机构、科技项目、授权专利均占全省

80%—90%。深入实施科技企业"双倍增"计划,高新技术企业从 2016 年的 0.77 万家增加到 2021 年的 2.86 万家,实现翻两番;科技型中小企业数从 3.16 家增长到 8.6 万家。国家制造业单项冠军、专精特新"小巨人"企业数量均居全国第 1 位。高新技术产业成为主导产业,高新技术产业增加值占规上工业增加值比重从 42.1% 提高到 62.6%。累计布局省级重点企业研究院 291 家,省级企业研究院 1697 家,省级高企研发中心 4328 家。国家高新区整体实现争先进位,杭州第 5 位,宁波第 13 位。

专栏 3　浙江"专精特新"企业培育经验

　　浙江省高度重视"专精特新"企业培育工作,2012 年起就部署开展相关工作,2017 年、2020 年,相继制定实施《浙江省人民政府办公厅关于推进中小微企业"专精特新"发展的实施意见》《关于促进中小企业健康发展的实施意见》,支持引导广大中小企业走专精特新发展之路。进入新阶段,面对构建新发展格局新形势,省委、省政府做出了以新发展理念推进制造业高质量发展的决策部署,全力建设全球先进制造业基地。2021 年 8 月 30 日,省政府召开了全省新一轮制造业"腾笼换鸟、凤凰涅槃"攻坚行动推进大会,提出做专做精制造业创新主体,梯次培育专精特新"小巨人"企业;12 月 23 日,省委经济工作会议进一步明确,加大市场主体升级力度,制定出台"专精特新"政策举措。在"三服务"过程中,基层政府和企业都明确希望省里能出台政策意见,加大政策引导和扶持力度,培育壮大一批"专精特新"中小企业群体,引领带动全省广大中小企业加快实现高质量发展。

　　　　　　　　(引自:《关于大力培育促进"专精特新"中小企业高质量发展的

　　　　　　　　　　　　　　　　　若干意见》的政策解读)

(五)营造具有活力的创新生态系统

　　数字化改革牵引科技治理能力提升,"四抓"职能加速转变,"三评"改革深入推进,科技新政全面实施,2022 年,"五倍增、五提升"目标已有 70% 提前超额完成,"十联动"创新生态体系初步构建。省委科技强省建设领导小组和省科技咨询委员会顺利组建,省委、省政府高规格召开全省科技奖励大会、科学家座谈会、省委人才工作会议,形成尊重人才、激励创造、鼓励创新的良好氛围。截至2022年关键核心技术攻关及迭代应用、科研仪器设备开放共享"一网办""一指办"等8项改革纳入国家全面创新改革试点任务清单,数量居全国第2位。近两年均有3个改革案例被科技部发文推广,数量全国最多。科技人才引育达到新高度,科技人才队伍不断壮大,人才发展机制更加完善,通过"鲲鹏计划"引进全球顶尖人才48位,入选国家引才计划建议名单数连续多年居全国前列,累计引进海外工程师1155人,培育省领军型创新创业团队193个,海外高层次人才引进数量跃居全国首位。在浙全职两院院士达59名。国家"地方高校学科创新引智基地"14个,数量全国第3。11个设区市实现人才净流入,杭州、宁波人才净流入率多年居全国第1、2位。全域创新支撑共同富裕能力不断增强,科技特派员等创新服务模式成为全国改革样板,以优秀等次通过国家科技成果转移转化示范区验收,获批国家科技成果综合评价试点省,科技成果赋权改革加快探索。各类创投机构管理资本7677亿元,科创板上市企业31家,均居全国前列。市县全面创新改革试点持续深化,"两市两县两区"全面创新改革试点成效明显,新昌"小县大创新"改革经验影响全国,获批国家创新型城市8个、国家创新型县(市)5个,分别居全国第3位和第1位。

专栏4 新时代县域创新驱动发展的"新昌经验"

近年来,新昌深入开展县域科技体制综合改革和全面创新改革"两大试点",形成了科技创新的"新昌经验",曾作为唯一县域代表参加全国科技创新大会。2021年,县域创新发展的"新昌模式"亮相国家"十三五"科技创新成就展,新昌捧得首批"科技创新鼎",位列中国创新百强县(市)第6位。科技创新离不开良好的科创生态,而政府要做的,就是全力为企业营造出良好的创新环境。

聚焦"创新体系建设",新昌成立县委科技创新委员会,明确财政科技投入年均增长15%以上、占财政支出比重保持在10%以上,并严格做到科技创新政策100%兑现。截至2022年,全县研发经费支出占GDP比重连续7年保持在4%以上,创新指数蝉联全省第二,5个领域指数均位列全省前10,其中技术创新指数全省第一。每年举办科技创新大会和国家级县域创新发展论坛,重奖科技创新"好企业、好团队、好专家",全面唱响创新光荣。

聚焦"创新主体培育",新昌结合山区县实际,探索"户口在外地、工作在新昌"柔性引才模式,截至2022年,政府主导在杭州设立科创飞地3个,企业设立境内外异地研发机构43个,制造业主要行业、所有规上企业实现数字化改造全覆盖,轴承产业大脑入围全省第一批行业产业大脑建设试点"揭榜挂帅"项目名单,数字产业化指数达102.6%,列全省第7,两化融合指数达110.9,连续8年列全市第一。

聚焦"核心技术攻关",新昌全力支持企业建设高能级研发机构,设立重大科技攻关"揭榜挂帅"项目,在全省率先建立"企业出题、高校解题、政府助题"新型产学研合作模式,并上线"浙里产学研联动"应用。如今,新昌的科创"家底"正越来越厚实,截至2022年,全县拥有国家级企业技术中心6家、省级重点企业研究院11家,数量均居全省前列,也有关键领域核心技术的攻关成果,巨大优势中蕴含着继续前行的澎湃动力。

智力变资产,人才成股东。针对企业的关键核心技术,新昌还深入实施科技人员收入倍增计划,通过薪酬制度改革、股权激励改革、晋升体系改革等举措,鼓励科研人员通过"揭榜挂帅"的方式技术入股,增加智力变资产的转化通道,截至2022年,全县8家上市公司已实施员工股权激励计划,其中超2000名科技人员获益。同时,推行实施科技人员晋升"双通道"制度,管理职务和专业职级并行,工资待遇就高不就低。

(引自《浙江日报》报道,原标题为:捧回两项科技大奖 科技创新"新昌经验"是如何炼成的?)

三、浙江省科技创新的经验总结

在科技创新方面,浙江抢抓新科技革命和产业变革带来的战略机遇,积极应对各种风险挑战,以科技创新支撑引领高质量发展为主线,突出创新能力提升、突出创新体系完善、突出创新生态营造、突出以人为本、突出改革创新,紧紧围绕建设高水平创新型省份和科技强省展开工作,在这一过程中取得了令人瞩目的成绩,总结起来浙江在科技创新上有如下四方面的经验值得参考。

(一)坚持政府引导,把自主创新作为科技创新发展的动力源泉

创新的方式有多种,自主创新是最为关键的。谈到自主创新的重要性时,习近平总书记曾饱含深情地说道:"回溯历史,过去30多年,我国发展主要靠引进上次工业革命的成果,基本是利用国外技术,早期是二手技术,后期是同步技术。如果现在仍采用这种思路,不仅差距会越拉越大,还将被长期锁定在产业分工格局的低端。我们没有更多选择,非走自主创新道路不可。只有把核心技术掌握在自己手中,才能真正掌握竞争和发展的主动权,才能从根本上保障国家经济安全、国防安全和其他安全。"[①]

在中央财经领导小组第七次会议上,习近平总书记也指出:"我们走的是一条中国特色自主创新道路,这是一条必由之路,自力更生是中华民族自立于世界民族之林的奋斗基点,必须坚定不移地走下去。我们要有强烈的创新自信。我们要引进和学习世界先进科技成果,更要走前人没有走过的路,努力在自主创新上大有作为。经过长期努力,我们在一些领域已接近或达到世界先进水平,某些领域正由'跟跑者'向'并行者''领跑者'转变,完全有能力在新的起点上实现更大跨越。"[②]

创新是引领发展的第一动力,提升科技创新引领未来的能力是新时代的鲜明特征。浙江在科技创新方面始终坚持以自主创新为目标,在发展过程中坚持把创新驱动和要素驱动、投资驱动有机结合起来,更多依靠创新驱动的发展;把科技创新的支撑功能与引领功能更加有机结合起来,更加突出科技创新的引领功能;把坚持走中国特色的自主创新道路与积极主动融入全球创新体系更加有机结合起来,更加强调自力更生,创造更多的先发优势。

(二)坚持企业主体,把提高创新能力作为科技创新发展的核心任务

科技竞争成败的关键在于创新能力高低,因此,科技发展要以提高科技创新能力为核心。浙江在推动科技创新的过程中,紧紧围绕提高创新能力做文章,始终坚持三个方面。一是加强基础研究和应用基础研究,增加基础研

---

① 习近平:《提高自主创新能力是实施创新驱动发展战略的关键环节》,载中共中央文献研究室编《习近平论科技自强自立》,中央文献出版社2023年版,第15页。

② 习近平:《在中央财经领导小组第七次会议上的讲话》,《人民日报》2014年8月19日第1版。

究投入和建立基础研究多元化投入机制,提高原始创新能力。二是提高关键核心技术突破能力,做到关键核心技术自主可控,彻底改变关键核心技术受制于人的局面,确保供应链产业链安全;加强民生科技,支撑经济社会协调发展;依托优势创新单元整合全国科技力量提高战略科技能力,满足国家战略和安全需要。三是提高科技创新的基础能力,在若干战略领域加强重大科技基础设施建设,建立重大科技创新平台。四是提高各个创新主体的能力以及体系化、集成化创新能力,推动形成科技创新与经济社会发展的良性循环。

(三)坚持开放共享,把完善创新体系作为科技创新发展的制度基础

科技竞争不再是个别企业、大学和科研机构之间的竞争,而是创新体系的竞争。科技创新体系是决定科技发展水平的基础,加强科技创新,保障科技安全,必须构建系统、完备、高效的科技创新体系。浙江这些年为了加强和完善科技创新体系,始终坚持以国家实验室建设为抓手来加强战略科技创新;以高校和一流新型研发机构和科研院所为主体加强科学创新;以企业为主体产学研深度融合加强技术创新;以建设国家自主创新示范区为样板加强区域创新;以科技支撑共同富裕行动,放大全域创新优势;构建全球高端创新要素引力场,放大创新生态优势。

(四)坚持需求导向,把高质量发展作为科技创新发展的宗旨使命

高质量发展,就是能够很好满足人民日益增长的美好生活需要的发展,是体现新发展理念的发展,是创新成为第一动力、协调成为内生特点、绿色成为普遍形态、开放成为必由之路、共享成为根本目的的发展。高质量发展的核心是实现经济发展的质量变革、效率变革和动力变革,科技创新是实现三种变革的主要依靠。质量变革要求转变发展方式、优化经济结构,效率变革和动力变革要求显著提升全要素生产率,将发展动力从主要依靠资源和低成本劳动力等要素投入转向创新驱动。实现这三种变革必须依靠科技创新。

四、浙江省科技创新的未来展望与建议

"十四五"时期以来,浙江全面实施创新驱动发展战略,以超常规举措补

齐科技创新短板,将打造技术创新中心体系作为科技强省建设的重要战略举措,加强创新策源地建设,加快高水平创新型省份建设。在浙江省科技创新发展"十四五"规划中,为了更好实现浙江省完成高水平创新型省份和科技强省建设目标详细制定了"两步走"战略:到2025年,基本建成国际一流的"互联网＋"科创高地,初步建成国际一流的生命健康和新材料科创高地,初步建成高水平创新型省份和科技强省。到2035年,全面建成三大科创高地,建成高水平创新型省份和科技强省,在世界创新版图中确立特色优势,为高水平社会主义现代化建设奠定坚实基础,为基本实现有中国特色的共同富裕奋斗目标提供强大动力。

(一)构建具有全球影响力的战略平台体系,打造创新策源优势

1.打造使命驱动、任务导向的新型实验室体系

支持之江实验室建设成为国家实验室的核心支撑和新型举国体制的实践样本,实现智能计算"中国定义"。聚焦"脑—机—药"交叉融合、重大传染病等优势领域,打造国家实验室和国家实验室基地群。重组争创全国重点实验室,除省部共建类以外,力争全国重点实验室达到16家。高水平建设十大省实验室。支持省级重点实验室开展多学科协同研究,探索组建联合实验室和实验室联盟。

2.构建产业驱动、需求导向的技术创新中心体系

支持科技领军企业整合产业链上下游优势创新资源,布局建设综合性或专业化的技术创新中心,成为原创技术策源地。深入参与长三角国家技术创新中心建设,争创智能工厂操作系统等国家技术创新中心。推进技术创新中心、制造业创新中心、产业创新中心等联动发展,增强行业共性技术供给。健全重点企业研究院竞争择优建设机制,建立企业研究院、企业技术中心、高新技术企业研发中心等达标即准评价机制。争创国家技术创新中心1—2家,建成省技术创新中心10家。

3.构建高水平新型研发机构

统筹引进共建创新载体布局,做强做大、做精做实浙江清华长三角研究院、中国科学院宁波材料所、中国科学院医学所等高水平新型研发机构,建立为顶尖科学家量身创设新型研发机构的机制。聚焦未来前沿领域,引导国内

外知名高校、国家级科研院所、世界 500 强企业、央属大型科研机构等来浙组建高水平新型研发机构,打造新兴产业培育发展的战略节点。

4.打造大科学装置集群

建成超重力离心模拟与实验装置等 2 个国家大科学基础设施。推进多维超级感知、新一代工业互联网系统信息安全、极端环境材料等装置预研、建设。深化与中国科学院合作,依托高能级平台,开展重大科技基础设施谋划、预研。加强省市县联动,构建地方、社会力量投资共建机制。加快重大科技基础设施、科研仪器设备等科技资源开放共享。以"大科学装置＋大科学任务"的新模式,在创新"无人区"形成更多重大标志性成果。

(二)打好关键核心技术攻坚战,塑造技术领先优势

1.强化引领科技创新、支撑产业发展的基础研究

坚持应用牵引、突破瓶颈,完善关键核心技术攻关基础问题的凝练机制,加快发展底层理论和根部技术,布局建设一批数学、物理等基础学科研究中心,强化对高精尖产业技术的源头支撑,争取浙江省在基础前沿领域的全球话语权。坚持勇于探索、突出原创,开展数理力学、量子信息、脑科学等领域基础研究,推动"从 0 到 1"原创性成果产生。实施"登峰学科"建设行动,推进学科交叉融合,打造能够产生更多原创性、前瞻性、引领性科学思想和科学发现的学科体系。

2.强化战略性、关键性领域技术攻坚

瞄准未来科技和产业发展制高点,聚焦"互联网＋"、生命健康、新材料、碳达峰碳中和、海洋科技、农业科技等领域,围绕创新链技术瓶颈和产业链断链断供风险点,深入实施"双尖双领"研发攻关计划,提升产业链自主可控水平。在类脑芯片、人工智能、集成电路等"互联网＋"领域取得重大创新突破,进入全球智能计算创新先驱行列,成为引领全球的数字科创中心。在结构生物学、肿瘤与分子医学、脑与脑机融合、生命健康大数据等生命健康领域率先实现国际领跑,成为具有全球影响力的"医学高峰"。在高端磁性材料、高性能纤维及复合材料等新材料领域达到国际先进水平,提升前沿新材料创新策源能力和关键战略材料自主保障能力,打造国际一流的新材料产业创新中心。在可再生能源、储能、氢能、CCUS、生态碳汇等碳达峰碳中和领域达到

国际先进水平,抢占绿色低碳科技创新制高点。在海洋资源与能源开发、海洋智能装备、海洋传感器等海洋技术领域达到国际先进水平,在海洋"蓝碳"等领域领跑全国,支撑海洋强省建设。水稻、西蓝花、转基因玉米、竹子等育种技术达到国际一流水平,数字化育种、丘陵山地农机装备等相关技术和产品达到国内先进水平。取得 100 项左右有力支撑科创高地建设的重大标志性成果。

3. 改革重大科技项目组织管理方式

持续完善关键核心技术攻关倒逼、引领、替代、转化"四张清单"机制。加快构建关键核心技术高效攻关模式。创新科技攻关"揭榜挂帅"机制,聚焦创新链技术瓶颈和产业链断链断供风险点,形成重大研发任务更多由产业界出题的出榜机制和市场导向的选帅机制。推行优胜劣汰"赛马制",围绕战略意义重大但研发风险高,或时限要求紧迫的重大攻关任务,面向不同技术路线同时支持优势相当的多支研发团队平行攻关,根据节点绩效优胜劣汰或支持"强强联合"共同攻关,激励研发团队尽早"冲线"。实行重大科技项目"军令状"责任制,以破解"卡脖子"难题、掌握一批"撒手锏"技术为目标,建立健全"军令状"责任制,明确考核内容、里程碑节点和具体指标,实行"清单式"管理。推行放权赋能"包干制",在人才类和基础研究类科研项目中全面推行经费"包干制",在研发攻关计划项目中开展试点,赋予项目负责人更大技术路线决定权、更大经费自主权、更大资源调度权。

4. 打造以重大攻关任务牵引的创新联合体

以突破产业"卡脖子"技术和抢占前沿技术重大任务为牵引,支持有条件的科技领军企业开放创新链、产业链资源,联合行业上下游、产学研力量牵头组建体系化、任务型创新联合体,实现关键材料、关键零部件和关键产品的进口替代。深度对接国家工业"强基工程",加快产业链关键环节备份系统和协同创新项目建设。

(三)推动创新链产业链深度融合,放大产业创新优势

1. 加速科技型领军企业倍增提质

推动科技型企业树标提质,打造世界级科技领军企业,制订年度培育计划,支持科技领军企业承担国家重大战略任务,牵头打造创新基地,成为原创技术策源地。培养一批掌握颠覆性技术、具有爆发增长潜力的科技"小巨人"企业,高新技术企业和科技型中小企业实现新倍增。加快实施"雏鹰行动""放水养鱼行动""单项冠军培育行动""凤凰行动""雄鹰行动",推动高技术高成长企业升级,培育一批单项冠军、专精特新"小巨人"、隐形冠军等,支持中小企业成为创新重要发源地。推动产业链上中下游、大中小企业融通创新,打造"头部企业+中小微企业+服务环境"创新生态圈。

2. 建设世界领先的科技园区

推动"双自"联动,杭州、宁波国家高新区进入全国前十位,加快创建舟山、台州、金华国家高新区,培育建设丽水国家高新区,推进国家高新区设区市全覆盖、省级高新区工业强县(市、区)全覆盖。突出亩均税收、亩均研发投入"双亩均",支持科技园区集聚发展高新技术产业,打造世界领先的高科技园区和创新型特色园区,以高品质科创空间构建主导产业的动力源泉。探索设立新一代人工智能创新发展试验区联盟,支持宁波市建设新一代人工智能创新发展试验区。

3. 推动重大科技成果转移转化

推进国家科技成果评价改革综合试点,建立全面准确评价科技成果科学、技术、经济、社会、文化价值的机制。实施重大场景应用示范工程,加强前瞻性场景设计,以数字核心技术突破为出发点,推动人工智能、区块链、5G/6G等技术在制造、农业、交通等重大场景中的应用,打造一批新技术新产品新业态应用工程。深入实施首台套、首批次、首版次提升工程,构建首台套产品大规模市场应用生态系统。增强前沿领域新产品新服务新应用政府采购力度。打造全球技术交易枢纽,持续打造中国浙江网上技术市场 3.0 版和"浙江拍"品牌。依托众创空间、孵化器、加速器、国际技术转移和创新合作中心等创新载体,构建面向全球的创新孵化网络,充分发挥创新创业大赛作用,培育形成更多颠覆性的新企业、新业态。

4. 培育世界级高新技术产业集群

实施产业链提升和产业基础再造工程,推进优势产业链向中高端跃升,打造一批世界级先进制造业集群。扩大高新技术产业有效投资,实施一批技术含量高、产业辐射带动性强的高新技术产业化项目。加快培育发展新兴产业和未来产业,深化"万亩千亿"新产业平台建设,开展未来产业科技园试点,打造若干特色鲜明、引领发展的未来产业先导区,聚焦人工智能、区块链、量子信息、柔性电子、空天一体化、生物工程、前沿新材料、元宇宙等重点领域培育和储备一批全球有竞争力、国内有影响力的未来产业集群。探索建立新技术监管试验区,对新技术、新产业、新业态、新模式和新场景量身定制更加包容审慎的规则与标准。

(四)实施科技支撑共同富裕行动,放大全域创新优势

1.构建区域产业创新高地

坚持一廊引领、区域联动,推动杭州城西科创大走廊建设综合性科学中心,支持宁波、温州等聚焦新材料、生命健康、智能装备等领域,打造宁波甬江科创大走廊、温州环大罗山科创走廊、浙中科创走廊等各具特色的科创高地。紧扣产业规律、城市功能和科技变革,以杭州、宁波为"双核",推动温州、嘉兴、湖州等城市创新能级提升,建设具有世界影响力的创新型城市群,形成"产业创新＋未来城市"一体贯通新格局。

2.实施科技惠农富民行动

加快建设农业科创高地,持续深化科技特派员制度,优化农业科技创新载体布局,深入实施"双强行动"、农业新品种选育和山区26县高质量发展专项。加强农业技术供给和推广,围绕农业高质量发展实施一批重大研发攻关项目,深化"百品万亩"工程,健全科技成果"转移和支付"体系,为共同富裕和乡村振兴提供科技支撑。

3.加快科研人员"扩中"

深化知识价值导向分配机制改革,构建用好科技人才的激励机制,推动赋予科研人员职务科技成果所有权和不低于10年的长期使用权试点范围扩大至全省域,开展职务科技成果单列管理试点,打造一批全国有影响力的改革样板,高校院所科研人员获得的科技成果转化现金和股权奖励总额每年增长20%以上。优化创新创业服务,鼓励高校、科研院所科研人员领办、创办科技型企业,支持科研人员以"技术入股＋现金入股"方式推动科技成果转化,推广股(期)权激励、项目分红等企业科技人员激励机制,营造创新创业创富最优生态。

(五)构建全球高端创新要素引力场,放大创新生态优势

1.深化以数字化改革为引领的全面创新改革

深化"1＋5＋N"为体系架构的科技创新数字化改革,分步有序推进科技政策扎实落地。探索"科技大脑＋未来实验室"的科研新范式,促进十联动创新要素充分开发共享、智能精准配置,提升科研活动整体效能。按照"四抓"定位,加快科技管理职能转变,加强对重大科研项目的引导和指导,推动项目、基地、人才、资金统筹规划和一体化配置。深入实施全社会研发投入提升专项行动,确保全省财政科技投入年均增长15％以上,建立基础研究投入长效增长机制。完善以"科技创新鼎"为抓手的争先创优机制,促进市县创新发展。建立健全科技创新决策咨询制度,发挥科技创新智库对决策的支持作用。

2.打造战略人才力量浙江方阵

大力发现使用好战略科学家。深入实施"鲲鹏行动"计划等人才工程,依托高水平实验室、大科学装置等创新平台,吸引和集聚战略科学家,探索建立科技领军人才"白名单"制度,加快打造一批在世界科技和产业发展前沿具有全球影响力的"灵魂人物",形成以战略科学家为引领的雁阵格局,打造世界重要人才中心和创新高地的战略支点。造就规模宏大的青年科技人才队伍,实施基础研究青年人才专项,面向重点领域和重点团队,探索对青年科学家实施长期滚动支持机制,大幅提高青年人才担任重大科技任务、重大平台基地、重点攻关课题负责人的比例。着力打造卓越工程师队伍。对标重大产业布局,坚持科教融合、产教融合培育产业创新人才,推广浙江工程师学院建设经验,推进特色产业工程师协同创新中心建设,产学研用协同培育工程技术人才。实施海外工程师引进计划,积极引进国外优质工程教育资源,深化工程教育国际交流与合作。深化人才发展体制机制改革。深化科技人才多元评价改革,坚持"破四唯"和"立新标"并举,健全以创新能力、质量、实效、贡献为导向的人才评价体系。

3.打造长三角科创共同体重要引擎

深度融入长三角一体化创新体系,健全长三角科技创新共同体共享合作机制,扎实推进长三角全面创新改革试验,深化长三角国家科技成果转移转

化示范区联盟建设,在推动人才、技术、资本、信息等创新要素跨区域自由流动方面先行探索。深化G60科创走廊协同创新机制,推动重大创新平台共建共享。强化与上海张江、安徽合肥等综合性国家科学中心的协同创新,加强与京津冀、粤港澳大湾区、成渝双城经济圈的科技合作。

4. 全面嵌入全球开放创新网络

构建全球开放创新合作机制。深化与创新大国、关键小国、"一带一路"合作国家(地区)及相关国际组织的合作,打造全球精准合作升级版。支持高校、科研机构、企业建设国际科技合作基地、联合实验室,谋划牵头发起生物计算等国际大科学计划。支持相关组织、龙头企业主导和参与国际标准和规则的制定,掌握一批新兴产业和未来产业标准话语权。支持学术期刊提升开放办刊水平,增强全球学术话语权。

5. 构建有利于科技创新和产业发展的金融体系

打造产业基金引领、社会资本参与的科技创新基金体系,打通科技、产业、金融融通通道,加大引入长期资本投入科技创新,推动金融支持在科技企业生命周期中前移。加强技术创新等信贷保障,强化央行政策工具支持,引导银行金融机构建立知识产权、人力资本为核心的科创企业评价体系和信贷机制,探索推广知识产权证券化、科技成果转化贷款市场化风险补偿试点,持续创新知识产权质押融资、科技保险、科技贷款等金融产品和服务,支持重大科技任务、战略科技力量、创新高地建设。支持杭州、嘉兴创建国家级科创金融改革试验区,探索具有区域特色的科创金融发展模式。

6. 实行更加严格的知识产权管理和保护制度

强化知识产权保护"一件事"集成服务,构建知识产权全链条、大保护格局。实施知识产权竞争优势培育计划,建设知识产权快速审查、快速确权绿色通道,打造专利导航服务基地。探索建立财政资助科研项目形成知识产权的声明制度。全面实施侵权惩罚性赔偿制度,健全知识产权司法保护审判体系,争取设立杭州知识产权法院,开展知识产权检察职能集中统一履行试点。

7. 培育创新文化

大力弘扬科学家精神,鼓励科技工作者继承和发扬科学家精神,心怀"国之大者",追求真理、勇攀高峰。建立科学家精神宣传的长效机制,推动科技创新重大成果、先进经验、典型案例向公众宣传普及。推进科学家精神培育基地建设,依托国家实验室(基地)、省实验室、国家和省重点实验室、科技馆等设施建设一批科学家精神教育基地。优化人才表彰奖励制度,在全社会形成尊重知识、崇尚创新、尊重人才、献身科学的浓厚氛围。健全科技伦理治理机制。建立省科技伦理委员会,压实创新主体科技伦理管理主体责任。加强科技伦理审查监督,把科技伦理要求贯穿到科学研究、技术开发等科技活动全过程,覆盖到科技创新各领域。健全新技术、新业态科技伦理规范,强化对新兴技术伦理挑战的研判,加快制定人工智能、生命科学等领域伦理规范。加强科技伦理知识的宣传普及,塑造科技向善的文化理念和保障机制。

执笔人:吴红列,浙大城市学院共同富裕研究中心。

第九章 品牌战略——为山区致富插上腾飞翅膀[①]

浙江省 90 个县(市、区)中,山区 26 县的发展起步较晚、产业基础相对薄弱,是高质量发展建设共同富裕示范区的突出短板。如何加快实现山区 26 县跨越式高质量发展,是破解浙江省域发展不平衡不充分问题的关键着力点,也是奋力打造"重要窗口"的突出难点,更是扎实推进共同富裕先行示范的突破点。考虑到山区 26 县在资源禀赋、交通区位、产业空间等方面的制约,适用于平原及沿海地区的工业城镇化方案并不能完全匹配山区 26 县的发展实际,需要结合山区 26 县的生态资源、闲置资源与后发优势,打通资源转换通道、创新资源评价体系、提升生态环境溢价,进而激发山区 26 县的内生发展动能、推进浙江省域的协调共享发展。品牌战略是提升资源品位能级、建立统一对外形象、打通外部市场通道的重要举措,能够将山区 26 县的资源环境与外部市场对接起来,充分发挥品牌在引领资源集聚、创新产品形象、提升资源价值中的作用,成为助力山区致富和经济腾飞的金翅膀。

一、理论逻辑

习近平总书记指出:"人民对美好生活的向往,就是我们的奋斗目标。"[②]满足人民群众对美好生活的向往,就是要在把握我国社会主要矛盾变化的过

① 资助项目:国家自然科学基金青年项目(42201242),农产品区域品牌化的文化地理过程、机制与再地化效应研究。
② 人民网:《"人民对美好生活的向往,就是我们的奋斗目标"——"十个明确"彰显马克思主义中国化新飞跃述评之三》,http://theory. people. com. cn/n1/2022/0216/c40531－32352917. html,访问日期:2023 年 12 月 11 日。

程中,不断适应人们对美好生活的新期待和新要求,解决好发展不平衡不充分的问题,将发展成果普及到更大区域范围、更广阔人群范围,实现需求满足与社会发展的良性互促。[①] 党的二十大报告明确指出要建设宜居宜业和美乡村,这既要求保证农村居民良好的居住环境、生态环境和生活环境,还要为农村居民提供良好、充分的就业及创业机会,促进生产生活、城市乡村等多层面的和谐关系建设。2023 年中央一号文件也指出,支持打造区域公用品牌、促进乡村地区产业发展和经济建设,以此从扶志扶智的角度来缩小区域发展差距,从而促进乡村地区振兴发展、推进中国式现代化建设。浙江省山区 26 县是高质量发展建设共同富裕示范区的突出短板,但其有着丰厚的人文底蕴和资源生态优势,通过品牌战略能够将山区 26 县的优势资源与外部市场有效对接[②],在不断满足消费者美好生活需要的同时,促进山区县经济发展和社会进步,从而助力实现共同富裕。本节将从需求逻辑与发展逻辑两个层面,详细论证品牌战略对促进山区 26 县经济腾飞发展的重要战略意义,揭示品牌战略促进山区 26 县发展的理论逻辑。

(一)需求的逻辑

1. 居民人均可支配收入不断增长,催生庞大的内需市场

从经济发展的总体态势来看,全国各地区居民的人均可支配收入不断增长,2020 年全国各地区平均居民人均可支配收入达到 32 188.8 元,近 5 年增长了 35.13%;在消费支出方面,2020 年全国各地区平均居民人均消费支出为 21 209.9 元,近 5 年增长了 23.96%。相较于全国平均水平,浙江省各市的居民人均可支配收入较高,增长速度也位居高位并平稳发展(见表 9-1)。可支配收入的持续增长不断催生出人们对美好生活的需求,推动了社会消费的持续增长。特别是面对中国 14 亿人口、9 亿多劳动力,巨量的市场空间、庞大的消费潜力,中国人民的内需经济展现出了一股不可阻挡的发展势头。国家统计局相关数据也表明,在过去的数十年里,内需对经济增长的年均贡献率在 105.7% 左右,人民群众对美好生活的需求正成为支撑中国经济高质

---

① 顾昕:《共同富裕的社会治理之道——一个初步分析框架》,《社会学研究》2023 年第 1 期。

② 张燚、秦银燕、王领飞等:《加强农产品区域公用品牌建设的政府与市场"双强引擎"研究》《财经论丛》2022 年第 3 期。

量发展的关键力量。

表 9-1 2020 年浙江省各地市居民收入情况

城市	人均生产总值/元	增长率/%	社会消费品零售总额/亿元	增长率/%	城镇居民人均可支配收入/元	增长率/%	农村居民人均可支配收入/元	增长率/%
杭州市	136617	9.92	6055.47	16.99	68666	31.58	38700	38.67
宁波市	132614	19.84	4238.26	15.56	68008	31.90	39132	36.96
温州市	71766	28.66	3497.79	16.33	63481	32.85	32428	41.08
嘉兴市	102541	22.12	2092.34	27.70	64124	31.06	39801	37.26
湖州市	95579	23.95	1424.43	33.27	61743	34.83	37244	40.50
绍兴市	113746	18.23	2322.5	30.23	66694	32.58	38696	39.48
金华市	67329	0.25	2611.93	32.06	61545	32.20	30365	38.68
衢州市	72192	23.87	751.82	23.39	49300	36.23	26290	42.72
舟山市	130130	21.09	511.72	11.88	63702	31.55	39096	38.11
台州市	79889	24.27	2396.07	19.02	62598	32.73	32188	38.96
丽水市	61811	9.91	727.48	27.26	48532	34.93	23637	43.61

注:增长率为近 5 年的增长率。数据来源于《浙江省统计年鉴》。

2.内需市场出现明显的消费升级趋势

国际经验表明,随着居民可支配收入的稳步增长,在释放消费需求的同时,也会刺激和引领消费升级。从 2011 年到 2021 年,全国居民恩格尔系数从 33.6% 下降到了 29.8%,下降近 4 个百分点,显示居民在消费内容和消费模式上出现了较大程度的变化,呈现出明显的消费升级趋势。

在消费内容上,居民消费从满足温饱等生活必需品消费,转向更多的服务、娱乐、品质型消费,消费内容和范围得到进一步扩张,并且在消费创新的加持下,形成了多个消费热点和爆点。例如在夏季全国高温的环境下,避暑型的康养旅居产品就成为市场宠儿,在全国范围内掀起了避暑热潮。[①] 在消

---

① 刘楠:《北京市森林康养旅游空间适宜性评价》,《地理科学进展》2023 年第 8 期。

费模式上,国内居民消费呈现出从国际消费转向国内消费的总体转型,特别表现为出国游热潮向国内游转变、海淘向国货风潮转变,①以及从海外文化消费向国内传统文化消费的转变。② 正是这一广阔的内需市场潜力以及消费升级所带来的市场缺口,不断推动着相关行业的发展、激活了国内的市场主体、引领了一批消费配套设施的发展。③

3.品位消费引领热潮,有品位的品牌更容易获取溢价

消费是消费者表达自我需求和展现自我生活方式的途径,④随着消费升级趋势越发明显,消费者逐渐从满足数量需求转变为追求消费品质和提升消费品位等层次,品位型消费成为市场热点。⑤ 根据《京东 2019 年终消费趋势报告》中的解释,⑥品位型消费是消费者对自己中意商品所赋予的独特意义,这些商品并不一定是昂贵的、高价的,但必须是烙印了消费者独特记忆和符号意义的。⑦ 由此可见,品位型消费是消费者不仅仅为了满足对商品的功能性需求,而是愿意为其某项特质买单的行为,是消费者为了品位、意义而消费某项商品的过程。这种由品位主导的消费彰显了消费者与品牌之间的情感联结,也展现了消费者的独特品位和意义,更能够获得消费者的频繁购买和认同溢价。

相关数据表明,品位型消费具有年龄分层的特点:90 后是消费的生力军,他们更加注重品牌态度、新鲜感、幸福感,愿意为有设计感的消费品付费;

① 蒋瑛、汪琼、魏梦雯:《"双循环"视角下国内消费需求扩量提质对全球价值链升级的影响研究》,《财贸研究》2023 年第 4 期。

② Muzaffer Uysal, M. Joseph Sirgy, Eunju Woo, *et al*. "Quality of life (QOL) and well−being research in tourism". *Tourism Management* 53,(2016):244-261.

③ 彭薇、熊科、唐华:《供给侧结构性改革视角下技术创新对消费升级的影响研究》,《科研管理》2023 年第 4 期。

④ Alan Warde. "Consumption,identity−formation and uncertainty". *Sociology* 28, no. 4(1994):877-898.

⑤ Alan Warde. "After taste:Culture, consumption and theories of practice". *Journal of Consumer Culture* 14, no. 3(2014):279-303.

⑥ 京东消费及产业发展研究院:《京东 2019 年终消费趋势报告》,https://research. jd. com/content/contentDetail/toDetail? contentCode=130,访问日期:2023 年 12 月 11 日。

⑦ Grant McCracken. "Culture and consumption:A theoretical account of the structure and movement of the cultural meaning of consumer goods". *Journal of Consumer Research* 13, no. 1(1986):71-84.

80后是消费的主力军,他们有更强的消费能力和消费意愿,是上一代人消费能力的 2 倍;46 岁以上的高财富值人群的线上消费增速最高,2019 年平均消费额同比增长超 70%。从用户件单价来看,2017—2019 的 3 年里,用户件单价总体呈上升趋势,并且表现出明显的年龄断层:90 后支付的用户件单价增长比率最高,60 后、70 后人均交易额增长最快,这些都表明中国的内需市场进一步扩大、消费基数得以扩充。

4. 服务消费的电商化发展,进一步激发放大人们的消费需求

进入到数字消费时代,越来越多的消费需求以线上消费的形式来呈现①,服务消费的电商化也进一步激发着人们对美好生活的需求。国家统计局相关数据显示,2020 年中国电子商务平台交易额达到 37.2 万亿元,全国网上零售额达到 11.76 万亿元,网络经济指数高达 1323.6,全国范围内的网购替代率提高至 81%。特别是 2020 年以后,新兴在线消费需求不断拓展,涌现了一批网络零售新业态和新消费场景,持续推动中国内需市场的蓬勃发展。这种影响具体还表现在"宅经济"的兴起,即居家办公生活方式②,引发了人们对生活性服务的更高需求,但这种服务的供给相对而言还是短板,尚缺乏专业的电商服务平台来满足相关用户的需求。就中国农产品电商发展情况来看,根据商务部相关数据,2021 年中国农产品网络零售额约为 4221 亿元,农村网络零售额为 20 500 亿元,农产品电商顺势成为众多地区县域经济发展的引擎。特别是随着国家大力发展县域农村经济③,农村电商、淘宝村、淘宝镇迅速发展,涌现了众多地标性的电商小镇,成为推动乡村振兴和农业农村现代化的重要方式,也成为扩大服务半径、推动资源市场下沉、对接人民美好生活需要的重要路径。

---

① 陈剑、刘运辉等:《数智化使能运营管理变革:从供应链到供应链生态系统》,《管理世界》2021年第 11 期。

② Katri Otonkorpi-Lehtoranta, Milla Salin, Mia Hakovirta, *et al.* "Gendering boundary work: Experiences of work-family practices among Finnish working parents during COVID-19 lockdown". *Gender, Work & Organization* 29, no. 6(2022):1952-1968.

③ 王明杰、颜梓晗、余斌等.:《电子商务专业村空间格局演化及影响因素研究——基于 2015—2020 年中国淘宝村数据》,《地理科学进展》2022 年第 5 期。

(二)发展的逻辑

1.山区 26 县经济相对薄弱,是共同富裕的突出短板

浙江省域内部存在发展不平衡的问题,特别是山区 26 县与全省的经济发展水平相差较大,成为高质量发展建设共同富裕示范区的薄弱环节和突出短板。就 2020 年的相关统计数据来看,山区 26 县常住人口为 1017.34 万人,占全省常住人口的 16.99%,但生产总值只占到了全省的 10.63%,人均生产总值为 62 103 万元,比全省平均水平要低 28 124 万元。山区 26 县经济发展的差距直接影响了当地居民的可支配收入水平和消费能力,其可支配收入比浙江全省平均水平要低约 1 万元,使得经济发展利益未能够在全部人群中实现共同分配。

从产业结构来看,山区 26 县由于特殊的地形和相对劣势的交通区位,很难发展重工业,[1]即便有少数工业企业,也是高度依赖于资源能耗的,是经济附加值相对较低的资源型工业。从 2020 年浙江省相关统计数据来看,山区 26 县的工业企业利润总额最低为文成县 0.62 亿元,最高为莲都区 36.89 亿元,平均水平为 14.01 亿元,远低于浙江全省工业企业利润总额的平均值 60.06 亿元。山区工业建设用地相对较少、基础设施相对落后、人才供应较为短缺,这些劣势都使得山区 26 县很难承接浙江省内相对发达地区的工业转移,也很难走工业替代农业的发展道路,需要转变经济发展思路、创新经济发展模式,[2]以此助力山区 26 县换道超车、实现跨越式发展。尽管山区 26 县在经济、人才等方面存在劣势,但其在生态资源方面有着无可比拟的优势。[3]相关统计数据显示(见表 9-2),除武义县、磐安县缺乏相关统计数据外,其他 24 个县的空气质量优良天数比例均在 94.6% 以上,其中 11 个县的空气质量优良天数比例达到 100%。山区 26 县的这些生态资源具有较为明显的优势,可以加大资源转换通道的建设,使其成为山区县跨越式发展的重要支撑。

---

① 王胜、屈阳、王琳等.《集中连片贫困山区电商扶贫的探索及启示——以重庆秦巴山区、武陵山区国家级贫困区县为例》,《管理世界》2021 年第 2 期。

② 孙久文、张静、李承璋等.《我国集中连片特困地区的战略判断与发展建议》,《管理世界》2019 年第 10 期。

③ 杨友宝、易欢、邓巧等.《贫困山区旅游发展与区域贫困脱钩关系演变及影响因素——以大湘西地区为例》,《地域研究与开发》2022 年第 6 期。

表 9-2　山区 26 县的经济发展及生态资源情况

市县名称	年末常住人口/万人	生产总值/亿元	财政总收入/亿元	城镇居民人均可支配收入/元	农村居民人均可支配收入/元	空气质量优良天数比例/%	工业企业利润总额/亿元
淳安县	32.90	240.60	40.13	48985	22465	96.2	8.71
永嘉县	86.95	461.89	60.69	51810	26388	99.7	17.56
平阳县	86.32	534.51	57.54	52739	26736	98.1	18.53
苍南县	84.40	363.09	40.40	49725	25630	100.0	6.72
文成县	28.82	112.01	15.71	43705	20528	99.2	0.62
泰顺县	26.60	121.99	23.95	42479	20347	100.0	1.08
武义县	46.32	271.33	44.71	44759	21076	—	19.22
磐安县	17.74	120.70	18.28	43589	20950	—	6.15
柯城区	52.94	236.48	20.21	52862	28138	95.3	4.00
衢江区	37.44	209.35	30.15	41733	23532	94.6	20.29
常山县	26.01	160.15	19.90	41890	24033	99.7	13.76
开化县	25.89	150.50	16.16	39475	20647	99.7	6.48
龙游县	36.05	247.61	31.69	51024	26721	98.0	18.33
江山市	49.46	312.64	34.96	51987	28415	95.6	25.90
三门县	38.00	273.39	26.61	50538	28309	100.0	30.57
天台县	47.50	301.70	34.27	50746	26370	99.4	29.45
仙居县	43.20	260.50	32.96	45741	24454	100.0	19.47
莲都区	56.22	406.97	93.85	51669	30365	98.9	36.89
青田县	50.92	249.13	30.12	49728	27215	99.7	10.25
缙云县	40.54	243.44	27.59	47774	23466	100.0	15.04
遂昌县	19.44	130.81	18.59	50425	22264	100.0	34.55
松阳县	20.50	119.49	13.69	42494	20804	100.0	8.86

续表

市县名称	年末常住人口/万人	生产总值/亿元	财政总收入/亿元	城镇居民人均可支配收入/元	农村居民人均可支配收入/元	空气质量优良天数比例/%	工业企业利润总额/亿元
云和县	12.92	86.99	13.31	46584	22022	100.0	4.41
庆元县	14.26	78.93	8.15	42642	20364	100.0	1.95
景宁县	11.10	74.76	20.21	41735	21625	100.0	1.09
龙泉市	24.90	147.16	14.64	50473	25476	100.0	4.47

数据来源:2021年《浙江省统计年鉴》。

2. 山区26县的生态和文化传统资源优势明显

浙江省山区26县虽然在工业发展区位条件上相对受限,但相对封闭的环境也孕育并留存了一批较为原真的生态风貌和深厚的传统文化,成为山区26县实现跨越式发展的重要依托。独特的地貌赋予了山区县优秀的旅游资源,诸如天台山、括苍山、雁荡山等东南名山,都是山区县的独有的绿色生态资源,是发展绿色生态经济和美丽乡村经济的重要支撑。[①] 以磐安县的盘峰乡为例,作为重要的水源保护地,该县森林覆盖率高、生态保护压力较大,导致环境容量较小、发展空间制约较大;但这些广阔的山区空间也正能够成为山区发展生态旅游的空间资源,为避暑经济、候鸟经济、旅游经济奠定了天然的绿色底蕴。[②] 此外,山区26县有着丰厚的历史底蕴和文化遗存,例如遂昌的千年粮仓、松阳中医药文化、青田稻鱼共生系统、仙居杨梅等[③],都是中国农耕文化、中医药文化等优秀文化的历史见证,能够为山区26县的跨越式发展提供文脉依据和文化合法性。当然,山区26县的独特物产,如青田稻鱼、庆元香菇、龙游毛竹等,都是山区践行重要农业文化遗产保护、传承发展农耕文明、发展壮大农业经济的重要支撑。

---

① 徐彩瑶、王宁、孔凡斌等:《森林生态产品价值实现对县域发展差距的影响:以浙江省山区26县为例》,《林业科学》2023年第1期。

② 张环宙、李秋成、黄祖辉:《亲缘网络对农民乡村旅游创业意愿的影响——基于浙江浦江农户样本实证》,《地理科学》2019年第11期。

③ 王英、孙业红、苏莹莹等:《基于社区参与的农业文化遗产旅游解说资源研究——以浙江青田稻鱼共生系统为例》,《旅游学刊》2020年第5期。

尽管山区 26 县的生态和文化传统资源优势十分明显,但受限于交通区位和历史条件,许多山区县的优势资源仍处于相对分散、尚未串珠成盘的状态,区域间尚未形成通力协作、资源互补的格局,致使山区优势资源尚未与外部市场实现有效对接,成为山区县发展的重要阻力。

3. 山区 26 县的历史经典产业亟待重新焕发活力

在漫长的历史发展进程中,山区 26 县积淀形成了一批文化底蕴深厚、加工技艺精湛、地域特质明显的历史经典产业,成为山区 26 县实现跨越式发展的宝贵家底。缙云烧饼、龙泉青瓷宝剑、龙游宣纸、磐安五味、松阳香茶、景宁惠明茶、开化根雕、青田石雕、遂昌黑陶、江山西砚等①,都曾是山区县经济舞台上的主角,但随着经济发展和产业中心转移,这些历史经典产业都出现不同程度的褪色,面临着产业发展管理模式、营销经验理念和创新发展动力等多方面的不足,亟待推进产业模式创新、助力历史经典产业焕发新的活力。

总体来说,品牌化宣介的缺位以及产业链延伸的短缺,是使得山区 26 县历史经典产业缺乏市场可见度和辨识度、遭受固有发展模式束缚、难以适应新时代人们生活需要的关键原因。这些历史经典产业,是当地人民在长期的生活实践中与山区独特地理环境相适应的结果,往往具有浓厚的文化底蕴,见证着丰富的历史记忆。② 但这些文化价值尚未被充分挖掘,也未通过品牌化的方式来运作,无法在更广阔的消费者群体中形成品牌记忆和情感认同。③ 特别地,这些历史经典产业尚未与文化、旅游、艺术、教育等产业深度融合,致使相关产业的业态较为单一、产业链延伸不够、产品内容也缺乏创新,难以适应当前市场环境和消费偏好的变化,很难在激烈的市场竞争中获取应有的市场地位。

4. 品牌战略成为助推山区 26 县实现跨越式发展的必然选择

山区 26 县因为资源禀赋和发展条件的限制,常常面临着优质资源难以转化为经济效益的难题,亟须通过品牌化战略来整合山区县资源、扩大其传

① 朱继坤:《缙云烧饼,追的是绿富美》,《浙江日报》,2015 年 6 月 12 日第 3 版.

② Andy Pike. "Placing brands and branding: a socio-spatial biography of Newcastle Brown Ale." *Transactions of the Institute of British Geographers* 36, no. 2 (2011):206-222.

③ 杨槿、徐辰、朱竑:《本土产业发展视角下的乡村地方性重构——基于阳美玉器产业的文化经济地理分析》,《地理科学》2020 年第 3 期。

播力和影响力,弥补其与发达地区的差距。对于山区 26 县而言,如何拓宽山区县优势资源向经济价值转换的通道、增加山区县优势资源的附加值、延伸资源产业的经济链条,是克服山区县经济弱势、缩小与省内发达地区经济差距所面临的关键难题。品牌战略是明确山区县优势资源的市场定位、品牌形象、目标用户等一系列标准化运作的过程[①],是实现山区资源与外部市场有效对接通道建设的重要路径,同时能够在消费者心目中建立统一的产品形象、维系情感认同,增加山区县产品的品牌附加值。特别是考虑到山区县资源相对分散,单个农户或企业主体无法负担品牌宣介的成本负担,各自为战很难形成合力来在消费市场上出圈的问题,以山区县区域整体来进行品牌建设更能够形成公共品牌形象[②],从而赋能区域内不同市场主体的发展。充分挖掘山区县资源的文化优势,制定实施恰当的品牌战略,将有助于充分整合山区县优势资源,形成合力和品牌影响力,从而在市场竞争中获取竞争优势。

二、创新做法与成效

(一)山区劳务品牌

山区 26 县有着丰富的人口资源,当地人民具有外出务工的传统,是周边县市劳务需求的重要供应方。但长期以来,山区县的人力资源缺乏与外部发达县市对接的通道,劳动力在市场上缺乏广泛的知名度和认可度,致使优质的劳动力资源无法在市场上获取足够的溢价和合理的报酬,山区县人民的就业路径也相对局限。同时,山区县人口众多但当地就业机会较少,有大量闲置的青壮年劳动力,成为社会治理和共同富裕的难点。为此,不少山区县相关政府部门通过实施品牌战略,用政府信誉和市场化手段为山区劳务赋能,

---

① 李耀东:《农产品区域品牌助推乡村振兴的作用机理和实施路径研究》,《经济问题》2021 年第 9 期。

② 张月莉、蒋琴儿:《集群社会资本驱动农业集群品牌价值实现吗——以品牌价值共创为中介》,《南开管理评论》2022 年第 4 期。

打造了诸如"云和师傅""常山阿姨"等一批优秀的劳务品牌[1]，用品牌思维和运作模式来提升山区劳务的影响力和市场认可度，通过异地就业的方式实现山区百姓的共同致富。

"云和师傅"是由丽水市云和县重点打造的劳务品牌，创建成立近20年，是将农村劳动力的专业技能转移到所需地区，助力山区人民异地就业、跨地区致富的重要平台。早在20世纪八九十年代，不少云和地区的农民就远赴外地，凭借自身的一技之长，在他乡谋求生计，在民间叫响了"云和师傅"这一名号。为进一步提升"云和师傅"的知名度和就业面，云和县委、县政府不断提升对专业技能培训的投入，通过将近700名"云和师傅"的引领示范，带动1.46万名云和农民在外地从事综合开发工作，平均年创经济收入达15亿元，社会经济效益高达120亿元。"云和师傅"劳务品牌也因此成功入选中国40个典型劳务品牌之一，成为技能输出、推动乡村振兴致富的载体和平台。目前，在创建共同富裕示范区的背景下，云和县政府制定出台了一系列政策措施，鼓励"云和师傅"返乡开展二次创业，将知识、技能、技术运用到农文旅融合的建设项目中，推动云和县兴起和发展一批特色的文化旅游、农业生态旅游项目，逐步从异地就业向本地创业过渡，成为云和县经济发展的重要引擎。

衢州市常山县是浙江省工业总产值倒数第二的欠发达县，当地具有劳务输出的传统，妇女大多在外从事家政行业。随着社会发展和人民生活水平的提高，人们对高质量、专业化的家政服务需求越来越旺盛，但常山家政服务员相对较低的技能水平、文化素质往往难以胜任和满足现代社会的发展需要，亟待对常山家政行业进行转型升级。为此，2017年常山县政府主持开展"常山阿姨"高级创新培训班，结合素质、人品等因素，通过实地走访、村级领导推荐等严格筛选，从无犯罪记录、技能培训考核、健康体检等多个方面来选拔潜在的家政服务员，最终从政府层面打造"常山阿姨"劳务品牌，用政府信誉为家政从业人员的品质素质作担保。[2] 特别是在6·22杭州保姆纵火案之后，

[1]　国家发展改革委：《学习贯彻党的二十大精神，家政"领跑者"奋发前行|常山：创新实施"常山阿姨"品牌建设工程》，https://baijiahao.baidu.com/s?id=1753687132672818849&wfr=spider&for=pc，访问日期：2023年12月11日。

[2]　云和县人力社保局：《云和县全力打造具有"小县大城"辨识度的高质量就业创业生态链》，https://rlsbt.zj.gov.cn/art/2023/2/8/art_1229624850_58933314.html，访问日期：2023年12月12日。

市场对家政服务员的安全和素质问题格外关注,一句"放心保姆哪里找,常山阿姨就是好"使得"常山阿姨"迅速出圈,而政府站台、专业认可使得"常山阿姨"在杭州劳务市场上被热捧,成为常山县的金名片。目前,常山县联合浙江树人大学、巾帼西丽服务集团共建"常山阿姨"学院,创新"政府＋高校＋企业"的三位一体合作模式,打造专业化的家政服务员培训基地,并通过制定品牌认定标准来规范家政服务员的准入流程、技能要求和道德诚信,完善"常山阿姨"的信息录入和查询系统,确保家政服务员的技能和素质符合行业规范和市场需求。经过几年的努力和坚持,"常山阿姨"品牌于 2020 年入选浙江省精准扶贫十大案例①,经认证的"常山阿姨"实现 100% 就业,3 年来累计带动家政从业人员增收 9 亿元以上。未来,常山县政府还将成立专项发展基金,加大财政支持和激励保障力度,提升技能人才的职业认同,专注母婴护理、老年护理、家务保洁、婴幼儿教育等技能培训,力求打通四省边际技能型人才培养、就业、流通通道,扩大"常山阿姨"劳务品牌的辐射范围和联动能力,进一步实现优质品牌的提质扩面。

(二)山区非遗品牌

非遗是集中展示地方文化的窗口,是人们在与地方环境长期互动过程中积累形成的生活智慧与文化实践,也是在历史更迭中流传下来的文化财富。② 山区 26 县独特的自然风貌和人文实践,造就形成了一批优秀的非物质文化遗产,成为山区县跨越式发展的重要支撑。例如,泰顺县就拥有 1 项世界级非遗、6 项国家级非遗、15 项省级非遗、102 项温州市非遗、172 项泰顺县非遗,总计县级以上非遗项目 296 项,是浙江省非遗重县;淳安县的睦剧、竹马、草龙等各类非物质文化遗产有 5000 多项,其中县级以上非遗代表性项目共有 104 项;开化建县的 1000 多年历史中,当地人民创作形成了丰富的口头文学、民间舞蹈和民间工艺,成功申报了国家级非遗项目 1 项、省级非遗 18 项、市级非遗 49 项、县级非遗 134 项,总计县级以上非遗项目 202 项;龙泉青瓷传统烧制技艺是人类非物质文化遗产的代表,龙泉宝剑锻造技艺和龙泉

---

① 钱志勤:《"常山阿姨"品牌入选浙江省精准扶贫十大案例》,http://csnews.zjol.com.cn/xw/changshan/zonghe/202107/t20210708_4351516.html,访问日期:2023 年 12 月 11 日。

② 魏雷,朱竑:《地理学视角下非物质文化遗产的跨地方实践》,《地理学报》2022 年第 2 期。

青瓷烧制技艺均被列入国家级非物质文化遗产,龙泉市的县级以上非遗共计86项。

衢州市境内的所有县域都位列山区26县名单中,是全域性质的山区相对贫困地区,也是浙江省建设共同富裕示范区的突出短板。虽然经济总量相对落后、发展空间受到限制,但衢州作为钱江源头,地处浙闽赣皖四省交界,素有"儒风浩荡、东南阙里"之美誉,是一座有着1800多年建城史、深厚人文底蕴的历史文化名城。特别是作为南孔圣地,每年9月28日南方的孔氏宗亲都会在衢州孔氏宗庙举行祭祀仪式,这一"南孔祭典"也入选了国家级非物质文化遗产项目。然而,在相当长一段时间内,衢州因经济发展相对落后而缺乏社会认同和市场知名度,虽曾用"神、圣、奇、秀、谜、源"和"绿色衢州,幸福之城"等口号来宣介自身,但这些口号和宣传标语都缺乏辨识度和清晰的市场定位。为破解这一难题,衢州市政府部门重新梳理历史文脉、挖掘地方人文精神,用"衢州有礼"这一城市品牌来概括衢州的人文精神,并将其融入城市文化建设之中,成为衢州城市形象的金名片。目前,衢州市将"衢州有礼"这一城市品牌纳入市委发展战略体系中,通过打造"八个一"有礼行动,将中华历史文化与现代文明实践结合起来,建设形成一批衢州南孔圣地文化旅游景区,使得南孔文化重重落地,并以此形成对外宣传推介的整体品牌。[①]由此,"衢州有礼"城市品牌成为提炼弘扬新时代衢州人文精神的重要实践,成为支撑衢州实现超常规、跨越式发展的精神力量,是物质富裕精神富有的重要样板。

缙云烧饼又称"桶饼",是缙云县历史悠久的民间传统小吃,早在1989年就被浙江省商务厅评选为优质点心,2008年其制作技艺被列入市级非遗名录,2016年被列入省级非遗,并获得"首届中国旅游金牌小吃"的殊荣。但长期以来,缙云烧饼的制作设备相对简陋,售卖方式以挑桶经营为主,价格也相对低廉,这些因素都使其与"低端"等标签挂钩,整体形象为"低、小、俗"。特别是在产业化和标准化方面,个体经营的特色小吃往往难以应对市场需求的更新迭代,粗放的经营和低端同质化竞争更使得缙云烧饼难以适应大众市场

---

① 严粒粒,于山:《"三衢味"如何带着土货"出山"》(2021年9月23日),《浙江日报》,2021年9月23日第8版。

的需求变化,相关产业处于市场竞争的边缘。为重新焕发地方小吃的发展活力,强化其在富民惠民中的作用,缙云县政府于 2014 年成立工作专班,开始推进缙云烧饼的品牌建设活动,通过打造缙云烧饼这一区域公用品牌,鼓励和引导缙云烧饼师傅自主创业和提质增效,建设形成农民创业致富的新引擎和缙云宣传的金名片。[①] 通过深挖缙云烧饼的历史文化、培育新型市场主体和创业主体、重塑品牌意识和品牌形象,缙云县政府明确了"缙云烧饼"公用品牌的产品定位和市场前景,通过统一培训内容、统一注册商标、统一制作工艺、统一经营标准、统一门店标准、统一原料标准、集中宣传营销、集中挖掘文化等八个方面来推进缙云烧饼的品牌建设,提升品牌质量和产业地位,促进市场规模的迅速扩张,品牌知名度迅速提升。截至 2020 年,"缙云烧饼"的品牌产值达 24 亿元,同比增长 9%,带动就业人员达到 2.1 万人,门店遍布在全国 20 多个省份,进驻到浙江省内多个政府机关食堂和星级酒店,并走出国门,在加拿大、澳大利亚、意大利等 8 个国家开设分店[②],通过品牌战略使非遗焕发了时代和国际活力。

(三)山区民居品牌

浙江省山区 26 县大多为相对贫困偏远的山区农村地区,人口长期外流致使其产生了大量闲置资产,成为乡村整体风貌的"疤点"。但与此同时,山区 26 县有着丰富的人文资源、生态资源和旅游资源,通过创建资源转换通道,能够实现山区优势资源的活化利用和经济价值转换。特别是对于山区县农村地区大量的闲置农屋、民房等资产,长期闲置不仅使其荒废而缺少生产功能,而且破落的外表常常成为影响乡村整体风貌的关键,影响到乡村整体形象的定位和整体气质的展现。这也意味着,山区县的闲置房屋资源的价值转换通道还有待拓宽。为此,众多山区县政府开始谋求乡村闲置资源激活变现的通道,并专门摸排了村庄内的闲置资源,建立乡村闲置农屋资源信息平台,同时成立创建和成立资源转换平台、打响资源转换平台的品牌名号,搭建

---

① 新华网:《乡味 | 缙云烧饼为什么这么"香"》,http://zj.news.cn/2023 - 05/06/c_1129589300.htm,访问日期:2023 年 12 月 11 日。
② 浙江省商务厅:《缙云烧饼:从中国乡村走向世界》http://www.zcom.gov.cn/art/2018/9/17/art_1384592_21458171.html,访问日期:2023 年 12 月 11 日。

起生态资源与经济价值之间的通道。例如,江山市就成立工作专班,对辖区内闲置的农村集体资产资源进行盘点,梳理并填报了农村闲置资源;衢州市率先发行了"两山银行"生态资源储蓄单,探索实施生态资源整体打包、设计、经营的机制,储蓄各类闲置房屋、农田,为村集体带来资源储蓄收益。

丽水市境内的所有县域都位列山区 26 县的名单之中,是全域性质的山区相对贫困地区,但青山绿水也赋予丽水以得天独厚的自然资源禀赋。习近平总书记在丽水调研时曾点赞道,"绿水青山就是金山银山,对丽水来说尤为如此"①。丽水的生态优势也成为助推其实现跨越式发展的资源底蕴。在人口外流、产业空心化的发展态势下,丽水境内存在着大量闲置农屋,并且大都散落在乡间阡陌之中,加上信息闭塞、交通落后、基础设施薄弱等因素,成为乡村风貌的伤疤。经济指标方面,2000 年丽水农民的人均纯收入为 2590元,占全省平均水平的 60%,2003 年为 3100 元,只占到全省平均水平的57%,经济发展差距不断拉大。为破解丽水市长期发展滞后、农村闲置资源转换不力的问题,丽水市早在 2005 年就开始启动农家乐旅游项目,鼓励带动松阳李坑村、青田龙现田鱼村等 10 个示范点共 50 多户农家乐。但长期以来,丽水的农家乐处于同质化低端竞争的状态,缺乏以王牌旅游产品为引领的高品位旅游集聚综合体,农家乐品牌特色不够凸显、市场竞争力较弱,乡村旅游的致富效应发挥得也十分有限。为破除丽水市境内农家乐"小、散、弱"的困境,提升丽水市乡村旅游的整体竞争力,丽水市委、市政府于 2015 年在全市民宿经济推进会上指出,一方面,要打造"丽水山居"农家乐民宿区域公用品牌,②集中挖掘中国人的山居情结、对农耕文化和山水田园生活的认同,以求契合现代都市人远离喧嚣、返璞归真、追忆乡愁的情感需求。另一方面,"丽水山居"农家乐民宿区域公用品牌成功引入了多元主体的力量,通过政府主导建设一批"小、美、精、特"的示范项目,以点带面,推动农家乐升级和民宿建造的全面开花;在民宿运营方面,丽水市政府牵头形成了"协会+经营户""村+合作社""股份制+农户""社会资本"等多种经营模式,出台了详细的建

---

　　① 朱土兴:《"两山"理念引领绿色发展之路》(2023 年 12 月 12 日),《浙江日报》2019 年 4 月 25日第 7 版。

　　② 浙江宣传:《"丽水山居"何以迷人》,https://zjnews.zjol.com.cn/zjxc/202310/t20231013_26339584.shtml,访问日期:2023 年 12 月 12 日。

设和运营导则,指引着丽水市民宿和农家乐的"主人式""特色化"服务。截至 2020 年,在"丽水山居"这一区域品牌下共有 3326 家农家乐民宿,累计接待游客 2205.1 万人次,营收达到 22.7 亿元,推动了丽水境内的民宿农家乐迭代升级,成为推动闲置资产盘活利用、带动山区人民迈向共同富裕的重要平台。

(四)山区生态品牌

山区 26 县最重要的任务是发展,最大的优势则在于生态。山区 26 县的土地面积占浙江总面积的 45%,人口占全省的 24%,经济社会发展长期落后于全省平均水平,是高质量发展建设共同富裕示范区的关键短板。限于交通区位和资源禀赋条件,山区县长久以来被定位为生态功能区,而这一功能定位又反过来限制了山区县的工业化发展道路和城镇化进程。山区县优质的生态资源如何转化为优势的经济效益,则成为困扰山区县发展的一大难题。"绿水青山就是金山银山"为山区县的生态化发展提供了方向指引,但如何将生态价值转化为经济价值还需要统一规划和顶层设计,充分激活山区县生态资源所蕴含的潜在发展优势,培育绿色转型发展的新业态,打造山区县经济发展的新增长点。为此,衢州、丽水等众多山区县市开始探索创建生态产品价值实现机制的示范区,通过摸排生态资源和生态产品的储备,建立完善生态系统经济价值的 GEP 核算框架,从物质产品价值、调节服务价值和文化服务价值三个方面来确定生态产品价值体系的内容,编制好"生态账"的同时算好"经济账",为山区县绘就了"富民经",也成为利用山区优势生态资源来缩小与省内其他地区发展差距的突破口。例如,衢州开化县就通过 GEP 核算平台分析了两山资源转化的图景,摸清了县域内的自然资源家底,并据此建立"两山银行"生态资源储蓄激励机制,收储土地资源、闲置农房、厂房、水库,为当地村集体增收,有效拓宽了"资源—资产—资本—资金"的转换通道。

丽水市境内有着 3573 座海拔千米以上的山峰,地貌呈现九山半水半分田的情势,连绵无尽的山峰过去曾制约着丽水第一、第二产业的发展。很长一段时间内,丽水全市上下坚持高举生态旗、走生态路、吃生态饭,生态文明指数高居全省前列,获得了"中国天然氧吧""中国长寿之乡"和"中国气候养生之乡"等美誉。但这种优质的生态资源一直缺乏良好的市场效益,生态价值如何转化为经济价值,则成为横亘在生态保护与经济发展之间的难题。为此,丽水市委、市政府提出"绿色崛起 科学跨越"的发展理念,尝试破除制约丽水市生态经济发展的体制机制问题,纠正"绿水青山"不敢转化、不能转化为"金山银山"的思想认识鸿沟,充分认识生态优势所蕴含的巨大价值,通过品牌战略来搭建资源转换平台,充分激活生态优势的经济价值。发展乡村旅游,是激活山区县闲散资源、促进其生态价值向经济价值转换的重要通道,但长期以来,丽水市的乡村旅游发展较为滞后,经营主体多为"小、散、弱"的普通个体户,大多缺乏市场主体意识,乡村旅游陷入单价低、服务差、业态单一的同质化"内卷"状态。为此,2021年11月丽水市委提出打造"丽水山景"这一区域公用品牌,编制出台了发展乡村旅游品牌的认定标准《"丽水山景"建设与服务规范》,着力于提升丽水市境内的乡村旅游品质,对乡村旅游业态、品牌营销等实施标准化管理。[1] 在其引领下,山区县乡村旅游和民宿农家乐业主有意识地将生态环境嵌入到旅游经营中,主动推动优质生态资源向经济价值的转换,助力生态产品价值实现机制示范区的创建。例如,丽水市景宁畲族自治县的大均乡,山峦叠翠、梯田与小溪交错、白鹭成群,在"丽水山景"这一区域品牌的统筹下,这些生态资源也具有了市场价值,被纳入民宿农家乐的房价之中:镶嵌在"青山绿水"之间的宿叶民宿,房价定在880元每间客房,并注明其中包含生态产品价值350元。民宿主人解释道,"来我们这里不仅是住宿,还能洗洗肺、养养胃、晒晒背……",山区的"好资源"同样具有"好钱景"。

(五)山区农产品品牌

山区26县的工业、服务业发展相对落后,其作为生态功能区的整体定位使其难以通过发展重工业来实现经济赶超,必然需要激活自身原有的农业产业优势,以此通过农产品品牌溢价来实现经济的跨越式增长。山区县独特的自然风貌孕育出一批高品质、纯天然的物产,成为助力山区县发展的"绿宝藏",也成为推动山区农民农村迈向共同富裕的资源基础。提及山区26县,

---

[1] 靳畅:《秀山丽水:一山又比一山高》(2022年7月19日),《中国旅游报》2022年7月19日第1版。

几乎每个县区都有自己代表性的物产,庆元香菇、松阳香茶、缙云麻鸭、遂昌长粽、景宁高山蔬菜、三门小海鲜、青田糖糕、仙居杨梅等,都是山区县独特的代表性物产,它们不仅是山区县优质生态资源的结晶,更蕴含着山区县独特丰厚的人文底蕴,成为山区县对外输出的独特形象和文化记忆。但长久以来,山区县的优质农产品在市场上缺乏明确的市场定位,"小、散、弱"的市场经营主体也难以获得固定的市场销售渠道,致使山区县优质农产品难以获得其应有的市场价值。[①] 为此,山区县多地政府开始谋划品牌战略,通过区域公用品牌的打造,嫁接起山区县优质农产品与广阔大市场之间的桥梁,发挥山区优质农产品资源在促进区域共同富裕中的作用。

浙江省台州市仙居县,地处北纬28度,西南北三面环山,季风性气候使其昼夜温差较大,成为适宜杨梅生长的绝佳之地。仙居县素有种植杨梅的传统,但在20世纪80年代以前,该地区大多种植"水梅"这一传统品种,杨梅果味偏酸、市场前景较差,主要用来酿酒。直至1984年,仙居县林业局干部沈青山从黄岩引进了200株嫁接的东魁杨梅树苗,经过小规模试种、不断改进种植技术,通过实施"百里杨梅长廊""万亩杨梅上高山"等工程,东魁杨梅在仙居县得到了大范围的推广种植,杨梅产量迅速提升,杨梅品质也显著提升。特别是通过实施"杨梅梯度栽培"工程,利用海拔高度差,将仙居杨梅采收期从不足20天延长到将近两个月。此外,仙居县还大力推广生态种植技术、组建质量监管队伍、实行全流程标准化生产、研发后端保鲜技术、线上线下全程同步营销,使得仙居杨梅的市场不断拓宽,成为远近闻名的消夏佳果。为进一步提升仙居杨梅的影响力和市场占有率,仙居县委从20世纪90年代开始就引入品牌战略,并于1993年首次举办农产品节庆活动来提升仙居杨梅的影响力,后续28年间,仙居杨梅节不间断举办,并且层级越来越高。2007年,"仙居杨梅"证明商标正式获批并投入使用,成为全国农产品区域品牌杨梅类中品牌价值最高的品类,并先后在美国、日本等13个国家和地区注册。为进一步巩固"仙居杨梅"市场第一的品牌地位,仙居县委于2020年正式推行品牌升级战略,通过挖掘仙居"神仙居住的地方"这一地理文脉、嫁接起仙

---

① 陆娟、孙瑾:《乡村振兴战略下农产品区域品牌协同共建研究——基于价值共创的视角》,《经济与管理研究》2022年第4期。

居独特微气候与杨梅品质之间的关系来彰显"仙居杨梅"的独特风味。一句"人间仙果,仙居杨梅"更加强化了仙居杨梅的独特品质,精准地刻画并传达了仙居杨梅的高端品质,用极富创意的方式传达了仙居杨梅的生态价值和市场价值,也获得了消费者的认同。如今,"仙居杨梅"的品牌建设正推动着仙居杨梅的品种培优、品质提升,引领着仙居杨梅产业的高质量发展,成为农产品区域品牌推进山区县共同富裕的生动实践。

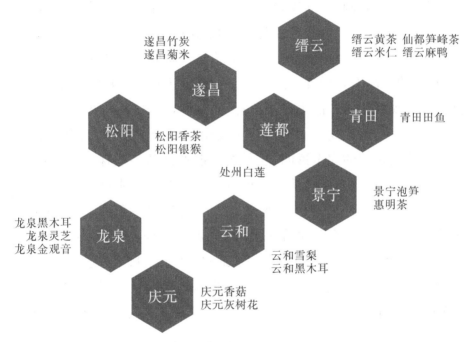

图 9-1　丽水境内农特产品

丽水市地处浙南山区,境内重峦叠嶂、地形崎岖,有着"华东氧吧""浙江绿谷"的美誉。但长期以来,这种生态优势也成为丽水市经济发展的困扰:由于丽水被定位为生态功能保护区,工业发展在丽水处处受限,传统的以工业发展来促进经济发展的道路很难在丽水实现,丽水的经济发展也长期落后于浙江省平均水平。"绿水青山就是金山银山,对丽水来说尤为如此"的丽水之赞,肯定了将丽水生态优势转化为经济发展优势的发展前景。然而,丽水市境内虽有景宁惠明茶、松阳香茶、遂昌菊米、庆元香菇、处州白莲等名特优农产品(见图 9-1),但全市有 7000 多个生产经营主体,种类繁多且规模较小,生产主体分散进一步弱化了丽水市农产品的整体影响力和市场知名度。为此,丽水市委、市政府于 2014 年牵头成立"丽水山耕"农业区域公用品牌[①]，用政府信誉做背书为丽水市农产品的销售和溢价保驾护航，同时通过协会运作来保障市场主体的灵活性。此外，为保障丽水境内已有的历史性经典农业品牌，例如庆元香菇、松阳银猴等县域品牌，"丽水山耕"还创新性地构建了"丽水山耕＋县域品牌＋企业品牌"的运作体系，以此构建全方位的母子品牌矩阵，通过多层级的品牌互动来实现品牌能级的跃升，将散落的农业生产主体和小弱的农产品品牌联合起来，用统一的区域公用品牌来对接外部市场，集中资金和资源优势来扩大提升整体层面的影响力。"丽水山耕"区域公用品牌的创建，还进一步倒逼丽水市农产品品质的提升：一方面，通过严格把控"丽水山耕"的产品准入标准，相关市场主体有意识地提升农产品品质，着力培育标准化、规模化的产品生产基地；另一方面，通过"物联网＋农业"的顶层设计，"丽水山耕"还建立了农产品质量安全的追溯体系，实现农产品质量检测、溯源等流通过程的完全透明化，科技赋能产品的品质保障。[②] 在"丽水山耕"的品牌加持下，缙云麻鸭从原先的 60 元一只提升到 118 元一只，溢价达50％；原先因知名度低而滞销的龙泉高山小黄牛的牛角圈，也通过"丽水山耕"搭建的杭州"山耕"食材推介平台，迅速走红市场，库存积压也销售一空；云和的返乡青年张建芬转战农业之后，通过"丽水山耕"搭建的平台，有组织有选择地开拓市场、组织推介营销，顺利将自己创建的白鹤尖农产品推向市场。经历近 10 年的发展，"丽水山耕"已成为中国区域农业品牌影响力排名位居前列的区域品牌，累计销售额已超百亿元，助力农产品溢价超 30％。

---

① 陈潇奕：《绿色崛起 "丽水山耕" 践行"丽水之干"》，《浙江日报》2019 年 3 月 18 日第 3 版。
② 浙江农业信息网：《"丽水山耕"：一场原生态风味的远航》，https://nynct. zj. gov. cn/art/2023/6/14/art_1599622_58951423. html，访问日期：2023 年 12 月 12 日。

三、经验总结

(一)忠实践行"八八战略",奋力打造"重要窗口",以探索共同富裕有效路径激发全社会新活力

品牌战略是对"八八战略"的创新性阐释,是打造中国特色社会主义制度优越性"重要窗口"和扎实推进高质量发展建设共同富裕示范区的生动实践。2003年,时任浙江省委书记的习近平同志作出了"发挥八个方面的优势""推进八个方面的举措"(即"八八战略")的决策部署,擘画了中国特色社会主义在浙江生动实践的新境界,成为引领浙江发展的总纲领。

品牌战略强调发挥山区县的资源生态优势,明确产业生态化和生态产业化的发展方向,旨在统筹部署山区县生态资源与外部市场对接的通道,是对"八八战略"的创新性阐释和创造性延伸,也是推进山区26县补齐经济短板、融入共同富裕格局的重要战略指引。特别是在高质量发展建设共同富裕示范区的政治责任感召下,品牌战略着力破解山区县创新创业发展的公共服务支撑不充分的问题,通过政府主导来搭建山区县资源生态转换平台,破除了困扰山区县发展的平台、体制和机制问题,为山区人民通过生态资源优势来实现创新创业提供了重要的公共服务支撑。在品牌战略所提供的公共服务支撑下,山区县发展生态经济的道路得以强化,全社会的发展动能得以激发和释放,实现共同富裕的有效路径得以拓展。

(二)以政府部门为主导推动区域品牌建设,激活市场主体的积极性与创造力,助力宜居宜业和美乡村建设

区域品牌是将品牌战略运用到特定区域层面,以品牌思维、品牌运营、品牌逻辑来推进某一区域整体形象的提升和发展。山区县实施区域品牌战略,就是按照品牌运作的模式和逻辑来对外宣传和营销山区县,通过资源整合和整体形象的打造赋能山区县优势资源生态与外部市场的对接,其中,山区县相关政府部门与市场主体的作用至关重要。建设区域品牌的做法符合2023

年中央一号文件关于"支持建设区域公用品牌"的要求①,能够改善乡村地区的创业环境和创业条件,促进乡村产业高质量发展和人们生活质量提升。

山区县相关政府部门在区域品牌战略的谋定、实施与监管方面发挥了主导作用,这是因为,区域公用品牌是一种准公共产品、类似于公共服务性质的举措,单个市场主体由于成本投入和运转经营等问题无法实施整体品牌战略,必须通过政府部门主导的方式,从组织赋能、战略谋定、专项资金保障、管理制度保障等方面来确保品牌战略的顺利实施。此外,山区县在实行品牌战略时,充分关注到市场主体的作用,通过区域整体品牌来将分散的市场主体统合起来,以资金激励、贷款保障、技能培训、品牌规划等方式,激活市场主体参与区域品牌打造的积极性与创造力,推动小而散的市场经营主体联合形成整齐划一、特质鲜明的整体品牌,成为山区县的"金名片"。从根本上而言,山区县实行品牌战略是以政府为主导的社会创业行为,而政府部门在创业初期主要发挥了平台搭建、制度保障、资源调配的作用,随着区域品牌建设的推进,市场主体充分参与到区域品牌创建之中,通过高度自觉和品牌认同来践行品牌维护和品牌保障等行为,是一种外部力量与内部力量相结合的新内生式发展战略。伴随着区域品牌建设,乡村产业发展的环境和条件得以改善,产业发展壮大不仅为人们提供了丰富的就业创业机会,而且有助于改善交通、生态等居住环境,促进物质文明与精神文明建设,保障乡村社会的和谐发展,从而助力宜居宜业和美乡村建设。

(三)以"绿水青山就是金山银山"为指引,通过创建区域品牌来搭建生态资源向经济价值的转换通道

品牌战略嫁接起山区县资源生态与外部市场的对接通道,是对"绿水青山就是金山银山"的生动实践。浙江省山区 26 县有着丰厚的生态资源优势,但长期以来,山区县被定位为生态功能区,其经济功能和经济价值未得到应有的重视,经济潜能缺乏外部市场的认知且处于亟待开发的状态。困扰山区县发展的另一问题,则在于优势生态资源很难被纳入经济增长的核算体系

---

① 中华人民共和国中央人民政府:《中共中央 国务院关于做好 2023 年全面推进乡村振兴重点工作的意见》,https://www.gov.cn/zhengce/2023-02/13/content_5741370.htm,访问日期:2023 年12 月 12 日。

中,生态资源的价值缺乏科学的核算依据和市场认可的价值评估程序。

在浙江省萌发的"绿水青山就是金山银山"生态发展理念则为山区县发展提供了重要指引,而品牌战略则是摆脱山区县生态化发展困境的重要路径:品牌战略首先从战略谋定和制度安排层面,破除了山区县生态优势不敢转化、不能转化为经济发展潜能的思想禁锢,进一步牢固和明确了将"绿水青山"转化为"金山银山"的发展道路;其次,品牌战略通过发掘和明确山区县的资源生态优势,按照市场运作的方式将生态价值嵌入到经济价值中,通过品牌溢价的策略来实现山区县生态资源向经济价值的转化,成为品牌逻辑、市场逻辑与生态逻辑相互融合的典范;最后,品牌战略实则是以政府部门为主导的体制机制变革实践,通过品牌化的方式,将生态资源与市场价值核算体系相绑定,破除了生态价值与经济价值之间的鸿沟,从体制机制层面嫁接起生态资源与经济价值之间的桥梁,不仅为山区县资源生态向经济价值转化提供了合法性基础,而且能够从根本上转变经济发展模式,推进产业生态化可持续发展。

(四)以品牌建设为统领,盘活乡村闲置资产资源,拓宽山区县资源转换通道

山区 26 县不仅具有优质的生态资源,同时还有着大量闲置的资产资源,这些资产资源同样需要市场转化机制,品牌战略则是拓宽山区县资源转换通道的重要实践。一方面,山区县作为浙江省内相对欠发达的地区,工业产业基础较为薄弱,就业机会也十分有限,因此,山区县人民向来有着外出务工的传统。另一方面,山区县人民的外流也产生了大量的农村闲置房屋,特别是一些保存相对完整的古村落,成为山区县实现跨越式发展的重要依托。

山区 26 县有着大量闲置的劳动力、农村民居等资源,具有较大的经济价值,但一直缺乏统一完善的市场转换机制,无法实现闲置资源的活化利用。品牌战略则是破解这一问题的重要实践:通过政府牵头主导,推动对山区县闲置劳动力资源的技能培训和专业素养提升,用地方政府与地方形象为山区县劳动力资源的质量背书,使得山区县劳动力资源在就业市场上具有整体品牌形象和辨识度,极大地推动了山区劳动力异地就业的竞争力和认可度,也成为发展山区县"外向"经济的重要途径。对于农村地区闲置的房屋和民居,

山区县政府通过成立区域品牌来推动山区县乡村旅游、民宿农家乐经济的发展,不仅激活了乡村闲置的民居资源,将其转化为市场认可和需要的民宿业态,而且吸引了一批优秀的青年投身到返乡创业和乡村建设的实践中,为山区县的可持续发展储备了青年劳动力资源,也为将"好风景"转化为"好钱景"提供了实现平台。

(五)深挖历史文脉和资源底蕴,将文化意义植入区域品牌建设,释放历史遗存的当代价值

通过深挖山区县独有的历史文脉和资源底蕴,品牌战略有效地提取了地方文化基因,并将其融入区域品牌的形象和标识打造中,通过链接历史来发掘并弘扬山区县的文化价值。无论是南孔圣地的儒家文化,还是缙云黄帝祭典的中华民族文化,抑或山区县人民长期生活实践所形成的地方戏、民俗节庆等日常生活文化,都为山区县跨越式发展融入共同富裕格局提供了精神滋养。

历史文脉为山区县的跨越式发展奠定了历史与文化的价值基础,品牌战略则为发扬和释放山区县历史遗存的当代价值提供了实现路径。一方面,通过解码山区县地方文化基因,用历史文化来形象化地表达和传递山区县的文化定位与历史经纬,展现山区县历史文化的厚重感与深厚的文化积淀,经由品牌化的宣传设计与经营运作模式,将历史文化融入山区县发展的整体战略中,为山区县实现跨越式发展提供强有力的精神指引。这种精神力量还通过城市品牌和文创 IP 产品的打造,转化为居民的内在自觉行为和外在的市场认同,充分激活了历史文化的当代经济价值。另一方面,文化资源还为山区县人民的精神富裕奠定了历史根基和思想来源,品牌战略则通过提炼历史文化的基因要素与核心内涵,用简洁凝练有标识性的口号话语来引领山区县人民的精神世界,将历史文化与社会主义核心价值观结合起来,为促进山区县人民精神共同富裕提供了可行路径。

四、未来展望与建议

（一）发挥数字化技术对品牌战略的资源配置和系统重塑作用

数字技术是推动项目治理与社会治理的关键手段，通过对运作模式、管理模式、管理理念的系统性重塑，数字化技术能够推动各类资源要素的有效集聚和高效配置，创造性地塑造与现代社会发展相适应的运作营销与管理治理模式。目前，山区县实行品牌战略，亟须加强数字化技术对品牌战略的推动和优化作用：在品牌系统架构方面，需要运用数字化技术来辅助品牌整体架构的搭建和实现，特别是品牌相关的制度安排、运作流程、管理实践等工作，都可以通过数字技术的介入来构建品牌战略的整体运作架构，总结形成一套可推广可普及的品牌系统架构模式；在品牌宣介造势方面，山区县可以进一步拥抱当代数字技术的发展前沿，通过网红直播、古风营销、短视频、流媒体等方式来拓宽山区县品牌的传播力和影响力，焕发山区县生态品牌的年轻活力，赢取更多年轻人对山区县品牌的关注与消费；在品牌的市场拓展方面，山区县可以进一步融合数字营销、数字物流体系、数字化运营管理平台，用数字化技术来拓展山区县品牌的市场半径，扩大山区县品牌的受众面和需求端，提升山区县品牌在全国范围内的知名度和影响力。

（二）完善品牌产业化的顶层设计与引导机制建设

山区县的区域品牌战略，是在政府主导下的品牌创建和运营活动，政府作为品牌战略的谋定和推进主体，在山区县的品牌化发展过程中起到了至关重要的作用。然而，以政府为主导的山区县品牌建设，需要动用和消耗大量的公共资源、行政资源和财政资源，对于财政资金有限的山区县政府而言，过多的财政投入和行政投入可能会影响到山区县其他方面的建设。为此，需要从品牌产业化的层面来完善山区县的顶层设计和引导机制建设。具体来讲，山区县在创建和打造区域品牌的过程中，需要注重引入并发挥市场主体的作用，通过摸索和形成一套市场主体参与品牌设计、创建、营销，政府部门提供相应的行政政策支持配套来培育和推动山区县品牌战略形成市场化的运作模式。特别是在品牌产业化的引导机制建设方面,山区县政府部门可以进一步制定相关的规划方案和管理激励机制,形成一套有利于激发市场主体能动性的引导机制、奖励方案、利益分配规范等,使得区域品牌创建工作能够按照市场规律来持续推进,实现政府部门与市场主体的有机融合。

(三)引入多元市场主体,培育品牌战略的服务机构

品牌并不是单纯的对外宣传营销,它更牵涉到品牌规划、品牌运营、品牌落地等背后一系列的支撑工作,是一项系统性的工程。目前,山区县在推行品牌战略的过程中,尚存在"重品牌策划,轻品牌运营实践"的问题,不少品牌战略虽有较好的项目策划方案和精致的形象识别系统,但在具体运营过程中,品牌战略缺少落地和推进的实体,难以按照市场规律和发展需要来深入推进。特别是在品牌战略的实践过程中,需要依靠一系列专业化的实践团队来落实和推进品牌规划的建设,比如农产品区域品牌需要专业的农产品质量检测团队、物流运输团队、网络营销团队、实体销售团队等的辅助,才能将品牌策划团队所描绘的品牌打造和发展前景落实到位,品牌需要一系列的支撑要素才能够真正落地;再比如山区县在打造文化品牌时,不仅需要专业的研究团队来挖掘山区县的历史文脉和文化底蕴,还需要专业的内容生产团队来创造性地运用和弘扬传统文化,用大众喜闻乐见的方式来提振传统文化的当代魅力。由此,山区县在打造和推进品牌战略的过程中,还需要引入多元化、专业化的市场主体,依靠专业技术团队来保证品牌建设名副其实,保障品牌建设符合品牌的策划和具体要求,形成有实质性内容的区域品牌。

(四)增强品牌的国际影响力,助推品牌出海

山区县优质的资源生态孕育了丰富多样的优势产品,为山区县实现跨越式发展提供了物质与文化资源支持。目前,山区县在推进品牌战略时,着重强调山区县品牌在浙江省内或者中国境内的影响力,较少关注到山区县生态产品的国际市场潜力。事实上,山区县优质的生态产品不仅能够满足国内人民对于美好生活的需要,而且其优质的产品品质同样符合国际权威标准,达到认证门槛,有能力有潜力满足国外市场的需要。为此,山区县在推进品牌战略时,需要进一步培育国际视野,拓宽品牌的目标市场。特别需要注意的

是,在向国际市场推介山区县品牌时,应注重中国传统文化的挖掘以及创意化形式的传播,把符合中国传统文化的审美和价值观嵌入到品牌设计之中,用中国文化来吸引世界消费者的认同,培育国际消费者对于中华文化的接纳与认可程度。山区县向国际市场传播中国产品品牌,也是一种文化传播、展现中华文化自信、促进世界文化交流、提升中华文化影响力的重要途径。

执笔人:王龙杰,浙江大学管理学院;吴茂英,浙江大学管理学院;陈健,浙江大学中国西部发展研究院。

第十章 山海协作——协同发展的
体制机制

一、逻辑理论

（一）山海协作模式与发展

山海协作是一般区域协同发展框架下符合浙江省地理条件特殊性的协作模式，可以通过发挥山区与沿海地区的优势实现共赢，达到降低区域差距的目的。浙江省国土资源具有"七山二水一分田"的特征，山区面积广阔。广阔的山区虽然为浙江省山区县提供了宝贵的林地资源，为地区林业发展与旅游业发展提供了特色区位优势，但是由于山区地形崎岖，交通基础设施建设难度较大，交通通达性不足与便利性不足制约了山区的发展潜力。浙江省东临东海，省内杭州、宁波、嘉兴、舟山、台州、温州、绍兴多地具备更为便利的交通条件，实现了更为开放的经济发展。此外，浙江省沿海城市较高的经济发展水平一方面为沿海城市的产业合作与升级提供了新的空间，从而使得沿海城市有更强的动力与其他城市进行产业合作；另一方面，沿海城市发展能够激发城市人口中的多样性需求，其中部分山区旅居与文化服务需求难以被沿海城市直接吸收。因此，通过山海协作工程，浙江省沿海发达县区与山区县通过开展区域协作，可以使得山区县承接沿海城市经济高质量发展带来的溢出效应，一方面为山区县实现跨越式发展提供新的动力，另一方面也可以进一步提高沿海地区的社会经济发展效率，从而为促进全省高质量发展提供有力顶层支持。

从国际视角来看，在典型案例层面不乏区域协作降低区域差距的国际经验。法国在 20 世纪 60 年代通过对山区开展自然资源保护、农业扶持以及基础设施建设扶持,促进了山区的高速发展。[1] 撒哈拉以南的非洲国家通过建立长期的贸易协作关系以及区域货币融合计划,使得它们在全球经济中表现出更强的竞争力。[2] 欧洲的实践经验也表明,成熟的工业合作体系可以提供2.3%—3.0%的额外经济增长。[3] 财政限制、空间和组织等阻碍因素是美国国内促进区域间互惠性公共服务合作的重要驱动力,[4]而浙江省山海协作工程可以有效破除上述阻碍因素。上述实践都是区域合作促进区域发展均等化的重要机制。[5][6] 山海协作对区域发展的优势在于提升了欠发达地区与发达地区的社会经济联系。现有研究证据表明,在城市帮助城市模式下,浙江省山海协作项目作为减少区域不平等的一种重要区域方式,显著提升了落后地区与其他直辖市的跨区域人口流动[7],并强调了社会合作在山海合作项目中发挥的越来越重要的作用。它整合了多个主体(如公众、市场、政府等),目前向欠发达城市提供了更好的社会服务,特别是医疗卫生和教育服务。

从国内视角来看,山海协作模式从福建省孕育而生,在浙江省全面贯彻。2001 年时,福建省委、省政府便指出要"从全局和战略的高度充分认识新时期加快山区发展、推进山海协作的重大意义",并计划从调整经济结构、加强基础设施建设、保护生态环境、扩大对外开放、加强财政金融支持、加强科技教育扶持、加强干部人才培养交流、加强山海经贸合作与加强组织领导方面

---

[1] 戴永务,邱晓兰,刘燕娜,余建辉:《国外欠发达地区开发的经验及对福建山海协作的启示》,《福建农林大学学报(哲学社会科学版)》2007 年第 4 期。

[2] Metzger,Martina. *Regional cooperation and integration in Sub-Saharan Africa*. No. 189. United Nations Conference on Trade and Development,2008.

[3] Fomina,Alena V. ,Oksana N. Berduygina,and Alexander A. Shatsky. "Industrial cooperation and its influence on sustainable economic growth. "*Entrepreneurship and Sustainability Issues* 5,no. 3 (2018):467-479.

[4] Bel,Germà,and Mildred E. Warner. "Factors explaining inter-municipal cooperation in service delivery:A meta-regression analysis. "*Journal of Economic Policy Reform* 19,no. 2 (2016):91-115.

[5] 张晓杰:《城市化、区域差距与基本公共服务均等化》,《经济体制改革》2010 年第 2 期。

[6] 张秀生,陈慧女:《论中国区域经济发展差距的现状、成因、影响与对策》《经济评论》2008 年第 2 期。

[7] Xu,Yuanshuo,Yiwen Zhu,Yan Wu,Xiaoliang Wang,and Weiwen Zhang. "The Population Flow under Regional Cooperation of "City-Helps-City":The Case of Mountain-Sea Project in Zhejiang. "*Land* 11,no. 10 (2022):1816.

对福建省加快山区发展与推进山海协作提出指导意见。[①] 2002 年 4 月,浙江省继福建省后,正式启动实施山海协作工程。2004 年,浙江省将提出深入实施山海协作工程的措施列入 1 号文件的工作任务。[②] 2018 年,浙江省继续深化实施山海协作,助力高质量发展进程。[③] 2021 年,浙江省提出要打造山海协作工程升级版,助力高质量发展共同富裕示范区建设,[④]提出要从做大产业、发展特色、补齐基础设施与公共服务短板的路径继续深化推进山海协作工程,提升山区发展的内生动力。具体而言,对于山区县,浙江省将通过优化新阶段山区发展政策体系,坚持分类施策,实施做大产业扩大税源行动和提升居民收入富民行动,全面推进山区统筹发展,推动小县大城向名县美城转型。发展"绿色＋智慧"特色产业和生态工业,培育"丽水山耕""三衢味"等山区名品,实施消费助农计划,补齐基础设施和公共服务短板,高标准创建"四沿"美丽富裕干线路,探索推行市场化推动山区发展新模式,提升内生发展动力。

(二)山海协作与共同富裕实现

　　浙江省山海协作工程作为区域经济协作的一种形式,将有效助力共同富裕实现。首先,山海协作可以更好地发挥沿海发达县区对于山区县的辐射带动作用,进一步将山区县融入沿海都市圈发展中,从而强化沿海都市圈发挥的带动效应。此外,山海协作工程有效推进了发达县区与欠发达县区间的产业互联,通过飞地经济形式,使得欠发达地区破除了发展的时空阻碍,实现了经济要素的流通,促进了经济发展,缩小了与发达区域的发展差距。当前浙江省"消薄"飞地的山海协作形式更是直接使山海协作成果惠及了山区村民,促进了共同富裕进程。

---

① 中共福建省委:《福建省人民政府关于进一步加快山区发展推进山海协作的若干意见》,《福建政报》2001 年第 4 期。

② 《中共浙江省委办公厅、浙江省人民政府办公厅关于印发〈浙委〔2004〕1 号文件工作任务分解〉的通知》,《浙江政报》2004 年第 16 期。

③ 中共浙江省委:《浙江省人民政府关于深入实施山海协作工程促进区域协调发展的若干意见》,《浙江日报》2018 年 5 月 31 日。

④ 中共浙江省委,浙江省人民政府:《浙江高质量发展建设共同富裕示范区实施方案(2021—2025 年)》,《浙江日报》2021 年 7 月 20 日。

以公共服务协作开展山海协作工程可以有效提升浙江省区域公共服务均等化水平,推动共同富裕实现。公共服务均等化是实现共同富裕的内在要求。山海协作可以缓解欠发达地区因专业人才稀缺、资金短缺引发的基本公共服务供给不足。通过制度保障与区域协作促进山区县养老托幼、医疗卫生、教育等资源的发展,不仅使得高质量发展的成果惠及全省人民,实现共同富裕,还能有效促进山区与沿海县区的人口流动与产业发展,进而推动山海协作工程进一步深化。促进共同富裕是一个长期的复杂系统工程。在山海协作框架下,既应通过先富帮后富、沿海发达城市帮扶山区欠发达城市来实现逐步共富,也要通过发展满足沿海发达城市与山区欠发达城市人民日益丰富的物质文化需求来实现全面共富。山海协作实践经验证明,唯有将促进共同富裕、实现"山""海"人民群众的根本利益作为义不容辞的政治责任,不断补齐欠发达地区发展短板和改善民生条件,才能使欠发达地区人民真正享受更多、更公平、更实在的发展成果,才能最大限度提升民生福祉的全面性与全民性。[①]

二、创新做法与成效

本节将着眼于浙江省"一老一小"人口发展状况,从"一老一小"公共服务事业与产业均等化发展的视角提出山海协作的创新体制机制,并分析"一老一小"山海协作模式对于浙江省促进"浙里长寿"与"浙有善育"发展以及推进高质量发展建设共同富裕示范区的重要意义与潜在成效。

"浙里长寿"是浙江省高质量发展建设共同富裕示范区重点打造的标志性成果,其着眼于切实解决当前浙江省养老服务领域存在的区域差异、城乡差异、收入差异等不平衡问题;着眼于全链条打通,构建内容全面、结构完整、层次清晰的标准体系;着眼于全要素集成,发挥物质基础雄厚、养老服务供给

---

① 董雪兵、孟顺杰、辛越优:《"山海协作"促进共同富裕的实践、创新与价值》,《浙江工商大学学报》2022 年第 5 期。

方式有机更新、产业持续发展在打造"浙里长寿"名片中的重要作用。[①] 与此对应,"浙有善育"同样为浙江高质量发展建设共同富裕示范区的标志性民生工程,是对浙江省人民群众婴幼儿照护服务和儿童教育等需求的积极回应,将有助于推进人的全生命周期公共服务优质共享。[②] 在山区 26 县高质量发展暨山海协作工程推进会上,时任省委书记袁家军指出,要着力补齐公共服务短板,加快建设未来社区、未来乡村,加快推动山区教育高质量发展,加快提升山区医疗卫生服务水平,加快推进"浙有善育""浙里康养"建设。基于此,本节先简介浙江省"一老一小"人群发展状况,再分别针对老年群体与新生儿、幼儿群体,提出实现其公共服务领域山海协作的创新模式,为未来浙江省进一步拓展山海协作维度以及推进共同富裕提供公共政策创新思路。

(一)浙江省"一老一小"发展状况

1."浙里长寿"发展状况

根据浙江省第七次人口普查数据,本文基于队列要素预测法预测了2022 年至 2027 年间浙江省人口变动趋势。研究发现浙江省人口存在以下特征。

(1)人口老龄化、人口高龄化程度均呈现深化趋势

从表 10-1 可以看出,所有浙江省老年人口数量指标均反映出未来 5 年间浙江省老年人规模的提升。与 2022 年相比,2027 年时浙江省 60 岁及以上老年人口数量将增加近 500 万人,规模突破 1800 万人。此外,浙江省 80 岁及以上老年人口在 2027 年将达到 300 万人,与 2022 年相比增加近 100 万人。

---

① 浙江省民政厅:《全面推进康养体系建设 合力打造共同富裕示范区"浙里长寿"金名片——全省康养体系建设现场推进会在甬召开》,https://mzt. zj. gov. cn/art/2021/10/15/art_1632728_58926726. html,访问日期:2022 年 9 月 10 日。

② 浙江省人民政府:《我省加快打造"浙有善育"金名片——把托班建在离百姓最近的地方》,https://www.zj.gov.cn/art/2022/4/21/art_1229559825_59693257.html,访问日期:2022 年 9 月 10 日。

表 10-1　浙江省老年人口数量预测　　　　　　　　单位:人

指标	2022	2023	2024	2025	2026	2027
60 岁及以上老年人口	13559888	14502306	15439073	16371340	17310267	18247993
65 岁及以上老年人口	9595315	10211813	10834922	11467313	12150534	12851911
80 岁及以上老年人口	1994563	2182309	2371036	2563124	2777882	3001873

数据来源:课题组根据第七次人口普查数据测算得出。

根据定义,当一个区域内 65 岁以上老年人口占总人口的比重位于 15％—22％之间时,此区域便已进入了老年社会。对浙江省老年人口占比进行分析可知,2022 年时,浙江省 65 岁及以上老年人口占比为 14.45％,此时浙江省尚未进入老年社会。而 2027 年时,浙江省 65 岁及以上老年人口占比已达到 18.48％,这意味着浙江省在这一年已经进入老年社会。

(2)浙江省失能、半失能老年人口规模会进一步提升

失能老年人口与半失能老年人口是健康状况与自理能力较差的老人,其规模的变动反映了浙江省未来面临的社会化养老服务与医养照护压力。在 2015 年时,失能老年人口占全部老年人口的比例为 10.78％。根据比例测算,如图 10-1,浙江省在 2022 至 2027 年间,60 岁及以上失能老人规模将从 146 万人提升至 197 万人。这意味着浙江省社会化养老服务总体压力将会在"十四五"时期进一步增加。

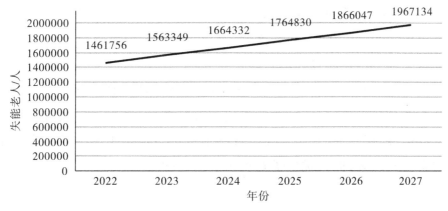

图 10-1　浙江省失能老人规模预测

数据来源:课题组根据第七次人口普查数据与 2015 年浙江省 1％抽样调查长表数据测算得出。

在浙江省高质量发展建设共同富裕示范区的要求下,解决农村失能老人的照护问题,缩小沿海发达县区与山区的养老服务差距对于共同富裕建设尤为重要。根据《浙江省新型城镇化发展"十四五"规划》,2025 年时,浙江省常住人口城镇化率将达到 75%。以此为据,本章初步测算了浙江省城乡失能老人规模。2027 年时,浙江省有 47 万居住在乡村的失能老人(见表 10-2)。

表 10-2 浙江省城乡失能老人规模预测结果

单位:人

指标	2022	2023	2024	2025	2026	2027
城镇失能老人	1074391	1156878	1239927	1323623	1408865	1495022
乡村失能老人	387365	406470	424405	441208	457182	472112

数据来源:课题组基于第七次人口普查数据测算得出。

上述分析表明,未来浙江省将面临持续提升的人口老龄化压力与失能半失能的老年长寿化压力。因此,利用山海协作工程,使山区县得以承接浙江省沿海县区养老服务需求将成为促进区域均衡发展,实现共同富裕的一个有力途径。

2."浙有善育"发展状况

提升生育水平,并降低家庭生育养育成本是实现浙江省人口长期均衡发展的重要环节。考虑到婚育年龄的大幅推迟,浙江省育龄女性的生育模式正由"窄峰型"向"宽峰型"转变。在"生育政策转制、生育观念转型、生育率发生结构性、交错性变化"的时期,更要关注浙江省全体育龄女性生育状况中的异质性与结构性变化。在"全面三孩"以及育儿友好型社会建设背景下,浙江省的生育水平或将实现恢复性增长。

浙江省近年来出生人口数量呈现下降趋势。如图 10-2 所示,2017 年后,随着全面两孩政策效应释放,浙江省出生人口数量开始下降。根据第七次人口普查数据,浙江省 2020 年总和生育率水平已不足 1.1,这也对浙江省创新生育配套公共政策,促进优生优育提出了更高的要求。

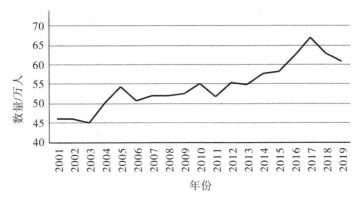

图 10-2　浙江省出生人口数量变动趋势

数据来源：浙江统计年鉴。

根据 2019 年浙江省人口与家庭动态监测调查数据，浙江省旺盛期育龄女性婚育推迟明显，生育势能有待释放。与 2015 年初婚队列相比，2019 年初婚队列女性平均初婚年龄提高了 1.34 岁，存在明显的初婚推迟；与 2019 年旺盛期育龄女性的生育年龄相比，2020 年旺盛期女性一孩的平均生育年龄推迟了 0.37 岁，二孩的平均生育年龄推迟了 0.76 岁，存在明显的生育推迟。为了承接生育势能，浙江省需要做好托育托幼的公共服务建设。此外，居住在沿海发达地区的女性具有更高的平均受教育程度，更加坚持优生优育的观念，其生育意愿与实际生育水平与山区县女性相比更低，且生育意愿未能充分实现。因此，需要通过构建山海协作的"生育包容性政策"制度设计，有效降低沿海地区高学历旺盛期育龄女性的社会性压力，从而提高浙江省全省整体生育水平。

(二)"浙里长寿"的山海协作模式创新

1. 基于长期护理保险制度试点优化的山海协作事业模式

长期护理保险制度旨在为失去生活自理能力的老年人提供居家或机构护理服务，大大减轻了失能家庭的长期照护压力，降低了失能家庭因病致贫的风险。自 2016 年起，浙江在宁波市、桐庐县、嘉兴市、义乌市、温州市开展了长期护理保险试点工作，取得了积极成效。2022 年，浙江省医保局与财政厅出台了《关于深化长期护理保险制度试点的指导意见》，旨在将长期护理保险制度安排从单一县区的试点扩大到全省范围，参保人群范围惠及城乡居民,从而助力高质量发展建设共同富裕示范区的目标。

长期护理保险的全面实施可以为浙江省建立养老服务的山海协作模式提供制度保障。长期护理保险制度为失能人群提供了经济支持,从而使得沿海地区的失能老年人群无论选择在沿海地区接受养老护理,还是选择在生态环境更加美丽的山区县接受养老护理,都可以通过长期护理保险制度获得服务费用补贴,从而降低失能老人的照护负担。

2. 医养、康养、护养相结合的山海协作模式

浙江省沿海发达城市的人口老龄化程度相对较高,但建设发展成本也更高,长期护理机构数量相对有限,难以满足各类健康状况与收入状况老年人的护理需求。相比而言,山区县自然资源与生态环境条件优越,且在山海协作框架下具有更大的养老服务设施建设潜力,但其县区内生活难以自理的老年人口规模相对较低。

在此背景下,本节提出一种创新性的山海协作养老模式:"存房+养老:从一代人的消耗转变为多代际的消费"。与长期护理保险不同,这一模式主要针对中高收入的老年群体。我国老年人一直存在"住房富人,消费穷人"的现实矛盾。在住房方面,由于经历了房地产制度改革和房地产市场的繁荣发展阶段,浙江省老年人的住房自有率大大提高,达到了一个较高的水平,在一些房价较高的沿海发达城市,老年居民的住房自有率水平甚至超过了80%。这是在我国安土重迁的传统文化背景下,老年群体自有的一笔巨大财富。与此同时,浙江省养老产业和养老服务业发展缓慢,体现为养老产业和养老服务的供需矛盾突出,其中一个重要原因是有效需求不足。老人拥有房产价值的提升和个人消费能力不足构成了一对现实矛盾。"存房养老"模式是在借鉴发达国家先进养老经验的基础上,在房地产市场蓬勃发展的现实背景下,针对当前社会养老资源不足的严峻形势提出的一种依靠老人自有住房资产养老的新型养老方式,是解决老人拥有房产价值不断提升和个人消费能力相对不足这一对现实矛盾的重要手段。

具体而言,首先,鼓励沿海发达县区老年人将自己的老旧住宅区闲置房源存到银行或养老金公司等金融机构,一次性获得一笔长租收益用于支付养老费用。其次,政府在给金融机构提供一定补贴的前提下将这些房源变成公租房,出租给有需要的年轻人,缓解城市住房困难问题。最后,老人可以利用

这一笔费用选择前往环境优美、医疗设施完备、交通便利的一小时或一个半小时高铁圈以内的山区县养老,而政府也可以将山区县打造成一个类似于美国"太阳城"、日本港北新城的长期友好型老人照料社区,带动城乡经济发展。在此基础上,地方养老机构与经济发达、气候宜人的山区县之间可以探索合作养老,以"绿水青山就是金山银山"理念,把旅游与养老结合在一起,寻求积极养老、健康生活的理想方式,发展休闲候鸟式养老,并逐渐朝国际化方向发展。我们不再将老人视为城市发展的负担,而是将他们作为拉动内需的一股动力,将一代人的消耗转变为多代际的消费。

与浙江省沿海城市相比,浙江省山区县具备发展"存房＋养老"产业模式的独特优势。自然环境和自然资源是老年人在养老服务区位选择时首先需要考虑的因素。以浙江省丽水市为例,浙江省丽水市是长寿之乡,也是浙江省唯一全域纳入革命老区和山区 26 县名单的地级市,农村老年人数量多、居住分散,随着城镇化的推进和传统家庭照护功能的弱化,农村养老面临诸多问题和挑战。

丽水市生态秀美,环境宜居。境内"七山一水两分田",森林覆盖率达81.7％,山清水秀、风光旖旎,被誉为"浙江绿谷",隶属于中亚热带季风气候带,光照充足、雨量充沛、四季分明、气候宜人,被誉为气净、水净、土净的"三净之地",被命名为第二批"绿水青山就是金山银山"实践创新基地,是浙江一个极具发展特色的生态城市,十分适合养老居住。

此外,丽水市的养老基础设施也较为完善。近年来,丽水市推出"浙丽长寿·山区颐养"行动方案,促进城乡基本养老服务均衡覆盖,全力打造共同富裕美好社会山区养老样板,为"浙里康养"建设及山区养老贡献丽水经验,不断提升老年人的获得感、幸福感和安全感。通过推进无障碍和老年友好环境建设,提升了老年人的获得感和幸福感。截至 2022 年,丽水每个县都拥有一所公办示范性综合养老机构,累计投入建设资金10 多亿元;护理型床位占比达 60％,专业护理能力得到极大增强。在乡镇(街道),重点推进敬老院改造以及居家养老服务中心建设,20 家敬老院全部转型为区域护理型养老机构,176 个乡镇(街道)建成居家养老服务中心。在村(社区)则设立居家养老照料中心,共建成 1890 个。[①] 上述条件都为浙江省沿海城市的老年人前往丽水市养老提供了便利和支持。由此看来,丽水市能够满足养老休闲旅游以及医养、康养、护养相结合养老服务的基本需求。

当前浙江省内已经建设了以鹿城—泰顺山海协作生态文化旅游产业园平台以及文成—瑞安山海协作生态旅游文化产业园等为代表的适宜于开展医养、康养、护养相结合的健康养生度假中心。未来浙江省的山海协作可以以此为基础,进一步推动"存房+养老"山海协作模式创新,促进山海养老服务高质量发展与共同富裕进程。

3. 面向认知功能障碍老年人护理需求的旅居养老产业山海协作模式

除了"存房+养老"的模式外,在沿海发达城市与山区城市接受家庭养老照护的老年人同样可以以旅居养老的方式参与到山海协作的养老产业发展模式中。其中,除了生活能够自理以及失能老年人可以通过山海协作模式参与到山区县的康养服务中外,对于具有认知功能障碍的老年人,山海协作模式仍有发展应用潜力。而这一群体能够更好地在接受旅居养老服务时提高生活质量。

关于环境与老年人认知障碍功能的研究表明,更好的社区环境能够有效降低老年人认知障碍功能的下降。[②] 来自英国的研究证据表明,更好的自然环境也能够有效防止老年人的认知功能下降,具体而言,大量接触社区的绿地和花园的自然环境可以减少老年人的精神障碍。因此在老年人的居住地增加绿色环境可能是改善老年人心理健康的潜在人口干预措施。[③] 建筑环境特征,如绿色空间、获得当地服务和照明、街道和道路条件等基本基础设施

---

① 丽水市人民政府:《浙江丽水打造"浙丽长寿·山区颐养"金名片》,https://www.lishui.gov.cn/art/2022/12/20/art_1229589345_57341976.html,访问日期:2023 年 12 月 13 日。

② Luo, Ye, Lingling Zhang, and Xi Pan. "Neighborhood environments and cognitive decline among middle-aged and older people in China." *The Journals of Gerontology: Series B* 74, no. 7 (2019): e60−e71.

③ Wu, Yu-Tzu, A. Matthew Prina, Andy Jones, Fiona E. Matthews, Carol Brayne, and M. R. C. Cfas. "Older people, the natural environment and common mental disorders: Cross-sectional results from the Cognitive Function and Ageing Study." *BMJ open* 5, no. 9 (2015): e007936.

被认为是支持积极和健康老龄化的基本要素。① 瑞典的研究除了关注自然环境中的绿地面积，还关注包括宁静程度、空间性、自然性、文化性与植被茂密性在内的绿地品质对老年人认知功能衰退的影响。通过体育活动和获得宁静或空间品质之间的显著交互作用，女性在随访期间心理健康状况不佳的风险降低。对于男性来说，这种趋势是相似的，尽管不是很明显。② 中国的研究表明老年人养老服务的友好环境空间应该具备的特征为具有积极感官刺激的自然环境，可达性和个性化的园艺空间，安全和舒适的步行环境，用于娱乐运动的空间和设备，以及混合不同人群的聚集空间。室外环境可以通过补偿损伤和利用残余的身体功能和结构来促进室外活动，从而进一步改善身体功能和结构。③

旅游被认为是一种可能的方式，作为辅助非药物干预方式以改善痴呆患者的福祉④。英国针对的案例分析指出了建设失智症友好型旅居景区相关的商机和潜在的挑战，并强调了休闲旅游对痴呆症患者具有巨大的潜在有益影响，因为更积极的生活方式可能会促进有助于减轻痴呆症影响的精神、身体和社会刺激，从而有助于改善痴呆症患者及其护理人员的生活方式。⑤

当前，我国的旅居养老模式主要包括异地养老社区模式、乡村旅游模式、景区公寓模式以及综合休闲度假区模式四类。其中，异地养老社区一般在中心城市旁，距离中心城市有一定距离但距离不远，能满足老年人亲人的探望和照顾需求，同时也能让老年人感受安静、休闲的居住环境。乡村旅游模式是围绕乡村对旅游养老基地进行主题建设，主要选取绿化植被丰富、周围地

① Cassarino, Marica, and Annalisa Setti. "Environment as 'Brain Training': A review of geographical and physical environmental influences on cognitive ageing." *Ageing research reviews* 23 (2015):167-182.

② Annerstedt, Matilda, Per-Olof Östergren, Jonas Björk, Patrik Grahn, Erik Skärbäck, and Peter Währborg. "Green qualities in the neighbourhood and mental health-results from a longitudinal cohort study in Southern Sweden." *BMC public health* 12 (2012):1-13.

③ Xie, Qing, and Xiaomei Yuan. "Functioning and environment: Exploring outdoor activity-friendly environments for older adults with disabilities in a Chinese long-term care facility." *Building Research & Information* 50, no. 1-2 (2022):43-59.

④ Wen, Jun, Danni Zheng, Haifeng Hou, Ian Phau, and Wei Wang. "Tourism as a dementia treatment based on positive psychology." *Tourism management* 92 (2022):104556..

⑤ Page, Stephen J., Anthea Innes, and Clare Cutler. "Developing dementia-friendly tourism destinations: An exploratory analysis." *Journal of Travel Research* 54, no. 4 (2015):467-481.

理环境优美的地区进行开发,通过对乡村资源的开发而发展起来的旅游养老模式。景区公寓模式是选择在自然环境优美且气候适宜居住的旅游景区进行开发的旅居养老模式,充分利用景区的自然资源和生活娱乐设施为老年人的养老旅居奠定良好的环境基础。综合休闲度假区模式是一种集休闲、养生、会议等多种功能于一体的综合性的养老旅游模式。该模式面对的目标人群除了养老者之外,还包括休闲度假者、参加会议的人员等。[①] 作为旅居养老的典型案例,湖南省通过保护利用雪峰山禀赋独特的森林资源和淳朴纯真的民俗文化,先后建设了集高山瑶池、民俗体验、娱乐休闲为一体的枫香瑶寨综合康养中心,集瑶医瑶药、康体推拿、药膳调理于一体的时珍园康养基地,集高山避暑、吸氧静心、户外运动于一体的山背花瑶梯田云端康养度假中心,走出了一条"旅游＋康养"跨界融合的可持续创新之路,但是仍存在着护理人员素质不够,护理能力有所欠缺的问题,旅居养老的功能定义还有待进一步提升。[②]

综上可知,旅居养老是一个缓解老年人认知功能衰退,降低老年人失智风险的一个途径。在浙江省的山海协作框架下,山区县独特的自然环境优势为浙江省沿海发达城市与山区城市开展面向失智干预的旅居养老产业合作提供了可能性,也为全省老年人的旅居养老提供了条件。第一,浙江省沿海城市由于经济发展的需要,城镇建设用地需要更多倾向回报较高的经济建设项目上。沿海城市较高的城镇化水平以及较大的人口密度使得直接在沿海中心城市周围兴建异地养老社区既不是一个经济的选择,也难以承载较大的养老服务需求。因此,为了满足沿海发达城市老年人的旅居养老服务需求以及认知功能干预服务需求,中心城市有动机通过区域合作的方式鼓励沿海城市的老年人参与乡村旅游景区公寓以及综合休闲度假区的旅居养老模式,从而提升社会参与程度,提高晚年幸福感。第二,浙江省山区城市具备发展面向认知功能障碍老年人护理需求的旅居养老产业的优势。山区城市的人口密度与沿海城市相比较低,且森林资源丰富,这使得山区城市具有建设乡村旅游养老度假区以及综合休闲度假区的条件。在同等价格条件下,山区城市

① 阮紫菱:《我国旅居养老发展模式研究综述》,《旅游纵览(下半月)》2019 年第 2 期。
② 陈勤昌、王凯:《积极老龄化视角下生态型旅居养老模式创新研究——以湖南雪峰山旅游区为例》,《城市学刊》2019 年第 3 期。

的旅居养老中心由于有更加优美的自然环境,能够对老年人产生更大的吸引力,不仅满足本地老年人的多样化养老服务需求,也能够承接来自省内沿海发达城市甚至外省的老年人需求,从而发掘银发市场潜力,发展银发经济,促进产业结构的高级化。第三,浙江省山区城市可以通过山海协作模式发展旅居养老产业的同时,提高城市基础设施建设水平,从而进一步拉动区域经济发展。山区县的地形条件限制了交通基础设施的大规模开发,伴随着人口与资本的外流,山区城市的基础设施建设用地将进一步降低。然而,随着旅居养老产业发展,全省的老年人口与相关产业人口能够实现向山区城市的周期性流动,这使得山区城市具有了进一步提升基础设施建设水平,为城市产业发展提供有利条件的动力。第四,山海协作作为浙江省委、省政府推动的区域合作项目,是推进共同富裕建设的重要路径。在沿海城市拉动帮扶山区城市到沿海城市与山区城市合作共赢的过程中,山区城市不仅应发挥自身的比较优势,更应一张蓝图绘到底,为山海协作提供面向沿海城市发展需求的相关便利。开展面向失智干预的旅居养老产业合作满足上述山海协作的总体要求,通过民生产业发展带动山区城市经济发展质量提升,通过民生产业发展带动居民收入提高,通过民生产业发展带动全省老年社会服务水平提高,从而从多维度共建山海协作的共同富裕愿景。

(三)"浙有善育"的山海协作模式创新

1.浙江省生育保险优化创新

浙江省医保局于 2022 年推出了《关于助力"浙有善育"促进优生优育工作的通知》,针对生育保险进行了以下政策优化创新:扩大了生育保险的覆盖面,以在职职工身份参加杭州市职工医保的无雇工的个体工商户、非全日制从业人员以及其他灵活就业人员同步参加生育保险;扩大了职工医保支付范围,将分娩镇痛、早孕期胎儿结构超声筛查、胎儿系统彩色多普勒超声检查 3 个诊疗项目新增纳入杭州市医保支付范围;缩短了生育保险待遇等待期,符合生育政策的人员,生育时在杭州市职工医保待遇期内,生育前后连续参加杭州市职工医保(含生育保险)满 6 个月,或生育时至生育津贴申领期间有连续参加市职工医保(含生育保险)满 6 个月的,可在生育次年年底前按规定申领;扩大了特殊病种保障范围,将癫痫、儿童孤独症纳入门诊特殊病种管理,在门诊治疗特殊疾病发生的医疗费用可按住院医疗费进行结算,且不设住院起付标准;落实"三孩"生育保险待遇,将参保女职工生育三孩的医疗费用纳入生育保险支付范围,并按规定及时足额给付生育医疗费用和生育津贴。

对于这一政策创新,杭州市率先对现行生育保险政策进行了全面优化调整。据浙江大学人口大数据与政策仿真(工作坊)研究基地的研究推算:2021年杭州常住人口 1220.4 万人,常住人口出生率为 7.6‰,常住出生人口数为92 750 人。2021 年户籍人口 800 万人。户籍出生人口为 79 806 人。由此可知,2021 年杭州外来常住出生人口数为 12 944 人,占全部出生人口的14.0%,且出生率仅为 3.2‰。因此,杭州的外来常住人口的生育的潜力是很大的。在杭州市近 400 万外来常住人口当中,有众多独自在杭务工的灵活就业人员,如在新数字平台经济下的快递员以及网约车司机。这部分群体的收入水平处于社会平均收入状况。其大多已结婚未生育,或"一孩"子女在外地。这部分灵活就业人员不仅有生育能力,而且对生育的需求还是很高的。

通过生育保险的优化,浙江省外来人口的生育潜力可以被精准的实施方案激励激发出来,从而进一步提升生育规模,为"浙有善育"的山海协作提供政策保障。对于有需求的灵活就业人员,在杭州等发达地区生育第二孩或者第三孩的费用相对较高。随着生育保险制度优化,灵活就业人员只要单独参加生育保险,在不缴其他社会保险的情况下,便可以报销孩子出生时的医疗费用以及法定产假相关的生育补贴,大大减轻了灵活就业人员的生育养育压力。

2.托育托幼山海协作模式创新

在育儿友好型社会建设以及生育保险政策优化下,浙江省山区县与沿海发达县区伴随着养老服务协作的实现,可以进一步促进托育托幼协作的实现。首先,山区县优渥的生态环境为托育托幼行业发展提供了优质的外部条件。台州市仙居县作为山区县,0 到 3 岁学前教育公共服务体系建设完善,在普惠性托育、特色课程以及数字化平台保障等方面走在全省前列。其次,随着"存房＋养老"山海协作模式的发展,受隔代照料的养育模式影响,沿海地区老年人口的流动常常会带动儿童的流动,这使得 3 岁以下学前教育服务需求也会部分向环境优美的山区县迁移,从而为山区县的托育托幼发展带来新增需求,促进山区县 3 岁以下学前教育公共服务水平提升以及山海协同高质量发展。

三、经验总结

本章以"一老一小"问题为切入点,阐述了未来浙江省基于山海协作模式创新实现区域协同高质量发展与共同富裕的具体机制体制。当前山海协作的主要形式以各类"飞地经济"为主,侧重于以产业园区以及协作平台形式开展沿海发达县区与山区县间之间的协作,以促进山海区域间的产业链融合、人才与科技交流,以实现山区欠发达县的跨越式发展与共同富裕。回顾2002年至今,浙江省的山海协作进程取得了瞩目的成效,在浙江省政府的协调规划下,浙江省为每个山区县精准施策,结对共建,逐步实现了从帮扶协作到共建共享协作的跨越,山区县的社会经济发展水平也实现了跨越式提升。但是,本章认为,在实现共同富裕背景下,当前浙江省山海协作仍存在以下问题。

(一)当前山海区域在公共服务领域的协作还没有充分开展

当前浙江省山海协作工程在公共服务领域的协作已经有部分案例,但是现有案例当前多仅针对教育与医疗服务,暂时还没有深入惠及民生保障的其他领域。以教育领域为例,嘉善—庆元已经开展了"互联网＋义务教育"领域的山海协作,取得了较好效果。在医疗卫生领域,浙江省卫健委已牵头开展医疗服务的山海协作,要求13家省市三甲医院帮助山区县26家县医院提升服务能力、加强人才下沉、强化科学规划布局,以提升山区县的医疗服务水平。然而,在养老服务领域,当前山海协作仅以生态旅游文化产业园的形式开展,养老服务协作规模很小。而在3岁以下儿童公共服务领域,当前浙江省暂时缺乏有力的山海协作模式。通过加强这些公共服务领域协作,提升浙江省公共服务均等化进程,将会进一步提升山区县与沿海县区居民的获得感与幸福感,推进共同富裕进程。

(二)当前的山海协作没有将具体的人群作为开展协作的最终落脚点

当前浙江省山海协作的形式以点对点的区域合作为主,但是没有聚焦到老年群体、儿童群体、灵活就业群体等重点人群。如果山海协作可以有针对性地实施到人群,则公共服务领域的山海协作可以通过拉动区域发展的总需求,从而将各种形式的山海协作工程全面带动起来。

浙江省的老龄化程度持续加深,对浙江省的老年健康与照护体系造成较大的压力。杭州、宁波等沿海发达城市的养老院床位供不应求,价格持续上涨但依然一床难求。这些都会促使老年人重新思考及定义自己的退休生活,倾向于选择一种更为轻松和实惠的途径以保障晚年生活的稳定和顺遂。同时,浙江省山区县多处于沿海县区的高铁圈内,位置相近、文化相同、习俗相似,异地旅居的不适应感降到最低。通过旅居数月,在绿水青山中畅游、心情舒畅,这样的体验可以使得候鸟式养老在老年群体内形成连带作用,推动老年人改变传统的养老观念,尝试新的养老方式。对于沿海城市市中心老旧小区的老人而言,当地高房租与山区县的低生活成本之间产生较大的价格差和获利空间。对于健康的老年群体,老年人完全可以趁自己尚处在健康可自理的状态,参与"存房＋养老"山海协作项目,通过出让3—10年不等的住房使用权,换取一笔可观的养老储蓄金,可为退休生活提供有力的经济保障。对于已经失去自理能力的老年群体,可以通过长期护理保险制度为自己获得实惠的长期照护服务,为失能家庭提供经济保障。

实际上,尽管赴山区县养老的发达城市老人有一定程度经济方面的考虑,但是参与"存房＋养老"山海协作项目的老人多是经济状况相对富裕的老人,拥有较高消费潜力。他们的流入会带动山区县经济的发展,提升城市的活力。首先,老年人口的流入会促进山区县长期护理服务与医疗服务利用需求的提升,从而与医疗服务的山海协作项目产生交互作用,促进山区县的医疗服务能力提升以及诸如辅具租赁等辅助性护理行业的发展。在此基础上,山区县便具有了吸引医护工作人员前往山区县工作的内生动力,得以吸引护理与医疗人才流入,从而进一步激发山区县发展的总需求。其次,在隔代照料的育儿模式下,前往山区县享受旅居养老的老年人可以将孙辈一起带至山区县,从而促进山区县3岁以下托育托幼行业、儿童教育行业以及旅游业的发展。因需求提升引致的劳动年龄人口的流入也会对山区县带来同样的儿童发展促进效应,从而形成正向反馈机制。

针对沿海县区,参与山海协作养老服务的老年人在前往山区县后,其让渡的有限期的老旧房屋使用权,可以由政府部门统一管理并改造,用于租给

90后、00后年轻人的政府公寓房,使得年轻人可以以极低的价格在浙江省沿海发达县市租房工作,进而促进沿海地区的人口吸引力,提升沿海地区的社会经济活力。

综上,将公共服务领域的山海协作聚焦到"一老一小"人群,并辅以公共政策创新后,山海协作将会通过带动人口以及其他生产要素的流动,同时激发山区县与沿海地区的总需求,刺激浙江省区域协调发展。此外,将山海协作直接聚焦到人群,可以使得人群直接享受山海协作工程带来的发展福利,从而缩小全省居民收入差距,直接地促进共同富裕进程。

四、未来展望与建议

作为高质量发展共同富裕示范区,"浙有善育""浙里长寿"应成为浙江省山海协作工程的重点之一。本章提出了"一老一小"领域的山海协作创新体制机制,以期助力浙江省高质量发展建设共同富裕示范区。为了进一步破除浙江省"一老一小"公共服务山海协作与共同富裕建设之间的阻碍,本文提出了以下公共政策建议。

(一)在全省范围内深入推进统筹城乡实施长期护理保险制度,为养老服务领域山海协作提供制度保障

当前浙江省长期护理保险仍处在发展阶段。未来若想使得养老服务领域的山海协作成果能够惠及中低收入老年群体,促进共同富裕,浙江省应将推进优化乡村居民的长期护理保险制度作为工作重点,并逐步将浙江省长期护理保险制度的统筹层次从地级市提升到全省层面,加强不同地级市之间的长期护理保险互通互认机制建设,从而为浙江省老年人在异地接受长期医养、康养、护养提供制度保障。

(二)以"一老一小"公共服务带动"政产学研"结合发展,引领浙江省山海协作成果纵深发展

浙江省须把握山海协作进程中激发的"一老一小"需求以及社会发展总需求,通过政府部门提供制度保障,通过产业部门提供高质量服务,通过职业技术学校提供护理托幼人才保障,通过研发部门提供信息化、数字化技术支

持，最终形成"政产学研"结合的发展模式，从而打通山海协作中发达地区的"一老一小"服务需求与山区的生态服务价值，实现靶向人群、服务人才、医疗卫生资源、教育资源的环流，提升山海地区健康老龄化水平、托育托幼水平以及居民幸福感，促进共同富裕建设。

（三）优化托幼养老人员工作编制，从公共政策层面打通山海协作成果的分配机制

通过山海协作工程促进山区县发展的内生动力，是实现浙江省共同富裕的长效机制之一。吸引人口流入是促进山区县社会经济发展活力的重要因素。在开展"一老一小"山海协作的愿景下，浙江省应进一步优化托幼养老人员的工作编制，改善收入分配制度，提升山区县护理服务人员的工作待遇，降低护理人员与其他专业技术人员间的收入差距，在"做大蛋糕"的基础上"分好蛋糕"，让山海协作的成果惠及护理服务工作者，使得护理服务人员愿意前往山区县工作生活，从而带动山区县高质量发展。

执笔人：米红，浙江大学公共管理学院、浙江大学民生保障与公共治理研究中心；李逸超，浙江大学公共管理学院，浙江大学民生保障与公共治理研究中心；汤晓彤，浙江大学公共管理学院，浙江大学民生保障与公共治理研究中心。

后 记

根据浙江省委构建大成集智工作机制的要求和部署,浙江大学区域协调发展研究中心作为"浙江省共同富裕研究智库联盟"的牵头单位,认真组织谋划,充分发挥各成员单位的作用,围绕浙江共同富裕示范区建设的政策解读、理论解析和实践分析开展综合性研究,编撰出版《浙江高质量发展建设共同富裕示范区报告》,为深入推进共同富裕建设提供实践和决策参考。

《浙江高质量发展建设共同富裕示范区报告》以周谷平、刘培林、陈健为项目总负责人,由浙江大学区域协调发展研究中心、浙江省社科院发展战略和公共政策研究院、浙江大学管理学院、浙江大学公共政策研究院、浙江大学社会治理研究院、浙江大学民生保障与公共治理研究中心、浙江农林大学浙江省乡村振兴研究院、浙江财经大学共同富裕政策评价中心、嘉兴学院中国共同富裕研究院、浙大城市学院共同富裕研究中心等相关单位的教师和科研人员组成跨学科研究团队。本报告基本构思、章节构架由周谷平、刘培林、陈健提出,课题组分头写作。各章负责人如下:第一章:薛天航、刘培林;第二章:欧阳仁根;第三章:查志强;第四章:郁建兴、黄飙、江亚洲;第五章:谢芳婷、潘伟光;第六章:赵海利、王序坤;第七章:郭继强;第八章:吴红列;第九章:王龙杰、吴茂英、陈健;第十章:米红、李逸超、汤晓彤。研究团队通过实地调研、考察,掌握了大量第一手资料,参阅了大量文献,几易其稿,精益求精,形成了高质量的报告。

我们能够将浙江共同富裕研究的最新成果展现给各位读者,离不开浙江省社科联的指导和鼎力支持,在此表示特别的感谢!李实教授为本项研究提供了指导并为报告作序,提高了报告的质量,在此表示特别的感谢!也要感谢浙江大学出版社陈佩钰、葛超编辑为报告出版的辛勤付出!

　　高质量发展建设共同富裕示范区,是一个不断探索和实践的过程,理论研究也需要不断深化。在此,我们抛砖引玉,真诚地希望广大读者及学界同仁不吝赐教,共同推进关于共同富裕的理论和政策研究。

浙江大学区域协调发展研究中心

2023 年 11 月 3 日